TAÏTI

SON PRÉSENT, SON PASSÉ
ET SON AVENIR

Dumont-Durville et la reine Pomaré (p. 1)

TAÏTI

SON PRÉSENT

SON PASSÉ ET SON AVENIR

PAR

J. MÉTENIER

TOURS

CATTIER, LIBRAIRE-ÉDITEUR

M DCCC LXXXIII

PRÉFACE

Tous les navigateurs anciens et modernes qui ont abordé à Taïti, s'accordent à nous dépeindre cette île comme une des plus charmantes copies qu'on puisse imaginer du Paradis Terrestre. Quiros, le premier, à la vue de ses forêts verdoyantes, et de ses cimes élancées, qui, semblables à des flèches, allaient percer la nue, la baptisa du nom pittoresque de *Sagittaire*. — Bougainville et Wallis, la représentent comme le *Jardin de l'Éden ;* et Cook, le célèbre et infortuné Cook..., il faut voir dans ses voyages les impressions qu'il éprouvait lorsqu'après de longues courses aventureuses à travers les flots de l'Océan pacifique, il apercevait enfin ses rivages désirés. Son cœur déborde d'enthousiasme ; sa plume s'épanche en poésie et en admiration ; il trouve, pour peindre ce qu'il sent, les mots les plus heureux, les plus belles couleurs. Pour lui et pour ses compagnons, Taïti fut toujours la terre de la joie, de la paix, du repos.

Il y a quarante ans, l'incident Pritchard attira l'attention de la France sur cette île. Elle devint, chez nous, promptement populaire. Dans les chambres, dans les salons et sous le chaume elle provoquait de nombreux débats et faisait le sujet de tous les entretiens. Selon le mot de Malte-Brun, *les Taïtiens étaient alors mieux connus de nos pères que les habitants de la Sardaigne ou de la Corse, et l'archipel de la Société fournissait matière à plus de discussion et à plus d'écrits que maints royaumes de l'Europe.*

Depuis, le calme se fit sur l'incident Pritchard. Un trait de plume d'un ministre détruisit ce qu'avait fait là bas la bravoure de nos soldats et de nos marins, et la France, courbant la tête sous l'échec qui lui était imposé, oublia Taïti.

Mais voici que récemment la question s'est de nouveau posée au moment où personne plus n'y songeait; et à peine posée, on apprenait qu'elle se tranchait définitivement à notre avantage. Le régime du Protectorat cédait la place à l'annexion, et Taïti devenait terre française.

Ce livre est né de l'annexion.

Nous avons relu tout ce que nous avons pu retrouver de ce qui avait été écrit sur Taiti, et nous avons refait son histoire. Nous n'avons point la prétention d'avoir fait œuvre de savant, ni même d'érudit; nous n'avons que le désir et l'espoir d'intéresser les lecteurs, grands et petits, qui, aimant comme nous la patrie, voient s'ajouter avec plaisir une colonie à celles trop peu nombreuses qu'elle possède encore, et venir à la mère commune de nouveaux fils et de nouveaux Français.

TAÏTI

SON PASSÉ, SON PRÉSENT ET SON AVENIR

I

L'ANNEXION

Salut à nos frères d'outre-mer. — Réunion des notables chez le représentant de la mère patrie. — Fête de l'annexion. — Proclamation du commandant Chessé. — Proclamation du roi Pomaré V. — Vive Taïti ! — Vive la France !

Taïti vient de se donner à la France.

L'annexion de l'archipel des îles de la Société est un fait accompli.

Au régime du protectorat, qui n'avait été établi qu'après des difficultés nombreuses, de nombreux pourparlers et des luttes dont nous aurons plus loin à rappeler le souvenir, succèdent la possession et la souveraineté.

Les Taïtiens désormais sont Français de fait et de droit, comme ils l'étaient depuis longtemps de cœur.

Salut à ces frères lointains qui, dans l'isolement de la mère patrie, et après ses humiliations et ses défaites, ont eu assez de confiance en sa vitalité et en son avenir pour ne pas vouloir appartenir à d'autres qu'à elle!

Quelque Français peut-être, à l'annonce de cette annexion, prenant en mains le globe qui représente le monde, afin de se rendre compte de l'importance de l'acquisition que nous venons de faire, et comparant avec les continents les quelques petits points noirs jetés dans le grand océan Pacifique, qui marquent la position et l'étendue des îles de la Société, aura pensé en lui-même que médiocre est le don et que ces îles lointaines ajouteront bien peu au prestige et à la puissance de la France.

Bien grande est son erreur!

Par cette annexion, notre avenir commercial vient de planter au sein des mers un jalon d'importance. — Nous nous réservons de le montrer comme conclusion de cet ouvrage. Mais avant d'expliquer les conséquences et les avantages de la prise de possession de Taïti et de l'archipel dont elle est le centre, nous voulons dire quand et comment cette prise de possession eut lieu, et refaire le passé de ces îles, avec les grands voyageurs qui, les premiers ont jeté l'ancre sur leurs bords.

Ce fut le 29 juin de l'année 1880 qu'eut lieu, avec toute la solennité que comportait cet acte, l'annexion qui nous occupe.

Ce jour, à midi, le commandant français, M. Chessé, convoquait à son hôtel les chefs de service et de corps, les notables de la ville, et leur faisait part de l'immense résultat qu'il venait d'obtenir.

En quelques mots rapides, il exposait brièvement les pourparlers, les négociations qu'il avait dû poursuivre.

Le roi Pomaré V, qu'une maladie assez longue venait d'éprouver, avait songé à l'avenir. Il s'était entretenu de ses desseins avec le commandant, puis, encouragé par la confiance qu'il avait en la France, par sa sympathie pour ce grand pays, certain qu'il était aujourd'hui des bonnes dispositions du gouvernement français à l'égard de son peuple, il avait pensé pouvoir remettre au chef de la colonie l'administration générale de ses États et tous ses droits et pouvoirs sur Taïti et ses dépendances.

Le commandant avait entendu parler le roi. Son patriotisme s'était ému à cette ouverture. Mais désireux de ne rien faire à la hâte, et de ne pas profiter d'un moment d'entraînement peut-être insuffisamment réfléchi de la part du souverain, il lui avait conseillé de prendre l'avis des princes de sa famille et des principaux chefs de l'île, pour ne rien décider que de leur commun consentement. Le roi s'était rangé à cet avis. Après avoir réuni les princes et les chefs, et de concert avec eux, le matin même, il avait signé la réunion définitive à la France de tout ce qui s'était appelé jusqu'alors les États du Protectorat.

En présence d'une pareille œuvre, rapidement et brièvement exposée par le commandant commissaire devant ses lieutenants et l'assemblée des notables de la ville qu'il avait convoqués, des acclamations enthousiastes retentirent, et le représentant de la France reçut, avec une émotion patriotique facile à concevoir, les félicitations chaleureuses de ceux qui l'entouraient.

*

Pendant qu'au palais du gouvernement, on est encore sous l'impression produite par l'annonce d'un tel événement, comme un éclair la nouvelle se répand par la ville et la met en rumeur. On s'aborde la joie au cœur, avec des serrements de mains significatifs, plus éloquents que de longs commentaires. A tous les coins de rue, des groupes se forment, remuants et bruyants. Français, Taïtiens, étrangers, échangent leurs impressions, qui toutes se résument en une seule : Satisfaction générale et complète ; enthousiasme réel et sincère.

A trois heures, Mme Chessé, au bras du roi Pomaré, M. Chessé, commandant commissaire de la République française, les princes Ariineu et Teriitapunui se rendent sur le quai, où les attendent M. l'ordonnateur des réceptions et des fêtes, le procureur de la République, les chefs de service et de corps. Les cavaliers d'escorte marchent en avant. A l'arrivée du cortège l'hymne national retentit.

Un mât de pavillon a été dressé à la hâte au bord de la mer. Au pied du mât se tient un piquet d'honneur, composé de quelques hommes des divers corps de la garnison. Afaïtata, un Taïtien sorti de la foule, un artilleur, un matelot et un soldat d'infanterie de marine tiennent en main la drisse du pavillon. Un peu à droite, on voit une batterie de campagne qui saluera tout à l'heure l'emblème de la réunion à la France de Taïti et des archipels qui en dépendent.

On se groupe autour du commandant, qui aussitôt, au milieu d'un religieux silence, lit d'une voix ferme et accentuée la proclamation aux habitants de Taïti et dépendances. Cette proclamation, écrite en français, est immédiatement traduite en taïtien. En voici le texte :

Aux habitants de Taïti et dépendances :

« S. M. le roi Pomaré V vient de signer l'acte de réunion de tous ses États à la France.

« Sa Majesté a reconnu, d'accord avec nous et avec ses chefs, qu'il était devenu nécessaire, dans l'intérêt de tous, que les deux gouvernements fussent réunis en un seul.

« Désormais les deux pays ne font plus qu'un...

«...Le roi Pomaré conserve toujours son titre de roi, avec tous les honneurs et privilèges attachés à ce titre : le respect et l'affection dont il sera entouré seront plus grands encore que par le passé.

« Que de ce jour mémorable date une ère nouvelle de progrès et de prospérité digne de l'époque qui verra s'abaisser la barrière de Panama, *qui fera de Taïti la relâche naturelle* de toute la navigation à vapeur transpacifique, le pays le plus beau et le plus fortuné entre tous.

« Taïtiens, le roi vous fait remise de l'impôt de la liste civile, qui, désormais, ne sera plus perçu...

« Vive la France !

« Vive Taïti ! »

Des vivats, des hourras enthousiastes accueillent les paroles du représentant de la France, et alors M. Poroï, porteparole de Pomaré V, lit à son tour la proclamation du roi.

Voici en quels termes ce souverain a annoncé à ses sujets le transfert de ses droits et l'abandon de sa couronne.

Proclamation de Pomaré V aux Taïtiens :

« Taïtiens,

« Je vous fais savoir que, de concert avec M. le commandant commissaire de la République française et les chefs de district, je viens de déclarer Taïti et ses dépendances réunies à la France. C'est un témoignage de reconnaissance et de confiance que j'ai voulu donner à la nation qui, depuis près de quarante années, nous couvre de sa protection. Désormais, notre archipel et ses dépendances ne formeront plus, avec la France, qu'un seul et même pays.

« J'ai transféré mes droits à la France ; j'ai réservé les vôtres, c'est-à-dire toutes les garanties de propriété et de liberté dont vous avez joui sous le gouvernement du Protectorat. J'ai même demandé de nouvelles garanties qui augmenteront votre bonheur et votre prospérité.

« Notre résolution, j'en suis certain, sera accueillie avec joie par tous ceux qui aiment Taïti, et qui veulent sincèrement le progrès.

« Nous étions déjà tous Français de cœur, nous le sommes aujourd'hui en fait.

« Vive la France !

« Vive Taïti ! »

Des acclamations semblables à celles qui avaient déjà salué la proclamation du commandant répondent à celle du roi.

Enfin, le moment solennel est arrivé. A un signal donné, les trois couleurs, hissées lentement au faîte du mât, flottent dans les airs, aux applaudissements patriotiques de la foule, mêlés aux accords éclatants de la fanfare locale. Le clairon sonne aux champs, et, pour couronner tout cet appareil imposant, le canon vient mêler sa formidable voix au concert joyeux. La batterie de campagne, le mont Faiere et le *Beaumanoir*, tonnent à qui mieux mieux et saluent de vingt et un coups chacun.

C'en est fait, Taïti et la France n'auront plus désormais qu'une même tête, qu'un même cœur et qu'un même drapeau.

L'émotion est indescriptible.

Les navires en rade ont pavoisé, les maisons de commerce et les notables de la ville ont arboré le drapeau tricolore au signal donné par la salve. Certains même ont devancé ce signal, n'écoutant en cette occasion que la voix du patriotisme, plus forte que celle du canon.

La salve terminée, tout le monde se presse autour de Mme Chessé, du roi et du commandant. Chacun veut serrer la main à ceux qui viennent de présider à cette grande fête de famille ; puis on regagne l'hôtel du gouvernement aux acclamations spontanées de la foule se pressant sur le passage du cortège.

Dire que l'attitude de la population indigène fut celle qu'on était en droit d'attendre d'elle, serait superflu pour qui connaît les Taïtiens, leur amour pour la France et ses institutions. Français de cœur depuis longtemps, ils ont accueilli l'acte qui les fait Français de droit et de fait avec un enthousiasme naturel autant que légitime.

Ce coin de la Polynésie, ces petites îles de l'Océanie où flotte depuis le 29 juin 1880 notre drapeau national, et que l'on nomme l'archipel de Taïti ou de la Société, est un groupe d'îles formant une superficie totale de 2,200 kilomètres carrés, et peuplées d'environ quarante mille habitants.

Ces îles sont divisées en îles sans le vent, comprenant Tubuaï, Manu, Huahine, Barabora, Manpèti, Mapetia, Scilly ; et en îles du vent, comprenant Taïti, Moorca, Tetiaroa, et Meetia. Ce dernier groupe est de beaucoup le plus important, grâce à Taïti, qui est l'île vraiment cultivée et habitée.

Nous l'avons dit, nous avons à consacrer plus loin une étude spéciale et développée sur les précieux avantages, pour notre commerce extérieur, que nous fournira l'annexion de ces îles.

Déjà pourtant la proclamation de notre représentant aux taïtiens peut en faire comprendre et toucher du doigt la valeur.

« L'époque prochaine qui verra s'abaisser la barrière du Panama, fera de *Taïti la relâche naturelle* de toute la navigation à vapeur transpacifique, le pays le plus beau et le plus fortuné entre tous (1) ! »

En saluant donc le présent de ces îles, et en nous félicitant de leur réunion avec nous, en faisant des vœux pour que leur avenir si plein de promesses se réalise bientôt, regardons en arrière pour étudier leur passé et parcourons les récits curieux des Wallis, des Bougainville et des Cook sur leurs anciens habitants.

(1) Les principaux détails de ce chapitre sont empruntés au *Messager de Taïti*.

II

DÉCOUVERTE DE TAÏTI PAR QUIROS

Quiros s'embarque comme premier pilote avec Mendana. — Après la mort du commandant il ramène une partie de la flotte au Callao. — Voyage en Espagne pour obtenir d'organiser une expédition nouvelle. — Il part à la recherche du continent austral. — Il découvre Taïti qu'il nomme : la Sagittaire.

C'est par le capitaine Wallis, par le commandant de Bougainville, et surtout par les voyages du capitaine Cook, que Taïti a été connue ; mais l'honneur de la découverte de cette île où flotte aujourd'hui le drapeau de la France, ne revient pas à ces illustres marins.

Quiros, dont la renommée est moins grande que la leur, mais qui les devança, non sans profit pour la géographie et la science, dans l'exploration des mers australes, est le premier qui mit le pied sur les îles de l'archipel de la Société, le premier qui, sur elles, en signe de prise de possession, planta l'étendard de la croix.

Car c'est au nom de la croix, pour la croix et par elle,

qu'alors on explorait les mers, qu'on découvrait les mondes, et on ne les cherchait que pour les conquérir à la croix.

En 1595, Don Garcias de Mendoça, marquis de Canete, étant vice-roi du Pérou, au nom de Sa Majesté Catholique Philippe II, roi d'Espagne, le fils et l'héritier du grand empereur Charles-Quint, don Alvar de Mendana de Negra, connu dans les annales de la marine sous le nom unique de Mendana, lequel avait découvert les îles Salomon, dans un voyage accompli en 1567, reçut, après de nombreuses sollicitations, l'ordre du cabinet de Madrid de faire équiper une flotte, et de procéder à l'établissement d'une colonie dans l'île de San-Cristoval, où l'on serait placé avantageusement pour pousser les recherches dans l'hémisphère méridional et découvrir le continent austral, alors l'objet de tous les vœux, le but de toutes les recherches, duquel on fondait les plus brillantes espérances.

Quatre vaisseaux furent armés pour cette expédition : la capitane, nommée *le San-Hieronimo*, l'amirante, nommée *la Santa-Isabel*, une flûte nommée *le San-Felipe*, et enfin une frégate : *la Santa-Catarina*.

L'épouse du commandant en chef, dona Isabel de Barretos, et ses trois beaux-frères l'accompagnaient, et *Pedro Fernandes Quiros*, qui s'était déjà distingué dans plusieurs voyages sur mer, fut nommé premier pilote de la flotte.

C'est de Quiros que nous nous occuperons uniquement dans cette expédition, qui entre autres découvertes amena celle des îles Marquises, présentement à nous comme les îles de la Société, mais qui eut un résultat fâcheux pour la plupart de ceux qui la tentèrent. Le commandant en chef mourut avant qu'elle fût terminée ; plusieurs de ses seconds eurent le même sort que lui ; deux des vaisseaux de la flotte, l'amirante et la frégate, disparurent sans laisser de traces, et les deux autres vaisseaux, la capitane et la flûte, ne durent leur salut qu'à l'habileté de Quiros et à l'énergie de la gouvernante, doña Isabel, la veuve héroïque de Mendana, que son mari, qui la connaissait bien, avait désignée en mourant et par testament pour lui succéder dans le commandement de l'expédition.

La flotte était partie le 11 avril de Callao. Elle tenait la mer depuis huit mois, on était au 7 du mois de novembre. Déjà l'amirante avait disparu, et les marins des autres navires n'espéraient plus le revoir ; déjà Mendana était mort, et Barreto, son beau-frère, venait de succomber aux blessures reçues des Indiens dans l'île de Santa-Cruz. L'équipage des trois navires était excédé de fatigues et de maladies. Une poignée de sauvages bien résolus aurait suffi pour venir à bout de ces hommes épuisés et qui, après avoir résolu de s'établir à Santa-Cruz, étaient forcés de reconnaître que leur installation provisoire était insuffisante pour les garantir contre des tentatives hostiles. Il fut en conséquence décidé que l'on y renoncerait. Après avoir achevé la provision d'eau et de bois, tout le monde se rembarqua.

La gouvernante, doña Isabel, ayant assemblé les pilotes de la flotte, les consulta sur la route à tenir pour aller à la recherche de l'île San-Cristoval et ensuite à Manille, où son dessein était de prendre des renforts pour venir mettre la dernière main à l'établissement qui était le but de l'expédition, voulu par le gouvernement de Madrid.

Les trois vaisseaux appareillèrent en fort mauvais état le 18 novembre. On chercha vainement l'île San-Cristoval pendant deux jours ; alors on fit voile pour Manille. On suivit une direction qui devait écarter de la Nouvelle-Guinée, qu'on jugeait voisine ; on craignait de s'en approcher, pour ne pas s'embarrasser dans les îles qui l'environnent.

Quiros aurait bien désiré de reconnaître cette terre, mais le triste état de la flotte ne permettait pas de s'arrêter.

Au 10 décembre, on se trouvait à 30 degrés de latitude australe. Depuis quelques jours on s'apercevait que la flûte cherchait à fausser compagnie. La gouvernante fit dire au capitaine qu'il serait puni comme traître s'il s'écartait. Mais celui-ci, qui regardait la perte de la capitane comme infaillible à ceux de son mauvais état, ne tint pas compte de ses menaces, et dès la nuit suivante il disparut.

Les maladies causaient de grands ravages ; presque tous les jours, on jetait au moins un mort à la mer. Les manœuvres du bâtiment étaient ou usées ou pourries, et, pour comble de mal, on manquait de rechanges.

Le 19 décembre, étant par 3° 30' de latitude nord, le capitaine s'aperçut que la frégate avait beaucoup de peine à suivre. Quiros, mû par un sentiment de générosité, proposa plusieurs fois d'en prendre l'équipage à bord, et de l'abandonner. La gouvernante, qui voyait le mauvais état de son propre navire, ne fut pas de cet avis. A la nuit, on perdit de vue la frégate. Quiros l'attendit jusqu'au lendemain au soir ; mais l'impatience gagnait les soldats. Il n'était pas temps, selon eux, de s'amuser à attendre les autres, lorsque l'on courait risque de se perdre soi-même.

Le 23, on eut connaissance d'une île vers laquelle on gouverna dans l'espérance d'y trouver un port et des provisions. La nuit tombait. Quiros, craignant les écueils, ordonna de virer de bord ; on exécutait mal ses ordres, on lui adressait des représentations : alors il se chargea lui-même de manœuvrer, et, prenant la barre du gouvernail, il fit prendre une autre route au vaisseau. On reconnut au jour qu'il l'avait sauvé ; car même alors on ne put aborder l'île, à cause des nombreux écueils dont elle est entourée.

Cette île était habitée et située par 6° nord ; sa forme est presque ronde et son circuit de trente kilomètres. Elle n'est pas très haute. A trois lieues à l'ouest, on vit quatre îles rases ainsi que d'autres qui en sont voisines, et qui toutes sont entourées de récifs.

On voyait les Indiens sortir d'entre ces îles, dans leurs canots. Ne pouvant passer par-dessus les récifs, ils sautaient dessus, et faisaient des gestes aux Espagnols pour les appeler, dans l'espoir sans doute de voir briser leur navire et de profiter des épaves. Sur le soir, un Indien sortit du milieu des écueils, seul dans un canot. Il était trop loin pour que l'on pût voir s'il avait de la barbe, car on était dans les parages des îles des barbus. Il parut être de bonne taille, nu, ayant les cheveux long et épars. Il mangeait quelque chose de blanc, et portait à sa bouche une écale de coco, dans laquelle il buvait selon l'apparence. Il ne voulut pas s'approcher, quelque signe qu'on lui fît.

Le 3 janvier 1596, on reconuut, au point du jour, les îles de Guam et de la Serpana, dans l'archipel des Ladrones ; on passa entre ces deux îles ; les habitants vinrent dans leurs pirogues apporter des cocos, des bananes, d'autres fruits, des cannes à sucre, et diverses sortes de poissons.

Quiros cherchait le cap du Saint-Esprit, la pointe la plus orientale de l'île de Samar ; mais il n'avait jamais navigué dans ces parages. Le 14 janvier, on vit, au point du jour, le sommet d'une haute montagne : la brume la fit bientôt perdre de vue ; les récifs, les brisants et les rochers obligeaient d'ailleurs de n'avancer qu'avec précaution, et la sonde à la main. On entra, par un canal bordé d'écueils, dans une baie qui joignait le cap du Saint-Esprit, première terre des Philippines. Ainsi Quiros avait suivi la route convenable pour atterrir au point qu'il voulait trouver.

Quand les Espagnols surent qu'ils étaient au cap du Saint-Esprit, leur joie fut extrême. On leur fournit en abondance les vivres si nécessaires à des gens affamés; ils en usèrent avec si peu de discrétion que plusieurs en moururent. Ils souffrirent encore beaucoup avant d'arriver à Manille, au travers du dédale d'îles qui se trouvaient sur leur route. Le vaisseau dut entièrement son salut à la fermeté de Quiros. Enfin le 11 février ils mouillèrent dans le port de Cavite, à deux lieues de Manille : ils avaient perdu cinquante hommes dans leur traversée depuis l'île de Santa-Cruz. L'équipage pleurait de joie, tous tendaient les mains aux Espagnols, au milieu desquels ils se trouvaient. Ceux-ci restaient consternés et muets de saisissement à la vue de tant de malades et de squelettes nus qui criaient : « Nous mourons de faim et de soif, donnez-nous de quoi manger! »

Dès que l'on fut descendu à terre, un nombre infini de personnes, poussées par la charité ou la curiosité, accoururent pour voir tous ces malheureux, et apportèrent des vivres en si grande abondance, que bientôt il y en eut de reste.

Doña Isabel fit son entrée au son du canon et de la mousqueterie. Toutes les troupes étaient sous les armes : elle fut haranguée par tous les corps. Les femmes et tous les gens de l'équipage furent logés aux frais du public.

On ne revit jamais la frégate; on apprit, par la suite, qu'on l'avait trouvée, toutes voiles dehors, échouée sur une côte : tout l'équipage était mort à bord. La flûte surgit à Mindanao. L'équipage mourait de faim : il fut amené à Manille.

Quiros reconduisit doña Isabel de Manille à Mexico. Quant à lui, il alla de Mexico à Lima, pour remettre à don Luis de Velasco, successeur de don Garcias de Mendoça dans la vice-royauté du Pérou, les mémoires relatifs à l'expédition qu'il venait de diriger, et le solliciter de lui fournir des vaisseaux, des hommes, et tout ce qui était nécessaire pour continuer la recherche des terres australes inconnues.

*
* *

Tel était le marin à qui devait être réservé l'honneur de découvrir Taïti. — Le voyage aventureux auquel il avait pris part, dabord dans un rang secondaire, et que son habileté et son énergie secondées par celles de la veuve glorieuse de Mendana, empêchèrent de tourner en complet désastre, les îles découvertes, la fertilité et les richesses de ces îles, lui avaient inspiré la pensée de tenter une expédition dont il aurait la direction et la responsabilité, et son pays l'honneur et le profit.

Il était persuadé qu'il restait un nouveau monde à découvrir, et que le fruit des découvertes dépasserait de beaucoup les espérances que l'on pouvait en concevoir. Il présenta à ce sujet deux mémoires au vice-roi du Pérou, qui lui répondit que sa demande excédait les limites de son autorité, mais qui, en même temps, lui conseilla d'aller en Espagne pour y faire valoir les motifs sur lesquels il fondait son projet, et le chargea de lettres qui l'appuyaient fortement.

Philippe III régnait alors. Ce roi aux vastes conceptions, et qui du fond de l'Escurial gouvernait tant de mondes, avait en ce temps l'intention de faire tenter la route de l'Amérique en Espagne par les Indes orientales, pour arriver par cette voie aux îles à épices ; et de faire reconnaître entre la Nouvelle

Guinée et la Chine, d'autres îles auxquelles une tradition, dont on ignorait l'origine, attribuait de grandes richesses.

Il étudia attentivement le projet de Quiros, il crut voir une relation possible entre ce projet et ceux qu'il nourrissait lui-même, et lui donna son approbation.

Quiros, muni du consentement de la cour et des pouvoirs nécessaires, retourna au Pérou. Il fit construire deux vaisseaux, les plus solides et les plus forts en artillerie que l'on eût encore vus dans ces mers, ainsi qu'une corvette, et le 21 décembre 1605 il partit du Callao. Il dirigea sa route à l'ouest sud-ouest, jusqu'à mille lieues de la côte du Pérou, sans voir aucune terre.

A cette distance, et par 25° sud, il découvrit, le 26 janvier 1606, une petite île rase, presque à fleur d'eau, qui parut avoir quatre lieues de circuit. Ce n'était proprement qu'un plateau de sable, sur lequel s'élevaient quelques cocotiers et d'autres arbres épars. On ne trouva point de fond près de ses côtes, qui n'offraient aucun mouillage. On jugea qu'elle ne pouvait être habitée. On la nomma l'*Incarnation*.

On fit route à l'ouest, on essuya des grains durant deux jours; le troisième, au lever du soleil, on vit une île que des bandes d'oiseaux avaient annoncée la veille. Elle parut avoir douze lieues de circuit; elle était haute, plate et unie. La difficulté d'y aborder empêcha Quiros de s'y arrêter. Il la nomma *San-Juan-Baptista*.

Le 4 février, après une violente tempête, on reconnut une île de trente lieues de tour, environnée d'un récif de corail; le milieu était occupé par une grande lagune. On n'y aperçut ni port ni place propre à un embarquement, et l'on ne trouva point de fond à ses approches. Elle reçut le nom de *San-Elmo*.

Le lendemain, on en reconnut quatre semblables qui furent

nommées les *quatre Couronnées*, et on s'en éloigna pour en joindre une que l'on voyait à quatre lieues dans l'ouest, nord-ouest, et qui paraissait avoir dix lieues de circuit. Elle fut nommée : *San-Miguel*; elle était inabordable, de même que la *Conversion de San-Pablo* éloignée d'une demi-journée de navigation ; et quatre journées plus loin, le 9 février, on en vit une autre dont on ne chercha pas à s'approcher, et qui reçut le nom de *la Decena* (la dizaine), parce que c'était la dixième qu'on découvrait. On a lieu de penser que cette île est l'*Osnabrük* de Wallis, le *Boudoir* de Bougainville, la *Maitëa* de Cook.

Le capitaine Carteret suppose que les îles du duc de Glocester pourraient être quelques-unes des îles vues par Quiros.

Le 9 février, on eut de la pluie tout le jour et toute la nuit ; et le lendemain, à la grande satisfaction de Quiros et de toute la flotte, le matelot de vigie au grand mât cria : *Terre de l'avant!* Leur joie s'accrut quand ils virent des colonnes de fumée s'élever de toutes les parties de l'île, ce qui annonçait qu'elle était habitée. On ne put trouver de port le long de la côte du nord. La corvette trouva fond près du rivage, et quarante hommes armés s'approchèrent de terre dans des canots. Les Espagnols virent une centaine d'Indiens qui les invitaient par des signes d'amitié à descendre pour venir les joindre, mais le débarquement était impraticable. Les vagues se brisaient avec tant de fureur contre les rochers qui bordent l'île et forment une digue en avant de la terre, que tous leurs efforts furent insuffisants. La corvette n'était pas même en sûreté, mouillée sur un fond de roches, sans abri, elle se trouvait exposée à chasser sur ses ancres par le premier coup de vent.

Les Espagnols se voyaient forcés de renoncer au débarquement avec d'autant plus de regrets que la flotte commençait à manquer d'eau; ils étaient déterminés à retourner tristement à bord, lorsque François Pance, jeune matelot plein d'audace et de feu, bravant le danger et se sacrifiant généreusement pour l'honneur de l'expédition et le salut de ses compagnons, se déshabille, se jette à la mer, et nage vers les rochers. Les insulaires, émus par cet acte de courage, se mettent à l'eau pour venir à son secours, le prennent dans leurs bras, le baisent sur le front, enfin le comblent de caresses que sa reconnaissance leur prodigue en retour. Plusieurs Espagnols que son exemple anime, s'élancent dans la mer, et, franchissant les lames, sont reçus par les insulaires avec les mêmes marques de sensibilité et d'affection.

Ces braves sauvages étaient tous armés; les uns portaient des lances de vingt-cinq à trente palmes de longueur, d'autres des espèces de sabres, et quelques-uns de fortes masses. Toutes ces armes étaient de bois. Ces insulaires n'avaient aucun vêtement. Leur peau était basanée, leur corps bien proportionné, leur taille élevée. Leurs habitations étaient éparses sans ordre sur le bord de la mer, au milieu des cocotiers, des bananiers, et des autres arbres qui abondent dans l'île, et dont les fruits, avec le produit de la pêche, fournissent à la subsistance de ses habitants.

Les Espagnols firent signe aux Indiens d'aller avec eux aux vaisseaux où ils recevraient des présents; mais voyant qu'ils ne pouvaient le leur persuader et que la nuit s'approchait, ils rejoignirent leurs bateaux à la nage; quelques Indiens les y suivirent et furent traités avec les témoignages d'amitié dus à leur générosité, et qu'on appuya de présents; néanmoins, on ne put jamais les décider à se rendre à bord de la corvette, et ils se remirent à la nage pour regagner la terre.

Les vaisseaux éprouvèrent, pendant la nuit, une forte dérive; le 11, au matin, les Espagnols s'aperçurent avec chagrin qu'ils se trouvaient à huit lieues de l'endroit vis-à-vis duquel ils étaient la veille. Mais on était toujours en vue de la terre, et l'on ne pouvait douter qu'elle ne fût la continuation de l'île dont les habitants s'étaient montrés si hospitaliers. On espérait pouvoir s'y procurer de l'eau, et en conséquence Quiros expédia les chaloupes à la recherche d'une rivière. Comme l'aspect de l'île n'offrait aucun mouillage, les vaisseaux se tinrent bord sur bord. La lame brisait à la côte avec tant d'impétuosité, qu'on ne pouvait tenter d'aborder aux rochers sans risquer la perte des bateaux et des hommes. Les matelots se mirent à l'eau, et après bien des efforts parvinrent à porter et établir les embarcations sur le sommet des rochers qui restent à sec de basse-mer.

A quelques pas du rivage, les Espagnols visitèrent deux petits bois plantés de palmiers, de cocotiers et d'autres arbres utiles ; mais leurs recherches pour trouver des sources d'eau douce furent infructueuses. Le bois était si touffu qu'il fallait couper ou écarter les branches pour se frayer un chemin.

Ils trouvèrent dans ce bois un espace circulaire entouré d'une enceinte en pierre ; d'un côté de grosses pierres appuyées contre un arbre s'élevaient en forme d'autel qu'ombrageaient des branches de palmier; s'imaginant que c'était un temple consacré au prince des ténèbres, un saint zèle les anima, et dans les transports de leur ardeur religieuse, ils coupèrent un arbre et plantèrent une croix au milieu de l'enceinte.

Sortis de ce bois, ils en trouvèrent un autre, et arrivèrent ensuite à une petite prairie dont le terrain était humide. Ils y creusèrent des puits. L'eau en était saumâtre. Heureusement ils eurent la facilité de se procurer une ample provision de cocos : ils s'en nourrirent et s'en désaltérèrent à discrétion ; et chacun se chargea de ce qu'il en put porter pour en faire part à leurs compagnons qui étaient restés à bord de la flotte. Ils marchèrent l'espace d'une demi-lieue pour regagner le rivage où ils avaient abordé ; ils eurent dans le trajet de l'eau jusqu'aux genoux, parce que la mer venant du large avec impétuosité, après avoir franchi les rochers qui précèdent l'île, se répand le long du bord et parvient jusqu'au pied de petites montagnes ; et au moment où elle est la plus haute, elle communique et se confond avec la mer de l'autre côté de l'île, par un canal peu profond et sablonneux, qui sépare les deux petits bois que les Espagnols avaient visités.

L'embarras des Espagnols se renouvela quand ils se présentèrent pour se rembarquer avec leurs charges de cocos et leurs armes ; il devenait impossible de gagner à la nage les chaloupes. Mais Dieu, qui n'abandonne jamais ceux qui se dévouent pour la gloire de son nom, fit découvrir, quand on s'y attendait le moins, un passage étroit entre les rochers qui bordent l'île : les chaloupes y entrèrent et accostèrent la terre de si près que tout le monde put s'embarquer à pied sec.

Ils ramenèrent avec eux une vieille femme qu'ils avaient trouvée dans les bois, et qui ne fit aucune difficulté de les suivre à bord des vaisseaux où elle fut fêtée, habillée, bien traitée, et accepta avec l'air de la satisfaction et de la gaieté tout ce qui lui fut offert en présent.

Les bateaux furent renvoyés à terre. La vieille insulaire servit de guide aux Espagnols ; elle leur indiqua par signes que de l'autre côté de l'île ils trouveraient des habitants : ils la suivirent. Ils furent bientôt rendus à la plage opposée, et en y arrivant ils virent venir de la mer cinq ou six pirogues portant des voiles taillées comme les voiles latines, et tissues de feuilles de palmiers. A la vue des Européens, les embarcations firent route sur l'île; les Indiens qui les montaient s'élancèrent à terre, y hélèrent leurs pirogues et vinrent à la rencontre des Espagnols. Des qu'ils aperçurent la vieille Indienne, ils coururent à elle, ils l'embrassèrent, e tne pouvaient se lasser d'admirer ses vêtements. Ils embrassèrent aussi les Espagnols, et les comblèrent de marques d'affection. On leur demanda par signes de faire connaître qui d'entre eux était le chef: ils indiquèrent un homme d'une taille élevée, et de bonne mine, ayant l'air robuste, une large carrure, les membres forts et bien proportionnés, tous les muscles fortement prononcés, et portant sur la tête une espèce de couronne faite de petites plumes noires, si déliées et si souples qu'on les eût prises pour de la soie. Une chevelure blonde à demi bouclée descendait jusqu'au milieu de sa taille, et excitait l'admiration des Espagnols, qui, ne se persuadant pas qu'un homme dont le visage était couleur de cuivre bronzé pût avoir des cheveux d'un blond si délicat, aimèrent mieux croire qu'il était marié, et qu'il portait les cheveux de sa femme en guise de perruque. Ils l'engagèrent à se rendre à bord de la capitane; plusieurs insulaires s'embarquèrent avec lui dans la chaloupe; mais à peine fut-on au large, que, craignant sans doute quelque perfidie de la part des Espagnols, ils se jetèrent à l'eau, et regagnèrent la terre à la nage. Leur chef voulut les suivre; on le retint; il devint furieux; on eut beaucoup de peine à le contenir. La chaloupe forçant de rames arriva bientôt à la capitane. On s'efforça inutilement de persuader au roi de monter à bord. Quiros, voyant son obstination, défendit d'user de contrainte envers lui; il lui fit servir à manger dans le bateau, lui fit donner des habits, et y ajouta d'autres présents. Ensuite on se hâta de le reconduire à terre, parce qu'on craignait avec raison que les insulaires, irrités de l'enlèvement de leur chef, ne s'en vengeassent sur les Espagnols qui étaient restés sur l'île. Son retour devenait nécessaire pour le salut de ceux-ci. Déjà ils se trouvaient entourés par une centaine d'Indiens dont la colère s'apaisa dès qu'ils virent revenir leur chef. Ce roi sauta lestement à terre, et embrassa ses compatriotes en versant des larmes de joie ; il les informa du bon accueil qu'il avait reçu du chef de ces étrangers, et les assura qu'ils n'avaient que des intentions pacifiques. La bonne intelligence fut bientôt rétablie, et en signe de réconciliation, de paix et d'amitié, le chef des insulaires, détachant de sa tête sa couronne de plumes, et témoignant par signes qu'il ne possédait rien de plus précieux, en fit présent à l'officier qui commandait les canots.

Alors les Espagnols s'étant rapprochés du rivage avec les Indiens, qui venaient rejoindre leurs pirogues, apprirent d'eux qu'ils n'étaient pas habitants de l'île, et qu'ils appartenaient à une autre terre où ils allaient se rendre. Les Espagnols en conclurent qu'ils trouveraient une grande terre sur leur route ; et, en signe de réjouissance, ils firent une salve de mousqueterie qui effraya beaucoup les insulaires. Ils regagnèrent ensuite leur vaisseau. Cette île fut nommée la Sagittaria (la Sagittaire). Tout porte à croire que c'est l'île de Taïti, si célèbre dans les relations modernes.

Quiros partit de la Sagittaria le 12 février, et le 14, il découvrit la Fugitiva ; mais il ne chercha pas à y aborder, parce que la flotte était trop dans le vent il en fut de même de l'île du Pèlerin, à une journée de la précédente.

Quiros continua son voyage et découvrit encore des îles

nombreuses ; mais il chercha inutilement l'île de Santa-Cruz de Mendana. Son projet était de se rendre ensuite en Chine, mais ayant éprouvé de grandes contrariétés de temps, et son vaisseau étant en mauvais état, il fut décidé dans un conseil général qu'on abandonnerait ce projet, et qu'on ferait route pour la Nouvelle-Espagne. La traversée fut très pénible, et ce ne fut qu'après avoir échappé à de grands dangers que la capitane atteignit le port la Nativité, au Mexique, le 3 octobre 1606, neuf mois après son départ du Callao.

Quiros s'embarqua ensuite pour l'Espagne. Il présenta au roi un mémoire dans lequel il donne une description détaillée des terres qu'il a découvertes. Il dit à Philippe III que l'idée qu'il a conçue de l'étendue de ces terres, est fondée sur ce qu'il a vu de ses propres yeux, et sur le rapport que Torris, qui commandait sous ses ordres, a fait à Sa Majesté. « D'après son témoignage et le mien, ajouta-t-il, Votre Majesté peut être certaine que l'étendue de ces terres surpasse celle de l'Europe, de l'Asie Mineure, de la mer Caspienne et de la Perse ensemble, avec toutes les îles de la Méditerranée et de l'Océan, y compris l'Angleterre et l'Irlande. » Plus bas, il ajoute que ces terres inconnues occupent le quart de la surface du globe ; l'exagération est forte ; elle vient sans doute de ce que Quiros était persuadé que toutes les îles et les terres qu'il avait vues, tant dans son dernier voyage que dans celui qu'il avait fait avec Mendana en 1595, appartenaient à un grand continent qui, s'étendant de l'équateur au pôle antarctique, se prolongeait de l'est à l'ouest, jusqu'au voisinage de l'Asie.

Quiros mourut en 1614, à Panama, en se rendant à Lima pour commencer un autre voyage dans les mers inconnues.

III

VOYAGE DU CAPITAINE WALLIS A TAÏTI

CHAPITRE I

Départ du capitaine Wallis. — Passage du détroit de Magellan. — *Le Dauphin* se sépare du *Swallow*, et continue seul son voyage. — Epreuves et maladies à bord. — Terre à l'ouest. — Découverte de plusieurs îles. — Arrivée à Taïti. — Éloquence perdue. — La chèvre, foudre de guerre. — Le chapeau volé.

Le capitaine Samuel Wallis, commandant le vaisseau de Sa Majesté britannique, *le Dauphin*, reçut du roi Georges III, le 19 juin 1766, commission de poursuivre dans les mers du Sud les voyages d'exploration et de découvertes du commodore Byron. Il se rendit en rade de Plymouth pour faire ses préparatifs; le 19 août il reçut un ordre de départ; le 22, il leva l'ancre à quatre heures du matin et fit voile de conserve avec le sloop, le *Swallow*, capitaine Carteret, et la flûte *le Prince Frédéric*, qui devaient marcher à sa suite et obéir à son commandement.

Moins d'un mois après, le 17 septembre, les trois vaisseaux pénétraient dans le détroit de Magellan, qu'ils croyaient pouvoir rapidement franchir pour s'élancer ensuite à travers les flots sans limites de l'océan Pacifique ; mais des difficultés sans nombre les retinrent près de quatre mois dans cette sauvage et inhabitable région, où ils furent presque sans cesse en danger de faire naufrage, où, au milieu de l'été, le temps était nébuleux, froid et orageux, où presque partout les vallées étaient sans verdure et les montagnes sans bois ; enfin, où la terre qui se présente à la vue ressemble plus aux ruines d'un monde qu'à l'habitation d'êtres animés.

Ils étaient entrés dans le détroit le 17 décembre 1766, ils n'en sortirent que le 11 avril de l'année suivante.

En pénétrant dans la grande mer, le capitaine Wallis renonça à se faire accompagner plus longtemps par *le Prince Frédéric*. — Bientôt après *le Swallow*, moins bon voilier que *le Dauphin*, s'égara, demeura en arrière, et ne put être retrouvé, de sorte que le brave capitaine dut songer seul à poursuivre et à mener à bien la mission qui lui avait été confiée.

Les épreuves qui abattent les faibles, mais qui doublent l'énergie des forts, ne lui manquèrent pas. La maladie, les rhumes, les fièvres, se mirent à bord de son navire. Comme le temps était doux et beau, le capitaine fit transporter sur le tillac les malades, à qui on donna tous les matins pour déjeuner du salep et du blé, bouillis avec des tablettes de bouillon portatif.

Les grands vents, avec de fréquentes et violentes rafales, et une grosse mer, revinrent peu de temps après et continuèrent sans intervalles pendant plusieurs jours. Le vaisseau tangua si fort qu'on craignit de voir ses mâts emportés, et que tous les gens de l'équipage furent mouillés dans leurs lits.

Le 30 avril, par une latitude de 32°50' au sud, et une longitude de 7°10' de l'ouest (1), le capitaine ordonna de porter le cap au nord. Il n'était pas sans inquiétudes sur la suite de son voyage. Le chirurgien était d'avis qu'en peu de temps les maladies augmenteraient au point que l'on manquerait de bras pour la manœuvre, si les conditions atmosphériques ne s'amélioraient pas.

Bientôt, en effet, les hommes de l'équipage qui avaient été malades de la fièvre ou du rhume, commencèrent à être attaqués du scorbut ; sur la représentation du chirurgien, on leur donna du vin; on leur fit aussi du moût avec de la drêche, et chaque matelot eut une pinte de chou mariné par jour. — Mais, malgré toutes les précautions, les matelots devinrent presque tous pâles et malades, et le scorbut fit de grands progrès dans l'équipage.

Cela dura jusqu'au 3 du mois de juin. Les malheureux malades, épuisés, alanguis, soupiraient après une terre quelconque ; les hommes valides, qui se multipliaient pour pourvoir aux besoins du navire et de leurs compagnons, soupiraient après le repos. — Le 3, on vit un grand nombre de mouettes, ce qui fit espérer que l'on n'était pas très loin d'une terre. Le 4, une tortue vint nager tout près du vaisseau. Le 5, plusieurs oiseaux de différentes espèces, et qui n'ont pas coutume de s'éloigner des rivages, furent encore aperçus; enfin, le 6, à 11 heures du matin, un matelot nommé Jonathan Puller, cria de la grande hune : *Terre à l'ouest nord-ouest!* — A midi, on la vit distinctement du tillac, et l'on reconnut que

---

(1) Dans le cours de ce voyage, nous prenons les degrés indiqués par le capitaine Wallis. — La longitude est toujours comptée du méridien de Londres.

c'était une île basse, à environ cinq à six lieues de distance. La joie que tout le monde ressentit à cette découverte ne peut être connue que par ceux qui ont éprouvé les dangers, les fatigues et les peines d'un voyage tel que celui que *le Dauphin* et son vaillant équipage venaient d'accomplir.

Cette joie ne fut pas de longue durée. Cette île était entourée de récifs; un large bassin qui se renfonçait vers son milieu était gardé par des brisants infranchissables. Impossible de débarquer nulle part. Le vaisseau reprit sa marche, et l'équipage se résigna d'autant plus facilement au départ, qu'une seconde île, cachée par la première, était en ce moment en vue.

Ce fut le jour de la Pentecôte que cette île fut abordée par *le Dauphin* pour le grand bien des malades de son équipage. Le capitaine Wallis n'avait pas été plus épargné que les autres. Ne pouvant aller à terre lui-même, il y envoya le lieutenant Furneaux avec les canots; il avait avec lui un contre-maître et vingt matelots. Il leur ordonna de prendre possession de l'île, au nom du roi Georges III, et il la nomma : l'*île de la reine Charlotte,* en l'honneur de la reine d'Angleterre.

Les naturels de cette île, qui d'abord avaient fait mine de vouloir s'opposer au débarquement des matelots, gagnés par les petits présents qu'on leur fit, ne tardèrent pas à établir un commerce d'échanges avec les arrivants. — L'équipage du *Dauphin* goûta sur cette terre quelques jours de calme et de repos; puis, appareillant de nouveau, après avoir laissé un pavillon anglais flottant sur l'île, avec le nom du vaisseau et la date de son arrivée, il toucha successivement à l'île d'Egmont, à l'île de Glocester, à l'île de Cumberland, à l'île du prince Guillaume-Henri, à l'île d'Osnabrück, toutes îles que

Wallis baptisa de ces noms, en l'honneur des fils et proches parents du roi.

Le 19 du mois de juin, à la pointe du jour, à environ cinq lieues de distance, il aperçut enfin cette terre où nous avons voulu conduire le lecteur, cette terre, cette île, l'île de Taïti, où nous allons séjourner quelque temps avec lui.

*
* *

En apercevant la terre, le capitaine Wallis ordonna de gouverner directement sur elle. A huit heures, lorsque déjà on en était très proche, un épais brouillard arrêta le navire et l'obligea de rester en panne. Lorsque le temps se fut éclairci, l'étonnement des matelots fut grand, en se voyant environnés par quelques centaines de pirogues. Elles étaient de grandeurs différentes, et garnies de plus ou moins d'hommes, depuis un jusqu'à dix, de sorte qu'en tout il n'y avait pas moins de huit cents Indiens.

Lorsqu'ils se trouvèrent à portée du vaisseau, ils s'arrêtèrent, regardèrent avec satisfaction cet énorme bâtiment, en s'entretenant successivement les uns avec les autres. Les gens de l'équipage, pour essayer d'amadouer ces sauvages, leur montraient des colifichets de différents genres, en les invitant par signes de monter à bord. Ils tinrent une espèce de conseil sur ce qu'ils avaient à faire. Ils vinrent ensuite autour des vaisseaux en donnant aux marins inconnus des signes d'amitié. L'un d'eux, qui tenait une branche de bananier à la main, fit un discours animé, que les siens semblèrent trouver éloquent et qui dura un quart d'heure, puis il jeta sa branche dans la mer. Un moment après, voyant que les gens du navire ne cherchaient point à leur faire du mal, et continuaient à les engager par signes à monter à bord, un jeune homme alerte, vigoureux et bien fait, se hasarda à entrer dans le vaisseau. Il monta par les porte-haubans d'artimon, et sauta des haubans dans l'intérieur.

On lui fit signe de venir sur le tillac, et on lui présenta différentes quincailleries. Il paraissait les voir avec plaisir, et en avoir fort envie, mais il ne voulut rien accepter, avant que plusieurs autres de ses compatriotes se fussent approchés et eussent jeté une branche de bananier dans le vaisseau, après beaucoup de discours auxquels ne comprirent rien ceux à qui ils s'adressaient. Alors seulement le jeune homme reçut les présents, et beaucoup d'autres se pressèrent de monter à bord par plusieurs côtés du vaisseau, ne connaissant pas la véritable entrée.

Une scène assez drôle se produisit aussitôt.

Il y avait à bord du navire plusieurs chèvres, qui avaient été embarquées pour les besoins des malades, et aussi dans l'intention d'en laisser quelques-unes dans les pays que l'on découvrirait, afin de les peupler de ces intéressants et utiles animaux. — Comme un des Indiens qui avait osé se risquer sur le vaisseau était debout sur le passavant, une des chèvres pour jouer vint le heurter de sa tête au derrière, puis se recula vivement pour prendre son élan, et recommencer le jeu. L'Indien, surpris du coup, se retourne brusquement. Il voit la chèvre dressée sur ses pieds, ses deux grandes cornes en l'air, et se préparant à l'assaillir de nouveau. La vue de cet animal, si différent de tous ceux qu'il connaissait, le frappe de terreur. Il se jette à la mer, pour gagner les pirogues à la nage, en poussant un cri d'alarme qui épouvante les siens. Tous les autres qui étaient à bord suivent son exemple avec précipitation, et la mer en un instant voit une vingtaine de nageurs fuyant à larges brassées vers leurs embarcations, qui ne savent si elles doivent fuir elles-mêmes ou venir au-devant des nageurs.

Les Indiens cependant se remirent bientôt de leur étrange frayeur et revinrent à bord. Après les avoir un peu accoutumés à la vue des chèvres et des moutons qui, leur étant inconnus, leur paraissaient les êtres les plus terribles de la création, on leur montra les cochons et les volailles. Ils firent comprendre par signes au capitaine, qui leur faisait lui-même les honneurs de son bâtiment, qu'ils avaient chez eux des animaux de ces deux espèces. C'était une heureuse nouvelle, la perspective de viande fraîche et d'œufs, s'il était possible d'établir un commerce régulier avec les habitants de l'île. Wallis leur distribua alors quelques quincailleries et des clous, puis tâcha de leur faire comprendre qu'il fallait qu'ils retournassent à terre, et apportassent en échange des cochons, des volailles et des fruits. — Mais ils ne purent ou ne voulurent pas le comprendre cette fois.

Leur attention du reste était bien plus portée vers tout ce qui les entourait et excitait leurs désirs que vers les signes et les paroles du capitaine. Dès qu'une chose quelconque les avait attirés (et presque tout ce qu'ils voyaient mettait leur cupidité en éveil), ils épiaient de l'œil les matelots, et s'ils avaient quelque raison de croire qu'on ne les vît pas, ils ne se gênaient nullement pour s'emparer de l'objet convoité. Mais les matelots, qui s'étaient aperçus du mince respect de leurs hôtes pour le droit de propriété, et de leurs tentatives pour s'emparer adroitement de ce qui était sous leurs mains, se faisaient un malin plaisir de leur laisser une apparente liberté pour les prendre ensuite sur le fait. Tout en paraissant avoir l'œil et l'esprit ailleurs, ils veillaient avec tant de soin sur tous les mouvements des Indiens qu'il leur était difficile de se saisir de la moindre chose sans être pris eux-mêmes et obligés à restitution. L'un d'eux, pourtant fut plus habile, et obtint une meilleure réussite, parce qu'il fut plus audacieux que les autres.

Depuis longtemps il regardait avec une sorte d'extase un des officiers de poupe, qui, appuyé contre un des mâts avait établi une conversation par signes avec l'un des Indiens, et semblait y prendre le plus vif intérêt. Était-ce cette conversation, et le désir de s'y mêler lui-même, qui causait l'extase de l'Indien regardant l'officier? Non, certes, et sa prunelle ardente qui ne quittait pas le sommet de la tête du marin, montrait assez l'objet de son admiration poussée jusqu'à l'extase et à l'oubli de tout. — C'était un superbe chapeau d'ordonnance dont l'officier était coiffé. Il était évident que ce chapeau pour l'Indien représentait la merveille des merveilles du monde. Tout à coup il semble s'armer d'une énergique résolution; il regarde à droite, il regarde à gauche, et voyant la place libre, il bondit, s'empare du chapeau, saute dans la mer par-dessus le couronnement du vaisseau, et poussant un cri de triomphe, il emporte à la nage sa proie et sa conquête.

Cela se fit si promptement, et l'officier en se voyant dépossédé de son couvre-chef prit une mine si drôle et si attrapée, que tout l'équipage fut saisi d'un fou rire, ce qui permit à l'Indien de gagner les pirogues, puis la terre.

Disons pourtant qu'il ne pût garder le chapeau si vaillamment conquis. Le lui laisser eût été encourager le vol auquel les naturels paraissaient si enclins. — Quelques jours plus tard il dut, à son grand regret, renoncer à exciter la jalousie de ses compatriotes en en couvrant son front. Les fusils et les canons du vaisseau ne tardèrent pas à intervenir pour inculquer aux habitants de l'île l'idée et le précepte du respect du bien d'autrui qu'ils ne soupçonnaient pas.

CHAPITRE II

Aspect du pays. — Tentative des naturels contre les chaloupes envoyées au rivage. — Indien blessé. — La branche de bananier, signe de paix. — Nouvelle attaque des Indiens. — Deux hommes tués. — *Le Dauphin* court danger de naufrage. — Trêve avec les naturels, échanges et présents.

L'endroit où le vaisseau s'était approché de l'île n'offrait qu'un médiocre mouillage. Le capitaine Wallis, pour en découvrir un meilleur, fit lever l'ancre et gouverner le long de la côte, en envoyant en même temps les bateaux pour sonder plus près. Les pirogues des Indiens n'ayant point de voiles et ne pouvant suivre la marche rapide du *Dauphin* regagnèrent le bord.

Le pays que l'on côtoyait présentait le coup d'œil le plus agréable et le plus pittoresque qu'on puisse imaginer. Près de la mer, il était plat et couvert d'arbres à fruits de différentes espèces, particulièrement de cocotiers. Entre ces arbres on voyait les maisons des Indiens, qui consistaient en un seul rez-de-chaussée, et qui, dans l'éloignement, ressemblaient à de longues granges. A la distance d'environ trois milles de la côte, l'intérieur du pays s'élevait en petites collines couronnées de bois et terminées par autant de hauteurs d'où coulent de grandes rivières jusqu'à la mer. Il n'y avait aucun bas-fonds sur l'île ; mais elle était bordée d'un récif interrompu par quelques ouvertures qui laissaient le passage libre dans la haute mer.

Vers trois heures de l'après-midi, *le Dauphin* avança vers une large baie où il y avait quelque apparence de mouillage. Les chaloupes furent envoyées pour sonder, et tandis qu'elles étaient ainsi occupées, le capitaine observa du vaisseau qu'un grand nombre de pirogues les environnaient. Il soupçonna que les Indiens avaient le dessein de les attaquer ; et comme il voulait absolument prévenir toute espèce de querelles, il fit signal à ses gens de revenir ; en même temps, pour intimider les Indiens, il ordonna qu'on tirât neuf coups de pierriers par-dessus leurs têtes.

La petite chaloupe commença à revenir au vaisseau. On voyait toujours les Indiens dans les pirogues ; malgré l'effroi que leur avaient causé les détonations des pierriers, ils s'efforcèrent de couper le chemin de la chaloupe. Mais le petit bâtiment, marchant plus vite avec des voiles que les pirogues avec leurs rames, se débarrassa bientôt de celles qui l'entouraient.

Il en trouva cependant sur son chemin quelques-unes qui portaient beaucoup de monde, et d'où on lui jeta des pierres qui blessèrent plusieurs marins. Alors, l'officier qui était à bord de la chaloupe tira un coup de mousquet chargé de gros plomb sur l'homme qui avait jeté la première pierre, et l'atteignit à l'épaule. Le reste des Indiens de la pirogue ne virent pas plus tôt leur compagnon blessé, qu'ils se jetèrent à la mer, et que tous les autres forcèrent de rames pour fuir; rien n'égalait leur frayeur et leur désordre. Aussitôt que les autres chaloupes eurent rejoint le vaisseau, on les rentra à bord.

*
* *

Pendant qu'on était occupé à cette manœuvre, le capitaine vit une grande pirogue portant une voile et se dirigeant vers le vaisseau.

Comme il pensa qu'elle pouvait ramener quelques chefs, ou lui apporter un message de leur part, il se détermina à l'attendre. Elle marchait très bien, et fut bientôt arrivée. Mais elle ne portait personne qui parût avoir quelque autorité sur les autres. Cependant un des hommes qui la montaient se leva, et ayant fait un discours qui dura environ cinq minutes, il lança sur *le Dauphin* une branche de bananier. Wallis et ses lieutenants regardèrent cette cérémonie comme un gage de paix, et lui rendirent la pareille en lui jetant des branches laissées par les Indiens qui leur avaient rendu visite. Avec cela et quelques colifichets qu'on leur distribua, les Indiens parurent satisfaits, et peu de temps après ils se retirèrent.

*
* *

Tout cela arriva dans la journée du 19. Le soir, le capitaine n'ayant pas trouvé un fond sûr, ordonna de serrer le vent et de gouverner toute la nuit afin de parvenir à gagner l'est de l'île.

Le 20, à cinq heures du matin, on fit voile, la terre restant au nord-ouest-quart-ouest, à la distance de dix lieues, et tout l'équipage crut voir une autre terre à cinq lieues par delà au nord-ouest, et une montagne remarquable faite en pain de sucre au nord-nord-est. Quand on fut à environ deux lieues du rivage, qui offrait l'aspect le plus agréable, car il était couvert de maisons et d'habitants, on vit plusieurs grandes pirogues sans voile près de la côte, mais aucune ne dirigeait sa marche vers le vaisseau. A midi on n'était plus qu'à deux à trois milles de l'île. *Le Dauphin* continua de côtoyer le rivage, quelquefois à la distance d'un demi-mille, et quelquefois à quatre à cinq milles; mais jusque-là l'on n'avait point trouvé de fond. A six heures du soir on était en travers d'une belle rivière, et la côte paraissant meilleure qu'aucune de celles que l'on avait vues, le capitaine se détermina à louvoyer toute la nuit et à tenter de jeter l'ancre le matin.

Dès qu'il fut nuit, l'équipage vit un grand nombre de lumières courir tout le long du rivage.

Le 21, à la pointe du jour, Wallis envoya les bateaux pour sonder, et bientôt ils lui firent signal qu'ils avaient vingt brasses sous eux. Cette nouvelle produisit une joie universelle qu'il n'est pas aisé de décrire. *Le Dauphin* avança sur-le-champ et jeta l'ancre. Il était éloigné de la côte d'environ cinq milles, ayant vis-à-vis de lui un ruisseau de la plus belle eau.

Dès que son navire eut été mis en sûreté, le capitaine envoya des chaloupes pour sonder le long de la côte et examiner le lieu où l'on voyait de l'eau. A ce moment, un nombre considérable de pirogues sortirent pour venir au vaisseau, portant des cochons, de la volaille et une grande quantité de fruits offerts en échange de quelques clous et de différents objets de quincaillerie. Mais quand les chaloupes détachées du vaisseau furent près du rivage, les pirogues, dont plusieurs étaient doubles et très grandes, firent voile sur elles. D'abord elles se tinrent à quelque distance ; mais lorsque les bateaux approchèrent du bord, les Indiens devinrent plus hardis, et trois des plus grandes pirogues coururent sur le plus petit des bateaux, se préparant en même temps à l'assaillir avec des bâtons et à coups de rames. Les marins anglais, ainsi pressés, furent obligés de faire feu ; ils tuèrent un Indien et en blessèrent un autre. En recevant le coup, ces deux hommes tombèrent dans la mer, et le reste de ceux qui étaient dans la même pirogue s'y jeta à l'instant après eux. Les deux autres embarcations prirent la fuite, et les bateaux revinrent sans éprouver aucun autre obstacle.

Dès que les Indiens qui s'étaient jetés à la mer virent que les bateaux restaient en place sans chercher à leur faire aucun mal, ils rentrèrent dans leur pirogue et y reprirent leurs compagnons blessés. Ils les dressèrent l'un et l'autre sur leurs pieds pour voir s'ils pourraient se tenir debout, et trouvant que cela leur était impossible, ils essayèrent de les faire asseoir ; l'un des deux se tint dans cette posture ; mais voyant que l'autre était tout à fait mort, ils étendirent le corps au fond de la pirogue. Après cela quelques-unes de ces embarcations retournèrent au rivage, et d'autres revinrent de nouveau au navire pour trafiquer, ce qui prouva aux compagnons de Wallis qu'ils étaient convaincus que, tant qu'ils montreraient envers eux des dispositions pacifiques, ils n'auraient rien à craindre, et qu'ils devaient se regarder eux-mêmes comme l'unique cause de la perte qu'ils déploraient.

Les deux jours qui suivirent furent consacrés à faire de l'eau et des échanges avec les naturels. Un grand nombre de pirogues vinrent au vaisseau avec du fruit à pain, des bananes, un fruit ressemblant à la pomme, mais un peu meilleur, de la volaille et des cochons qu'ils n'hésitèrent pas à livrer pour des verroteries, des clous, des couteaux et autres articles de ce genre ; de sorte que l'on eut assez de porc frais pour en donner à tout l'équipage pendant ces deux jours, à une livre par homme.

Le 23 faillit être un jour de malheur pour le vaisseau. Sans le courage de ceux qui le montaient et la protection de la Providence, il eût inévitablement péri.

A la pointe du jour, Wallis avait fait lever l'ancre dans le dessein de mouiller dans le voisinage de l'aiguade, afin de protéger ses gens contre les attaques possibles des Indiens. Tandis que les gens de service étaient occupés à prendre le large pour gagner le dessus du vent, la vigie découvrit de la hune, à environ six à huit milles sous le vent, de l'autre côté de la terre, une baie. Le capitaine fit partir sur-le-champ pour la gagner, précédé de ses bateaux qui marchaient en avant, occupés à sonder. A neuf heures, *le Dauphin* tourna autour d'un récif, et s'arrêta dans le dessein de jeter l'ancre ; mais arrivé près des bateaux, il toncha. L'avant demeura engagé ; par bonheur l'arrière était libre.

En jetant la sonde, on trouva sur le récif de deux et demie à dix-sept brasses de profondeur. Le capitaine fit carguer toutes les voiles aussi promptement qu'il fut possible, et alléger le vaisseau de tout ce qu'il y avait de plus pesant sur le pont. On mit en même temps la chaloupe dehors avec l'ancre de toue, une petite ancre et son câble, et une hansière, dans le dessein de les porter au dehors du récif, afin que, quand les ancres auraient pris fond, on pût se touer sur elles, en forçant sur le cabestan. Mais malheureusement, en dehors de la chaîne de rochers, il n'y avait pas de fond. La situation devint alors très alarmante : le vaisseau continuait de battre contre le roc avec une grande violence, et il était environné de plusieurs centaines de pirogues remplies d'Indiens. Ils ne tentèrent cependant pas l'abordage, qui dans ce moment leur eût été facile et leur eût assuré plein succès ; mais ils paraissaient attendre le naufrage prochain. *Le Dauphin* demeura près d'une heure dans cette position terrible, sans qu'on pût rien faire d'utile pour l'en tirer, si ce n'est de défoncer quelques tonneaux ; mais une brise se levant heureusement de terre, l'avant du navire se détacha du rocher. Toutes les voiles furent déployées à l'instant pour l'aider. Alors il commença à se mouvoir, et fut bientôt en pleine eau.

Il prit tout de suite le large, et les bateaux ayant été envoyés sous le vent, trouvèrent que le récif s'étendait à un mille et demi environ à l'ouest, et qu'au delà il y avait un fort bon mouillage. Le maître, après avoir placé un bateau à l'extrémité du récif et garni la chaloupe d'ancres, de hansières à touer et d'une garde pour la défendre contre les Indiens, vint à bord et pilota le vaisseau autour du récif jusque dans le havre, où, sur le midi, il fut à l'ancre.

Un examen ultérieur fit connaître que l'endroit où le vaisseau avait touché était une bande de rochers de corail recouverts de plus ou moins d'eau, depuis six brasses jusqu'à deux, et qui malheureusement se trouva entre les deux bateaux qui lui servaient de guide, et dont l'un, celui qui était au vent, avait douze brasses, et celui sous le vent, neuf.

Le vent fraîchit presque tout de suite après que *le Dauphin* fut tiré du danger, et quoiqu'il tombât assez promptement, la vague était si haute et brisait avec tant de violence sur le rocher, que si le vaisseau fût demeuré engagé une demi-heure de plus, il eût infailliblement été mis en pièces. En examinant la quille, on n'y reconnut que bien peu de dommages : un morceau du bas du gouvernail seulement se trouvait emporté. Le vaisseau ne paraissait faire eau par aucun endroit ; cependant les barres de hune, à la tête de tous les mâts, étaient rompues tout ras, ce qui sans doute était arrivé quand le vaisseau battait contre le rocher. Les bateaux perdirent leurs grappins sur le récif ; mais après la rude épreuve que l'on venait de passer, cette perte ne causa qu'un médiocre chagrin.

Aussitôt que le vaisseau fut hors d'embarras, le capitaine envoya le maître avec tous les bateaux garnis de monde et armés, pour sonder le haut de la baie, afin que s'il y trouvait un bon ancrage, on pût touer le vaisseau en dedans du récif et mouiller en toute sûreté. Le temps était fort beau ; un grand nombre de pirogues couvraient le récif, et le rivage était garni d'une multitude d'Indiens.

Vers quatre heures de l'après-midi, le maître revint de son exploration et rapporta qu'il y avait partout bon mouillage. Le capitaine se détermina donc à faire touer le vaisseau dans la baie dès le matin du lendemain, et en même temps il partagea son monde en quatre parties ; l'une devait toujours être sous les armes, tous les canons chargés et amorcés, et les armes en état dans les bateaux. Il ordonna en même temps à tous ceux qui ne seraient pas de garde de se rendre à des postes assignés. Au moment où il faisait ces dispositions, il voyait un grand nombre de pirogues, dont quelques-unes étaient très grandes et garnies de beaucoup d'hommes, voguant près du rivage, et plusieurs autres plus petites, se hasardant à venir jusqu'au vaisseau avec des cochons, des volailles et des fruits qu'on leur acheta à la satisfaction mutuelle des deux parties. Au coucher du soleil, toutes ces pirogues retournèrent au rivage.

CHAPITRE III

Graves hostilités. — La nécessité de se défendre force le capitaine à user de ses armes. — Nuée de pirogues autour du vaisseau. — Déclaration de guerre. — L'aigrette de plumes. — Le canon parle. — Prise de possession de l'île au nom du roi d'Angleterre. — Le pavillon et les Indiens. — A l'aiguade. — Nouvelle attaque repoussée. — Flottille de canots détruite.

La journée du 23, qui avait failli voir la destruction du *Dauphin*, et qui, son navire sauvé du naufrage, avait inspiré au capitaine Wallis des craintes sérieuses de la part des habitants de l'île, vu le nombre de pirogues et la multitude d'Indiens que son danger avait réunis autour de lui, s'était cependant terminée dans le calme et la paix. Il était à croire que les naturels, instruits par l'insuccès de leurs précédentes tentatives et la mort de quelques-uns de leurs compagnons de la puissance et de la portée des armes de ces survenants inconnus, n'oseraient plus se risquer dans une attitude hostile contre eux. Le naufrage manqué de ce géant des mers qui lançait la foudre de ses flancs, et dont les éclats brisaient les pirogues et tuaient les hommes, avait dû leur enlever tout espoir d'en venir à bout. Le capitaine s'en réjouissait, car ce n'était pas sans une répugnance extrême qu'il s'était vu plusieurs fois, dans l'intérêt de la défense du vaisseau et des hommes dont il avait la charge, obligé de commander le feu contre les Indiens, qui n'étaient pas allés le chercher, qui se seraient parfaitement passés de lui, et qui, en poursuivant sa destruction par les moyens en leur pouvoir, sans doute obéissaient à leur manière au sentiment du patriotisme, du courage et du devoir.

Sa joie ne devait pas durer, et la journée du 24 devait le contraindre à user encore contre les Indiens de moyens de rigueur.

A six heures du matin, sur son ordre, on avait commencé à touer le vaisseau dans la baie. En voyant *le Dauphin* se mettre en mouvement, un grand nombre de pirogues vinrent se ranger sous sa poupe. Le capitaine, qui ne les avait pas vues s'approcher sans quelque inquiétude, en constatant qu'elles apportaient des cochons, de la volaille et des fruits, fut rassuré sur leurs intentions, et chargea le canonnier et deux officiers de poupe d'acheter d'eux ces provisions pour des couteaux, des clous, des grains de verre, et d'autres quincailleries, en défendant en même temps le commerce avec les Indiens à toute autre personne du bord.

A huit heures, le nombre des pirogues se trouva considérablement augmenté ; celles qui vinrent les dernières étaient doubles, très grandes, et portaient chacune douze à quinze hommes forts et vigoureux. Wallis remarqua avec inquiétude qu'elles étaient préparées bien plus pour la guerre que pour le commerce, n'ayant presque rien autre chose à leur bord que des cailloux ronds.

Comme il était encore très malade, il appela M. Furneaux, son premier lieutenant, et lui ordonna de tenir la quatrième partie de ses gens toujours sous les armes, tandis que le reste de l'équipage était occupé à remorquer le vaisseau. Cependant il venait continuellement de la côte un plus grand nombre de pirogues. Celles qui étaient remplies de pierres se rangeaient autour du vaisseau, et à une très petite distance. Quelques-uns des Indiens qui les montaient chantaient d'une voix rauque ou soufflaient dans des conques marines, d'autres jouaient d'une espèce de flûte. Cette scène avait quelque chose d'extraordinaire, et tous les marins se disaient qu'il y avait quelque chose dans l'air.

Peu de temps après, un homme qui était couché sur une espèce de canapé placé sur une de ces grandes doubles pirogues, fit signe qu'il désirait venir aux côtés du vaisseau. Wallis y consentit tout de suite. Quand il fut près du bord, l'Indien donna à un des matelots une aigrette de plumes rouges et jaunes, lui faisant signe de la remettre au capitaine. Wallis, croyant à un présent de bonne amitié, reçut cette aigrette avec des expressions de remerciement, et prit sur-le-champ quelques bagatelles pour les offrir en retour à l'Indien. Mais, à son grand étonnement, il vit que celui-ci s'était déjà un peu éloigné du vaisseau, et, au signe qu'il fit en jetant une branche de cocotier qu'il tenait à la main, il s'éleva de toutes les pirogues un cri général. Les Indiens s'avancèrent alors tous à la fois, et lancèrent contre l'équipage une grêle de pierres par tous les côtés.

Il n'y avait pas d'hésitation possible, et pas de temps à perdre. C'était une attaque préméditée, organisée, contre laquelle les armes européennes seules pouvaient donner au petit nombre des Anglais la supériorité contre la multitude qui les assaillait. Il y avait d'autant plus de raison d'agir vite et sans pitié qu'une grande partie de l'équipage était malade et faible, et qu'on pouvait jusqu'à un certain point accuser les Indiens d'avoir médité avec perfidie leur dessein.

Le capitaine ordonna donc de faire feu. Il fit tirer de très près deux pièces du gaillard qu'il avait fait charger à mitraille. La décharge mit du désordre parmi les combattants, mais ne les éloigna pas. Ils s'étaient évidemment préparés à une lutte sérieuse, et quelques minutes après ils recommencèrent leur attaque.

Tous ceux des gens de l'équipage du *Dauphin* qui étaient en état de venir sur le pont prirent alors leur poste. Le capitaine donna ordre qu'on tirât les grosses pièces, et il en fit jouer constamment quelques-unes sur l'endroit du rivage où il voyait un grand nombre de pirogues occupées à embarquer des hommes, et venant au vaisseau à toutes rames. Quand les grosses pièces commencèrent à tirer, il n'y avait pas moins de trois cents pirogues autour du vaisseau, portant au moins deux mille hommes, et de nouvelles pirogues arrivaient de tous les côtés. Le feu écarta bientôt ceux qui étaient près du vaisseau, et arrêta ceux qui se disposaient encore à avancer sur lui.

Aussitôt que le capitaine vit la retraite de quelques-uns de ses ennemis et la tranquillité du reste, il fit cesser le feu, espérant qu'ils seraient assez convaincus de la supériorité de ceux qu'ils avaient osé braver, pour ne pas renouveler leur attaque. En cela cependant il fut malheureusement trompé; avec les peuples primitifs, il faut que les faits parlent. Ils ne se rendent aux conséquences de ceux-ci que lorsqu'ils sont forcés d'en bien constater l'évidence. Les Indiens crurent sans doute que la cessation du feu ne venait pas de la pitié qu'on avait pour eux, mais bien de l'impossibilité pour leurs ennemis de continuer plus longtemps, et ils reprirent confiance et courage.

Une grande partie des pirogues qui avaient été dispersées se rassemblèrent de nouveau ; elles demeurèrent quelque temps sur leurs rames, regardant le vaisseau de la distance d'environ un quart de mille, et alors élevant soudain des pavillons blancs, elles s'avancèrent du côté de la poupe du bâtiment, et recommencèrent de fort loin à jeter des pierres avec beaucoup de force et d'adresse, par le moyen de frondes. Chaque pierre pesait environ deux livres, et plusieurs blessèrent des matelots, qui en auraient souffert davantage sans une toile étendue sur le tillac, et sans le bastingage des hamacs. Pendant ce temps, plusieurs pirogues, garnies de beaucoup d'hommes, se portaient vers l'avant, ayant probablement remarqué qu'on n'avait point tiré de cette partie du navire.

Le capitaine y fit transporter sur-le-champ quelques pièces, en même temps que deux autres tiraient de l'arrière sur les pirogues qui attaquaient *le Dauphin* de ce côté.

Parmi celles qui menaçaient l'avant, il y en avait une où il crut distinguer quelque chef d'Indiens. C'était de cette embarcation qu'était parti le signal qui les avait rassemblées toutes. Il arriva qu'un boulet de l'avant fut tiré si juste, qu'il sépara cette double pirogue en deux. — Dès que les autres s'aperçurent de cet accident, elles se dispersèrent avec tant de vitesse que, une demi-heure après, il ne restait pas une pirogue à portée de la vue, et que tout ce peuple qui couvrait le rivage s'enfuit vers les collines voisines avec la plus grande précipitation.

Ce grand combat était fini. N'ayant plus alors la crainte d'être inquiétés de nouveau, on toua enfin le navire dans le havre.

Après ce combat, le capitaine Wallis se considéra comme

conquérant de l'île, et résolut d'en prendre possession au nom de la couronne d'Angleterre. Empêché par la maladie de pouvoir accomplir cette prise de possession lui-même, il chargea M. Furneaux, son second, de s'en acquitter sans retard.

Le Dauphin était ancré non loin de l'embouchure d'une rivière d'eau douce qui déversait son trop-plein dans la baie. Les bords de cette rivière étaient gais et riants. Ils étaient tapissés de verdure et couronnés d'ombrage. Ils pouvaient offrir pendant la halte du navire un séjour agréable aux malades, et pouvaient être facilement défendus par les barques et les canons.

Le lieu convenait donc parfaitement aux vues du capitaine. Il envoya M. Furneaux avec tous les bateaux pour l'occuper.

A deux heures les bateaux débarquèrent, sans opposition de la part des habitants. M. Furneaux planta un bâton de pavillon, arracha une motte de gazon et prit possession de l'île au nom de Sa Majesté Britannique, en l'honneur de laquelle elle reçut le nom de l'île du roi Georges III. Pendant cette cérémonie, les canons du *Dauphin* tonnaient. — M. Furneaux alla ensuite à la rivière et goûta de l'eau, qu'il trouva excellente, et en fit boire à tous ses gens avec du rhum, à la santé de Sa Majesté Georges III.

Tandis qu'ils étaient à la rivière, large d'environ douze verges et guéable, ils virent de l'autre côté deux hommes âgés, qui, apercevant qu'ils étaient découverts, se mirent en posture de suppliants, et parurent effrayés et confondus. M. Furneaux fit signe aux deux vieillards de passer la rivière; l'un d'eux s'y détermina. Lorsqu'il fut du côté où se tenaient les Anglais, il s'avança en rampant sur ses mains et sur ses genoux. Mais M. Furneaux le releva, et, tandis qu'il était encore tout trem-

blant, lui montra quelques-unes des pierres qui avaient été jetées dans le vaisseau, et s'efforça de lui faire entendre que, si les habitants n'entreprenaient plus rien contre la sûreté du *Dauphin* et de son équipage, il ne leur serait fait aucun mal.
— Il ordonna qu'on remplît d'eau deux tonneaux pour montrer aux Indiens qu'on en avait besoin sur le vaisseau, puis il leur fit voir quelques haches et d'autres objets, afin de tâcher de leur faire comprendre qu'il désirait obtenir d'eux quelques provisions.

Durant cette conversation mimée, le vieillard recouvra un peu ses esprits, et M. Furneaux, pour ajouter aux témoignages d'amitié qu'il lui avait donnés, lui fit présent d'une hache, de quelques clous, de grains de verre et d'autres bagatelles, qu'il reçut avec toutes les marques du contentement le plus vif, après quoi il se rembarqua et laissa le pavillon flottant.

Alors il se passa une scène curieuse et singulière.

Aussitôt que les bateaux furent éloignés, le vieillard indien s'approcha du pavillon et dansa autour pendant un assez long temps. Ensuite il se retira; mais il revint bientôt après avec quelques branches d'arbre vertes qu'il jeta à terre, et se retira une seconde fois; plus tard on le vit de nouveau reparaître avec une douzaine d'habitants. Tous se mirent dans une posture suppliante, et s'approchèrent du pavillon à pas lents; mais le vent s'étant engouffré dans ses plis et l'agitant en l'air, ils se retirèrent avec la plus grande précipitation. Ils se tinrent pendant plusieurs minutes à quelque distance, occupés à le regarder; après quoi ils s'en allèrent pour rapporter presque immédiatement deux grands cochons qu'ils placèrent au pied du bâton du pavillon; enfin, reprenant courage, ils se mirent à danser autour. Après cette cérémonie, ils portèrent les cochons au rivage, lancèrent une pirogue à la mer, et les mirent dedans. Le vieillard qui avait une grande barbe blanche s'embarqua seul avec eux et les amena au vaisseau. Quand il fut près du *Dauphin*, il fit un discours suivi, et prit dans ses mains plusieurs feuilles de bananier, une à une, qu'il présenta au capitaine, lequel était monté sur le pont pour le regarder venir; le vieillard proférait pour chacune des feuilles, à mesure qu'il les donnait au capitaine, quelques mots d'un ton de voix imposant et grave. Il lui remit ensuite les deux cochons en lui montrant la terre, comme pour lui dire qu'il ne devait pas avoir peur d'y faire débarquer ses gens. Le capitaine se disposait à lui faire quelques présents; mais il ne voulut rien accepter, et bientôt après il retourna au rivage.

La nuit survint et fut très obscure. On entendit toute cette nuit le bruit de plusieurs tambours, de conques et d'autres instruments à vent, et on vit beaucoup de lumières tout le long de la côte.

Le 26, à six heures du matin, aucun habitant ne se montrait sur le rivage; mais le capitaine remarqua que le pavillon, insigne de la souveraineté du roi son maître, avait été enlevé. Sans doute que les naturels, qui avaient manifesté tant de crainte et de respect, la veille, en le voyant déployé sur leur île, après s'être aperçus qu'il ne bougeait pas de place et ne leur faisait aucun mal, se contentant de voler à la brise, avaient appris à le mépriser, comme les grenouilles de la fable méprisaient leur roi soliveau. Il ordonna au lieutenant Furneaux d'aller à terre avec une garde, et si tout était tranquille, de l'en instruire, afin que l'on pût commencer à faire de l'eau. Peu de temps après il eut le plaisir de voir que l'on demandait des pièces d'eau, et, à huit heures du matin, quatre tonnes étaient déjà apportées à bord.

Pendant que ses gens étaient occupés de ce travail, plusieurs Indiens se montrèrent du côté opposé de la rive, avec le vieillard que l'officier avait vu le jour précédent, et qui, bientôt après, passa la rivière, apportant avec lui des fruits et quelques volailles qui furent aussitôt envoyés au vaisseau.

A ce moment, le capitaine Wallis était si faible par suite de l'indisposition dont il souffrait depuis près de quinze jours, qu'il pouvait à peine se traîner. Il se servit de la lunette pour observer ce qui se passait à terre.

Vers huit heures, il aperçut une multitude d'habitants descendant une colline, à environ un mille de ses gens, et en même temps un grand nombre de pirogues faisant le tour de la pointe de la baie du côté de l'ouest, et ne s'écartant pas du rivage. Il regarda à l'endroit où l'on faisait de l'eau, et découvrit au travers des buissons un grand nombre d'Indiens qui se glissaient derrière. Il en vit aussi plusieurs milliers dans les bois, qui se pressaient vers le lieu de l'aiguade, pendant que des pirogues doublaient avec beaucoup de vitesse l'autre pointe de la baie à l'est.

Était-ce une nouvelle attaque concertée contre le vaisseau? était-ce une embuscade pour surprendre ceux de ses gens qui étaient à terre? La leçon de la veille ne suffisait donc pas?

Alarmé de ces mouvements, le capitaine dépêcha un bateau pour instruire son lieutenant de ce qu'il avait découvert, et pour lui donner ordre de revenir sur-le-champ à bord avec ses gens, en laissant, s'il le fallait, ses pièces d'eau.

Le lieutenant avait lui-même remarqué le danger, et s'était embarqué avant que les bateaux fussent arrivés près de lui.

En voyant que les naturels se glissaient vers lui, par derrière le bois, il leur envoya tout de suite le vieil Indien dont il s'était fait un allié, s'efforçant de leur faire entendre qu'ils eussent à se tenir éloignés, parce qu'il voulait seulement prendre de l'eau. Dès qu'ils se virent découverts, ils poussèrent des cris et s'avancèrent avec promptitude, et s'emparèrent des pièces d'eau avec de grandes démonstrations de joie.

Cependant les pirogues longeaient le rivage avec beaucoup de célérité; tous les habitants les suivaient sur la côte, excepté une multitude de femmes et d'enfants qui se placèrent sur une colline d'où l'on découvrait la baie, comme pour assister à un spectacle intéressant.

Dès que les pirogues, venant des deux pointes de la baie, se trouvèrent plus voisines de l'endroit où était mouillé le vaisseau, elles se rapprochèrent du rivage, pour embarquer encore d'autres Indiens qui portaient avec eux de grands sacs, que l'on reconnut ensuite être remplis de pierres. Toutes les pirogues qui avaient doublé les deux pointes, et beaucoup d'autres, parties du dedans de la baie, s'avancèrent vers le vaisseau, de sorte que son commandant ne douta pas qu'elles n'eussent le projet de tenter les hasards d'une seconde attaque.

Pensant que le combat serait moins meurtrier s'il en diminuait la durée, il se détermina à rendre cette action décisive, et à mettre fin par là à toute hostilité.

Il ordonna donc à ses gens, qui étaient tous à leur poste, de faire feu d'abord sur les pirogues réunies en groupes.

Son ordre fut si bien exécuté, que celles qui étaient à l'ouest regagnèrent le rivage aussi promptement qu'il leur fut possible, tandis que celles qui venaient du côté de l'est, côtoyant le récif, furent bientôt hors de la portée du canon. Il fit diriger alors le feu sur différentes parties du bois, ce qui en fit sortir beaucoup d'Indiens qui coururent à la colline où les femmes et les enfants s'étaient placés pour voir le combat. La colline était alors couverte de plusieurs milliers de personnes qui se croyaient parfaitement en sûreté; mais pour les convaincre du contraire, et dans l'espérance que, quand ils auraient éprouvé que les armes de leurs adversaires portaient beaucoup plus loin qu'ils ne l'avaient cru possible, ils n'oseraient plus renouveler de semblables attaques, il fit tirer sur eux quatre coups rasants. Deux portèrent près d'un arbre, au pied duquel il y avait beaucoup d'Indiens rassemblés, et en atteignirent plusieurs; tous les autres furent frappés de terreur et de consternation; de sorte qu'en moins de deux minutes ils disparurent entièrement.

Après avoir ainsi nettoyé la côte, le capitaine irrité et décidé de frapper un coup dont on se souvînt, arma ses bateaux, et envoya tous les charpentiers avec leurs haches, escortés d'une forte garde, pour détruire toutes les pirogues qu'on avait tirées à terre. Avant midi, cette opération fut entièrement achevée, et plus de cinquante pirogues, dont plusieurs étaient de soixante pieds de long, larges de trois, et amarrées ensemble deux à deux, furent mises en pièces. On n'y trouva que des pierres et des frondes, si l'on en excepte deux ou trois petites, qui portaient des fruits, des volailles et quelques cochons.

Cette destruction d'une partie de leur flottille de canots, la mort de plusieurs d'entre eux atteints de projectiles inconnus inspira une salutaire terreur aux habitants de l'île; ils renoncèrent tout à fait aux hostilités, et par l'intermédiaire du vieillard dont nous avons déjà parlé, un accord dont les termes étaient parfaitement inconnus de part et d'autre, mais réel cependant, se fit entre les naturels du pays et les Européens; un commerce régulier s'établit qui fournit en grande abondance au navire, des cochons, de la volaille et des fruits, de sorte que l'équipage eut de tous ces vivres à discrétion.

CHAPITRE IV

La paix conclue. — Malades transportés à terre. — Le chirurgien et le canard. — Excursion du contremaître à l'intérieur de l'île. — Relation de cette excursion.

La paix étant faite, et paraissant solide, le capitaine en voulut immédiatement profiter pour faire respirer à ses malades le bon air de ce charmant pays. Il les fit donc porter à terre dans les barques et chargea le canonnier de commander la garde qu'il leur donna. On dressa une tente pour les défendre du soleil et de la pluie ; le chirurgien fut chargé de veiller à leur conduite et de donner son avis si on en avait besoin.

Après avoir établi ses malades dans leur tente, le chirurgien en question se promenait avec son fusil le long de la rivière, lorsqu'un canard sauvage s'envola près de lui et passa au-dessus de sa tête. Il le tira, et l'oiseau tomba mort auprès de quelques Indiens qui étaient de l'autre côté du cours d'eau. Saisis d'une terreur panique, ils s'enfuirent tous. Quand ils furent à quelque distance ils s'arrêtèrent. Le chirurgien leur fit signe de lui rapporter son canard ; un d'eux s'y hasarda, non sans la plus grande crainte, et le vint mettre à ses pieds.

Une volée d'autres canards venant à passer, le chirurgien tira de nouveau et en tua heureusement trois. Cet événement donna aux insulaires une telle crainte d'une arme à feu, que mille se seraient enfuis comme un troupeau de moutons à la vue d'un fusil tourné contre eux. Il est probable que la facilité avec laquelle on les tint depuis lors en respect, et leur conduite régulière dans le commerce qui ne cessa plus depuis ce jour, furent en grande partie dues à ce qu'ils avaient vu dans cette occasion l'instrument dont auparavant ils n'avaient fait qu'éprouver les effets.

Le capitaine Wallis voulut encore profiter de la paix et de la terreur salutaire des Indiens, pour faire faire à une troupe des siens une excursion à l'intérieur de cette île qui lui paraissait digne d'études, et mériter d'être signalée en vue des expéditions à venir.

En conséquence, il envoya le sieur Gore, un de ses contre-maîtres, avec des soldats de marine, vingt-quatre matelots et quatre hommes de poupe, avec ordre de s'avancer dans la vallée, le long de la rivière, aussi loin qu'ils pourraient, d'examiner le sol et les productions du pays, les arbres, les plantes qu'ils trouveraient, de remonter aux sources des ruisseaux qu'ils verraient descendre des montagnes, et d'observer s'ils charriaient quelques minéraux. Il les avertit de se tenir continuellement sur leurs gardes contre les habitants, et d'allumer un feu comme signal s'ils étaient attaqués. Le vieillard qui, le premier, s'était approché du pavillon, lors de la prise de possession de l'île, devait les accompagner.

Ayant reçu ses instructions, le contremaître partit.

Nous ne croyons pouvoir mieux faire que de reproduire intégralement la relation écrite par lui-même de son expédition dans l'île.

RÉCIT DE L'EXPÉDITION DU CONTREMAITRE A L'INTÉRIEUR DE L'ILE

« A quatre heures du matin du samedi 25 juin, je débarquai avec quatre officiers de poupe, un sergent, douze soldats de marine et vingt-quatre matelots tous armés; nous étions accompagnés de quatre hommes qui portaient des haches et d'autres marchandises dont nous voulions trafiquer avec les naturels du pays, et de quatre autres chargés de munitions et de provisions. Chaque homme avait reçu sa ration d'eau-de-vie d'un jour, et j'en conservais en outre deux petits barils que je devais distribuer lorsque je le jugerais à propos.

« Dès que je fus à terre, j'appelai notre vieillard pour qu'il nous servît de guide. Nous suivîmes le cours de la rivière partagés en deux bandes, qui marchaient chacune d'un côté. Les deux premiers milles, cette rivière coule à travers une vallée très large, dans laquelle nous découvrîmes plusieurs habitations, des jardins enclos, et une grande quantité de cochons, de volailles et de fruits; le sol, d'une couleur noirâtre, nous parut gras et fertile. La vallée devenant ensuite très étroite, et le terrain étant escarpé d'un côté de la rivière, nous fûmes obligés de marcher tous de l'autre. Dans les endroits où le courant se précipite des montagnes, on a creusé des canaux pour conduire l'eau dans les jardins et les plantations d'arbres fruitiers. Nous aperçûmes dans ces jardins une herbe que les habitants ne nous avaient jamais apportée, et nous vîmes qu'ils la mangeaient crue. Je la goûtai et je la trouvai agréable; sa saveur ressemble assez à celle de l'épinard des îles d'Amérique, appelé *calleloor*, quoique ses feuilles soient un peu différentes. Des haies ferment les terrains, et forment un coup d'œil agréable ; le fruit à pain et les pommiers sont alignés sur le penchant des collines, et les cocotiers et les bananiers, qui demandent plus d'humidité, dans la plaine. Au-dessous des arbres et sur les collines, il y a de très bonne herbe ; et nous ne vîmes point de broussailles. En avançant, les sinuosités de la rivière devenaient innombrables, les collines s'élevaient en montagnes, et nous avions partout de grandes cimes de rochers qui pendaient sur nos têtes. Notre route était difficile ; et, lorsque nous eûmes parcouru environ quatre milles, le dernier chemin que nous avions fait fut si mauvais que nous nous assîmes pour nous reposer et nous rafraîchir en déjeunant. Nous nous étendîmes sous un grand pommier dans un très bel endroit. Nous commencions à peine notre repas, lorsque nous fûmes tout à coup alarmés par un son confus de plusieurs voix entremêlées de grands cris. Nous aperçûmes bientôt après une multitude d'hommes, de femmes et d'enfants qui étaient sur une colline au-dessus de nous. Notre vieillard, voyant que nous nous levions précipitamment et que nous courions à nos armes, nous pria de continuer de rester assis, et il alla sur-le-champ vers les Otaïtiens qui nous étaient venus surprendre. Dès qu'il les eut abordés, ils se turent et s'en allèrent ; peu de temps après ils revinrent, et apportèrent un gros cochon tout cuit, beaucoup de fruits à pain, d'ignames et d'autres rafraîchissements, qu'ils donnèrent au vieillard, qui nous les distribua. Je leur présentai en retour quelques clous, des boutons et d'autres choses qui leur firent bien du plaisir. Nous poursuivîmes ensuite notre chemin dans la vallée, aussi loin qu'il nous fut possible, en examinant tous les courants d'eau et les endroits qu'ils avaient arrosés, pour voir si nous n'y trouverions point de vestiges de métaux ou de minéraux ; mais nous n'en découvrîmes aucune trace. Je montrai à tous les habitants que nous rencontrions le morceau de salpêtre qui avait été ramassé dans l'île, mais aucun d'eux ne parut le connaître, et je ne pus point avoir d'éclaircissement sur cette matière. Le vieillard commença à être fatigué; et, comme il y avait une montagne devant nous, il nous fit signe qu'il voulait aller dans son habitation : cependant, avant de nous quitter, il fit prendre à ses compatriotes, qui nous avaient si généreusement fourni des provisions, le bagage, avec les fruits qui n'avaient pas été mangés, et quelques noix de coco remplies d'eau fraîche, et il nous donna à entendre qu'ils nous accompagneraient jusqu'au delà de la montagne. Dès qu'il fut parti, les Otaïtiens détachèrent des branches vertes des arbres voisins, et ils les placèrent devant nous en faisant plusieurs cérémonies, dont nous ne connaissions pas la signification ; ils prirent ensuite quelques petits fruits, avec lesquels ils se peignirent en rouge, et ils exprimèrent de l'écorce d'un arbre un suc jaune qu'ils répandirent en différents endroits de leurs habillements. Le vieillard nous voyait encore, lorsque nous nous mîmes à gravir la montagne ; et s'apercevant que nous avions peine à nous ouvrir un passage à travers les ronces et les buissons, qui étaient très épais, il revint sur ses pas, et dit quelque chose à ses compatriotes d'un ton de voix ferme et élevé : sur quoi vingt ou trente d'entre eux allèrent devant nous et débarrassèrent le chemin. Ils nous donnèrent aussi en route de l'eau et des fruits pour nous rafraîchir, et nous aidaient à grimper les endroits les plus difficiles, que nous n'aurions pas pu franchir sans eux. Cette montagne était éloignée d'environ six milles du lieu de notre débarquement, et son sommet nous parut élevé d'environ un mille au-dessus du niveau de la rivière qui coule dans la vallée. Lorsque nous fûmes arrivés en haut, nous nous assîmes une seconde fois pour nous reposer et nous rafraîchir. Nous nous flattions en montant que, parvenus au sommet, nous découvririons toute l'île : mais nous trouvâmes des montagnes beaucoup plus élevées que celles où nous étions. La vue du côté du vaisseau était délicieuse ; les penchants des collines sont couverts de beaux bois et de villages répandus çà et là ; les vallées présentent des paysages encore plus riants ; il y a un plus grand nombre de maisons, et plus de verdure. Nous vîmes très peu d'habitations au-dessus de nous, mais nous aperçûmes de la fumée sur les plus grandes hauteurs qui étaient à portée de notre vue, et nous conjecturâmes que les endroits les plus élevés de l'île ne sont pas sans habitants. En gravissant la montagne, nous trouvâmes plusieurs ruisseaux qui sortaient des rochers, et nous découvrîmes du sommet quelques maisons que nous n'avions pas remarquées auparavant. Il n'y a aucune partie de ces montagnes qui soit nue ; la cime des plus élevées que nous découvrions est garnie de bois, dont je ne distinguai pas l'espèce : d'autres, qui sont de la même hauteur que celle que nous avions montée, sont couvertes de bois sur les côtés ; et le sommet, qui est de roc, est couvert de fougère. Il croît dans les plaines qui sont au-dessus une sorte d'herbe et de plante qui ressemble au jonc. En général, le sol des montagnes et des vallées me parut fertile. Nous vîmes plusieurs tiges de cannes à sucre grandes, d'un très bon goût, et qui croissent sans la moindre culture. Je trouvai aussi du gingembre et du tamarin, dont j'ai apporté des échantillons ; mais je ne pus me procurer la graine d'aucun arbre, dont la plupart étaient alors en fleur. Après avoir passé le sommet de la montagne à une assez grande distance, je rencontrai un arbre exactement semblable à la fougère, excepté seulement qu'il avait quinze à seize pieds de haut.

Je le coupai, et je vis que l'intérieur ressemblait aussi à celui de la fougère. Je voulais en rapporter une branche, mais je trouvai qu'elle était trop incommode; et je ne savais pas d'ailleurs quelle difficulté nous essuierions avant de retourner au vaisseau, dont je jugeai que nous étions alors fort éloignés. Dès que nous eûmes réparé nos forces par les rafraîchissements et le repos, nous commençâmes à descendre la montagne, toujours accompagnés des naturels du pays, aux soins desquels le vieillard nous avait recommandés. Nous dirigions ordinairement notre marche vers le vaisseau, mais nous nous détournions quelquefois à droite et à gauche dans les plaines et les vallées, lorsque nous apercevions quelques maisons agréablement situées. Les habitants étaient toujours prêts à nous donner ou à nous vendre ce qu'ils avaient : excepté des cochons, nous ne vîmes point de quadrupèdes ; et nous ne remarquâmes d'autres oiseaux que différentes espèces de perroquets, une sorte de pigeon, et beaucoup de canards sur la rivière. Tous les endroits qui étaient plantés et cultivés portaient des signes de fertilité, quoiqu'il y eût quelques parties dans le milieu qui semblaient stériles. Je plantai des noyaux de pêches, de cerises et de prunes ; je semai la graine de beaucoup de plantes potagères dans les lieux où je crus qu'elles croîtraient, et des citrons, des oranges et des limons dans les terrains que je jugeai les plus ressemblants à ceux des îles de l'Amérique qui produisent ces fruits. Dans l'après-midi, nous arrivâmes à un endroit très agréable, à environ trois milles du vaisseau; nous y achetâmes deux cochons et quelques volailles, que les naturels du pays nous apprêtèrent très bien et fort promptement. Nous y restâmes jusqu'à la fraîcheur du soir, et nous nous mîmes en marche pour retourner au vaisseau, après avoir récompensé libéralement nos guides et les gens qui nous avaient procuré un si bon dîner. Toute notre compagnie se comporta pendant cette journée avec beaucoup d'ordre et d'honnêté, et nous quittâmes les Otaïtiens, nos amis, très contents les uns des autres. »

CHAPITRE V

Première sortie du capitaine. — La reine à bord. — Les Indiens, l'or, l'argent et le fer. — Une visite chez la reine. — La perruque du chirurgien. — La reine régale. — Une mère désolée. — Échange de présents. — Le télescope. — Le capitaine annonce à la reine son départ. — Douleur de la reine. Le Dauphin s'éloigne de Taïti.

Plusieurs semaines avaient passé depuis les événements des chapitres précédents. Juin avait achevé son cours, et juillet parcourait rapidement le sien, et la bonne harmonie heureusement établie entre le Dauphin et les naturels de l'île n'avait été troublée par aucun événement fâcheux. Les malades campés au bord de la rivière reprenaient la santé peu à peu, et le capitaine sentait aussi ses forces revenir à l'air vivifiant de ce charmant pays. Le mardi 7 juillet, il se trouva en état de quitter le vaisseau, et le temps étant fort beau, il fit environ quatre milles le long de la côte. Il trouva toute la contrée très peuplée et infiniment agréable. Il vit aussi plusieurs pirogues ; mais aucune ne s'approcha de son petit bâtiment. Vers midi il revint au vaisseau, et y trouva plusieurs Indiens qui étaient venus trafiquer. Plusieurs d'entre eux paraissaient d'un rang distingué du commun, tant par leurs manières que par leur habillement. Il les traita avec des attentions particulières, et pour découvrir ce qui pourrait leur faire le plus de plaisir, il mit devant eux une monnaie portugaise, une guinée, une couronne, une piastre espagnole, des schellings, quelques demi-pence et deux grands clous, en leur faisant entendre par signes qu'ils étaient les maîtres de prendre ce qu'ils aimeraient le mieux. Ils se jetèrent avec empressement sur les clous d'abord, dont la possession faillit occasionner une violente dispute entre eux; ensuite les demi-pence excitèrent leurs désirs ; mais les monnaies d'or et d'argent furent absolument négligées. Il leur présenta donc encore des clous et des demi-pence, et les renvoya à terre infiniment heureux.

Quelques jours après, dans l'après-midi, le canonnier, qui avait la garde du poste établi à terre pour garder les malades, vint à bord avec une grande femme, âgée d'environ quarante-cinq ans, d'un maintien agréable et d'un port majestueux. Il dit au capitaine que cette femme ne faisait que d'arriver dans cette partie de l'île, et que, voyant le grand respect que lui montraient les habitants, il lui avait fait quelques présents ; qu'elle l'avait invité à venir dans sa maison, située à environ deux milles dans la vallée, et qu'elle lui avait donné des volailles et des vivres, après quoi elle était retournée avec lui au lieu de l'aiguade, et lui avait témoigné le désir d'aller au vaisseau, ce qu'il avait jugé convenable, à tous égards de lui accorder.

A mesure que le canonnier parlait, le capitaine examinait attentivement sa visiteuse, qui ne semblait pas s'émouvoir de l'examen dont elle était l'objet. Elle montrait de l'assurance dans toutes ses actions, et paraissait sans défiance et sans crainte. Pendant tout le temps qu'elle fut à bord, elle se conduisit avec cette liberté qui distingue toujours les personnes accoutumées à commander. Sans connaître encore son rang, Wallis le jugea distingué, et de fait il ne se trompait pas ; cette femme n'était rien moins que la reine du pays.

Pour l'honorer d'une manière digne d'elle, il lui donna un grand manteau bleu qu'il mit lui-même sur ses épaules, où il l'attacha avec des rubans, et qui descendait jusqu'à ses pieds. A ce don magnifique, il ajouta un miroir, de la rassade de différentes sortes, et plusieurs autres choses que la royale visiteuse reçut de fort bonne grâce et avec beaucoup de plaisir. Elle remarqua qu'il avait été malade, et lui montra le rivage du doigt. Le capitaine à ce signe comprit qu'il devait aller à terre pour se rétablir promptement, et il tâcha de lui faire comprendre qu'il irait le lendemain matin. Lorsque la reine voulut partir, il ordonna au canonnier de l'accompagner. Après l'avoir mise à terre, celui-ci la conduisit jusqu'à son habitation, qu'il décrivit comme très grande et fort bien bâtie. Il dit au commandant qu'elle avait beaucoup de gardes et de domestiques, et qu'à une petite distance de sa première maison, elle en avait une autre fermée de palissades.

Le lendemain matin, Wallis descendit à terre pour la première fois, et la reine vint bientôt au-devant de lui, suivie d'un nombreux cortège. Comme elle s'aperçut que la maladie avait affaibli les forces du capitaine et lui rendait la marche fatigante, elle ordonna à ses gens de le prendre sur leurs bras, et de le porter non seulement au delà de la rivière, mais jusqu'à sa maison. On rendit, par ses ordres, le même service au premier lieutenant, au munitionnaire, et à quelques autres convalescents encore imparfaitement remis. Un détachement de soldats de marine suivait le capitaine.

La multitude se pressait en foule sur le passage de la reine et de ses hôtes ; mais au premier mouvement de sa main, sans qu'elle dît un seul mot, le peuple s'écartait et laissait marcher librement. Quand on approcha de la maison, un grand nombre de personnes de l'un et de l'autre sexe vinrent au-devant de la reine. Elle les présenta à Wallis, en lui faisant comprendre par ses gestes qu'ils étaient ses parents, et lui prenant la main, elle la leur donna à baiser.

On entra dans la maison, qui occupait un espace de terrain long de trois cent vingt-sept pieds et large de quarante-deux; elle était formée d'un toit couvert de feuilles de palmier soutenu par trente-neuf piliers de chaque côté, et quatorze dans le milieu. La partie la plus élevée du toit, en dedans, avait trente pieds de hauteur, et les côtés de la maison, au-dessous du bord du toit, en avaient douze, et étaient ouverts.

Aussitôt que tout son monde fut assis, la reine appela quatre de ses serviteurs, les aida elle-même à ôter les souliers du capitaine, ses bas et son habit, et les chargea de lui frotter doucement la peau avec leurs mains. On fit la même opération au premier lieutenant et au munitionnaire, mais non à aucun de ceux qui paraissaient se bien porter.

Pendant que cela se passait, le chirurgien du *Dauphin*, qui s'était fort échauffé en marchant, ôta sa perruque pour se rafraîchir. Une exclamation subite d'un des Indiens à cette vue attira l'attention de tous les autres sur ce prodige qui fixa tous les yeux, et qui suspendit jusqu'aux soins des serviteurs pour les malades. Toute l'assemblée demeura quelque temps sans mouvement et dans le silence de l'étonnement, qui n'eût pas été plus grand s'ils eussent vu un des membres du chirurgien séparé de son corps. Celui-ci, en constatant l'effet prodigieux produit par sa perruque, se hâta de la remettre en place en riant de bon cœur.

Cependant les jeunes gens qui manipulaient le capitaine et

les malades reprirent bientôt leurs fonctions, qu'ils continuèrent environ une demi-heure, après quoi ils les rhabillèrent, avec un peu de gaucherie, comme on peut le croire ; mais Wallis, le lieutenant et le munitionnaire se trouvèrent fort bien de leurs soins. Alors leur généreuse bienfaitrice fit apporter quelques étoffes avec lesquelles elle habilla le capitaine, ainsi que tous ceux qui étaient avec lui, à la mode du pays. Wallis résista d'abord pour accepter cette faveur; mais réfléchissant qu'il ne devait pas paraître mécontent d'une chose que son hôtesse croyait capable de lui faire plaisir, il céda.

Quand les Anglais partirent, la reine leur fit donner divers présents, et les accompagna jusqu'à leur bateau. Elle voulait que l'on portât encore le chef ; mais comme il aimait mieux marcher, elle le prit par le bras, et toutes les fois qu'en leur chemin se présentait de l'eau ou de la boue à traverser, elle le soulevait avec autant de facilité qu'il en aurait eu à rendre le même service à un enfant dans son état de santé.

Pour montrer sa reconnaissance de cette bonne et gracieuse réception, le lendemain Wallis envoya à la reine, par le canonnier, six haches, six faucilles, et plusieurs autres présents.

A son retour, le canonnier lui dit qu'il l'avait trouvée donnant un festin à un millier de personnes. Ce festin pantagruélique, auquel il fut invité, consistait en viandes et en coquillages. Les domestiques de la reine apportaient devant elle les mets tout préparés. La viande était dans des noix de coco par portions, et les coquillages dans des espèces d'augets de bois, semblables à ceux dont les bouchers se servent. Tous les hôtes de la reine étaient assis et rangés autour de sa grande maison. Elle leur distribuait de ses propres mains à tous la part qu'elle voulait leur donner. Quand cette distribution, qui dura longtemps, fut finie, elle s'assit elle-même sur une espèce d'estrade d'où elle dominait ses convives ; et deux femmes, placées à ses côtés, lui donnèrent à manger. Les femmes lui présentaient les mets avec leurs doigts; elle n'avait que la peine d'ouvrir la bouche pour les recevoir. Lorsqu'elle aperçut le canonnier, elle le fit asseoir auprès d'elle sur l'estrade, et voulut qu'on le servît comme elle. Il n'aurait jamais pu dire ce qu'on lui donna. Il crut que c'était de la poule coupée en petits morceaux, avec des pommes, et assaisonnée avec de l'eau salée. En tout cas il le trouva fort bon.

La reine fut très contente des présents qu'il lui apportait de la part du capitaine; elle les accepta avec toutes les marques de la reconnaissance, et fit comprendre au canonnier qu'elle irait en personne porter ses remerciements au vaisseau.

En revenant de cette mission, le canonnier et ceux qui l'avaient accompagné, car on comprend bien que, malgré la sympathie et la bienveillance de la reine, il n'eût pas été prudent de s'aventurer seul au milieu des habitants du pays, furent témoins d'une scène qui les émut jusqu'au fond de l'âme.

Ils aperçurent de loin, sous un arbre élevé, un groupe formé de deux jeunes gens, d'un homme sur le retour et d'une vieille femme, qui pleurait amèrement.

Quand elle vit qu'on l'avait remarquée, elle envoya un des jeunes gens qui étaient près d'elle vers les Anglais, avec une branche de bananier dans les mains. Lorsqu'il fut tout près d'eux, il fit un long discours et mit sa branche aux pieds du canonnier. Après cela, il retourna, et amena la vieille femme, tandis que l'homme avancé en âge conduisait deux cochons bien gros et bien gras. — La femme examinait des yeux les étrangers qu'elle avait en face d'elle, elle les regardait l'un après l'autre, et tout à coup elle fondit en larmes et poussa des gémissements douloureux. Le jeune homme qui l'avait soutenue dans sa marche et amenée près des Anglais, voyant que le canonnier était touché et étonné de ce spectacle, fit un second discours plus long que le premier. La douleur de cette femme était cependant un mystère pour tous; mais à la fin on comprit que son mari et trois de ses enfants avaient été tués à l'attaque du vaisseau; cette explication, qu'elle faisait elle-même au milieu de ses sanglots, l'affecta si fort qu'à la fin elle tomba, n'ayant plus la force de parler. Les deux jeunes gens qui la soutenaient étaient presque dans le même état. On conjectura que c'étaient deux autres de ses enfants ou des proches parents. Le canonnier fit tout ce qu'il put pour adoucir cette immense douleur, et quand la pauvre mère fut un peu revenue à elle, il lui parla doucement, lui serra les mains, et réussit à la consoler un peu. Elle lui fit présenter les deux cochons en présent, elle lui donna sa main en signe d'amitié, mais elle ne voulut rien recevoir de lui, et la répugnance qu'elle mit à accepter ses présents, lui montra qu'elle les eût considérés comme tachés du sang de ses enfants perdus.

*
* *

Comme elle l'avait dit, la reine vint au vaisseau pour remercier le capitaine des présents qu'il lui avait envoyés. Le capitaine l'invita à déjeuner avec lui et ses officiers. Pendant ce déjeuner, un des Indiens les plus considérables de la suite de la reine apprit à ses dépens qu'il en cuit bien souvent d'être trop curieux. Les habitants de l'île n'avaient aucune espèce de métal. Tous leurs outils étaient de pierre, de coquilles et d'os. Il n'y avait pas chez eux un seul vaisseau de terre, de sorte que toute leur nourriture était cuite au four ou rôtie. Dépourvus de vases où l'eau peut être contenue et soumise à l'action du feu, ils n'avaient pas plus l'idée qu'elle pût être échauffée que rendue solide par une mixtion quelconque. Aussi, l'Indien en question, voyant le chirurgien, qui participait au déjeuner de la reine, remplir la théière en tournant le robinet de la bouilloire qui était près de la table, après avoir remarqué ce qu'il venait de faire avec une grande curiosité et beaucoup d'attention, tourna lui-même le robinet, et reçut l'eau bouillante sur la main. Aussitôt qu'il se sentit brûlé, il poussa de grands cris et commença à danser autour de la chambre avec les marques les plus extravagantes de la douleur et de l'étonnement. Les autres Indiens ne pouvant concevoir ce qui lui était arrivé, demeurèrent les yeux fixés sur lui, avec une surprise mêlée de quelque terreur. Le chirurgien, cause innocente du mal, y appliqua un remède; mais il se passa quelque temps avant que le pauvre homme se sentît soulagé.

*
* *

Après cette visite, la reine s'absenta pendant plusieurs jours, et on ne la revit plus avant le 21 juillet; mais pendant ce temps la bonne entente ne cessa pas de régner, et le commerce d'échanges continua entre l'équipage du vaisseau et les habitants de l'île.

Le 21, la reine vint de nouveau au vaisseau; elle fit apporter avec elle plusieurs gros cochons en présent, pour lesquels, à son ordinaire, elle ne voulut rien recevoir en retour. Lorsqu'elle fut prête à quitter le navire, elle fit entendre qu'elle désirait que le capitaine allât à terre avec elle, ce à quoi il consentit, en se faisant accompagner par plusieurs officiers.

Quand ses hôtes furent arrivés à sa maison, elle pria le capitaine de s'asseoir; et, prenant son chapeau, elle y attacha une aigrette de plumes de différentes couleurs. Cette parure qu'elle seule portait, et qu'on ne voyait à nul autre parmi les habitants, était assez agréable. Elle mit aussi au chapeau de Wallis, et aux chapeaux de ceux qui étaient avec lui, une espèce de guirlande faite de tresses de cheveux, et leur fit entendre que c'étaient ses propres cheveux, et qu'elle-même les avait tressés; puis elle leur donna quelques nattes très adroitement travaillées. Le soir, elle les accompagna jusqu'au rivage, et, lorsqu'ils entrèrent dans leur bateau, elle leur donna encore une grande quantité de fruits. En partant, le capitaine lui fit comprendre qu'ils quitteraient l'île dans sept jours. Cette nouvelle parut la surprendre et lui causer une émotion voisine de la douleur. Elle lui demanda par signes d'y rester encore vingt jours, en lui faisant entendre qu'il irait avec elle dans l'intérieur du pays, à deux journées de la côte, qu'il y passerait quelques jours, et qu'il en rapporterait une grande provision de cochons et de volailles. Wallis répliqua, toujours par signes, qu'il était forcé de partir dans sept jours, sans autre délai; sur quoi elle se mit à pleurer, et ce ne fut pas sans beaucoup de peine qu'il parvint à la calmer un peu.

*
* *

Pour récompenser le vieillard dont les bons offices avaient été plusieurs fois utiles à ses gens, et en particulier au contremaître qui avait fait l'exploration à l'intérieur de l'île, le capitaine lui envoya en présent un pot de fer, quelques haches, quelques serpes, quelques faucilles, et une pièce de drap. Il envoya aussi à la reine deux coqs d'Inde, deux oies, trois coqs de Guinée, une chatte pleine, quelques porcelaines, des miroirs, des bouteilles, des chemises, des aiguilles, du fil, du drap, des rubans, des pois, des haricots blancs, et environ seize sortes de semences potagères; une bêche, un rateau, et enfin une grande quantité de pièces de coutellerie, comme couteaux, ciseaux, et autres objets. Déjà les Anglais avaient planté plusieurs sortes de légumes et quelques pois en différents endroits, et ils avaient eu le plaisir de les voir lever très heureusement; cependant, quelques années après, quand Cook fit son premier séjour dans l'île, il n'en restait plus de trace.

*
* *

Un jour que Wallis était allé chez la reine, il lui montra le télescope de réflexion qui servait à ses études du ciel. Elle en admira la structure. Il s'efforça de lui en faire comprendre l'usage, et le fixant sur plusieurs objets éloignés qu'elle connaissait bien, mais qu'elle ne pouvait distinguer à la simple vue, il les lui fit regarder par le télescope. Dès qu'elle les vit elle tressaillit et recula d'étonnement, et, dirigeant ses yeux vers l'endroit sur lequel l'instrument portait, elle demeura quelque temps immobile et sans parler. Elle retourna au télescope, et le quittant de nouveau, elle chercha encore inutilement à découvrir avec ses yeux les objets que le télescope lui avait montrés. En les voyant ainsi paraître et disparaître alternativement, sa contenance et ses gestes exprimaient un mélange d'étonnement et de plaisir qu'on entreprendrait vainement de décrire. Il fit emporter le télescope, et il l'invita, elle et plusieurs chefs qui étaient présents, à venir avec lui à bord du vaisseau.

Quand on fut à bord, il commanda un bon dîner. Mais la reine ne voulut ni boire ni manger. Sa suite, au contraire, mangea de fort bon appétit tout ce qu'on servit. Cependant on ne put leur faire boire que de l'eau pure.

En partant, la reine demanda par signes au capitaine s'il persistait toujours à quitter l'île au temps qu'il avait fixé. Lorsqu'il lui eut fait entendre qu'il lui était impossible de demeurer plus longtemps, elle exprima sa douleur par un torrent de larmes, et demeura quelque temps sans pouvoir proférer une parole. Quand elle fut un peu plus calme, elle dit qu'elle voulait revenir au vaisseau le lendemain. Le capitaine y consentit, et l'on se sépara.

**
* **

Le lendemain matin, vers six heures, la reine vint à bord, comme elle l'avait désiré. Elle apportait un présent de cochons et de volailles ; mais elle retourna à terre bientôt après. — Le capitaine, décidé à partir, compléta ses provisions d'eau et de bois, et tint tout prêt pour se remettre en mer.

Plusieurs habitants inconnus vinrent de l'intérieur du pays sur le rivage. Par les égards que l'on avait pour eux, l'équipage du *Dauphin* jugea qu'ils étaient d'un rang supérieur aux autres.

Vers trois heures de l'après-midi, la reine reparut, très bien habillée et suivie d'un grand nombre de personnes ; elle traversa la rivière avec sa suite et le vieillard ami des Anglais, et vint encore une fois à bord du vaisseau. Elle apportait de très beaux fruits en abondance qu'elle fit distribuer à l'équipage. Elle renouvela avec beaucoup d'empressement ses sollicitations, afin d'engager Wallis à séjourner dix jours de plus dans l'île ; il tâcha de lui témoigner sa reconnaissance des bontés et de l'amitié qu'elle avait pour lui, mais il l'assura qu'il mettrait sûrement à la voile au jour et au moment fixés. Elle fondit en larmes comme à son ordinaire en traitant cette question, et quand son agitation fut calmée, elle lui demanda quand il reviendrait. Wallis lui fit comprendre que ce serait dans cinquante jours peut-être. Elle lui dit par signes de ne pas attendre si longtemps et de revenir dans trente. Comme il persistait à exprimer toujours que ce nombre de jours lui était nécessaire, elle parut satisfaite, et resta à bord jusqu'à la nuit, et ce fut avec beaucoup de peine qu'on parvint à la décider à retourner à terre.

Enfin le jour du départ arriva. Le lundi 27 juillet, à la pointe du jour, *le Dauphin* démarra. Le capitaine envoya en même temps à terre le grand bateau et le canot, afin de remplir quelques-unes des pièces d'eau qui étaient vides. Dès qu'ils furent près de la côte, ils virent avec surprise tout le rivage se couvrir d'habitants, et, craignant qu'il ne fût pas prudent de débarquer au milieu d'un si grand nombre d'Otaïtiens, ils étaient prêts à s'en revenir au vaisseau. Dès que les Indiens s'en aperçurent, la reine s'avança et les invita à descendre. Comme elle devinait les raisons qui pouvaient les arrêter, elle fit retirer les naturels, ses sujets, de l'autre côté de la rivière.

Pendant que les marins remplissaient les tonneaux, elle mit dans leurs bateaux quelques cochons et des fruits ; et lorsqu'ils y rentrèrent, elle voulait à toute force revenir avec eux au vaisseau. Cependant l'officier, qui avait reçu ordre de n'amener personne, ne voulut pas le lui permettre. Voyant que ses prières étaient inutiles, elle fit lancer en mer une double pirogue, conduite par ses Indiens. Quinze ou seize autres pirogues la suivirent, et elles vinrent toutes au vaisseau. La reine monta à bord ; l'agitation où elle était l'empêchait de parler, et sa douleur se répandit en larmes. Après qu'elle y eut passé environ une heure, il s'éleva une brise; on leva l'ancre, et on mit à la voile.

Dès que la reine s'aperçut qu'elle devait absolument retourner dans sa pirogue, elle embrassa tous ceux qui se trouvaient autour d'elle de la manière la plus tendre, en versant beaucoup de pleurs. Toute sa suite témoigna également un grand chagrin de voir partir *le Dauphin*.

Bientôt après la brise cessa, et il se fit un calme plat. Toutes les pirogues des Otaïtiens restèrent alors près du bâtiment, et celle qui portait la reine s'approcha des mantelets de la sainte-barbe, où ses gens l'attachèrent ; quelques minutes après, elle alla dans l'avant de sa pirogue, et s'y assit en pleurant sans qu'on pût la consoler.

Le capitaine lui donna plusieurs choses qu'il crut pouvoir lui être utiles, et quelques autres pour sa parure; elle les reçut en silence, et sans y faire beaucoup d'attention. A dix heures, *le Dauphin* avait dépassé le récif; il s'éleva un vent frais ; les Otaïtiens, et surtout la reine, dirent adieu aux Anglais pour la dernière fois, avec tant de regret et d'une façon si touchante, que tout l'équipage en eut le cœur serré, et que beaucoup sentirent leurs yeux envahis par les larmes.

A midi, le mouillage d'où il était parti restait à douze milles de distance, et le capitaine Wallis lui donna le nom de *Havre du Port-Royal*.

IV

BOUGAINVILLE A TAÏTI

CHAPITRE I

Départ de *la Boudeuse*. — Cruel sacrifice pour un Français. — Remise des îles Malouines à l'Espagne. — Arrivée de *la Boudeuse* et de *l'Étoile* à Taïti. — Le pic de *la Boudeuse*. — Tayo! Tayo!

En l'année 1766, cette même année qui vit le capitaine Wallis partir pour explorer les mers du Sud, on vit aussi un célèbre marin français tenter la même entreprise, par l'ordre de son gouvernement.

Nous avons nommé Bougainville.

Dans le mois de février 1764, la France avait commencé un établissement aux îles Malouines. L'Espagne revendiqua ces îles, comme étant une dépendance de l'Amérique méridionale. Son droit ayant été reconnu, Bougainville, qui déjà s'était distingué dans les guerres que la France avait alors à soutenir contre l'Angleterre, reçut ordre d'aller remettre notre établissement aux Espagnols, et de se rendre ensuite aux

Indes Orientales, en traversant la mer du Sud entre les tropiques.

On lui donna pour cette expédition le commandement de la frégate *la Boudeuse*, de 26 canons de douze, et il devait être joint aux îles Malouines par la flûte *l'Étoile*, destinée à lui apporter les vivres nécessaires à leur longue navigation et à le suivre pendant le reste de la campagne.

Dans les premiers jours du mois de novembre, il se rendit à Nantes, où *la Boudeuse* venait d'être construite, et où M. Duclos-Guyot, capitaine de brûlot, son second, en faisait l'armement.

Le 5 décembre, à midi, il appareillait de la rade de Brest. Son état-major était composé de onze officiers, dont trois volontaires, et l'équipage de deux cent trois matelots, officiers mariniers, soldats, mousses et domestiques. M. le prince de Nassau-Sieghen avait obtenu du roi la permission de faire cette campagne.

La première partie de sa mission n'était pas des plus agréables pour Bougainville; il s'agissait de livrer à une puissance étrangère une colonie que lui-même avait fondée, et qu'il croyait destinée à devenir prospère, et à aider à soutenir dans ces mers lointaines les intérêts et la gloire de la patrie.

Il ne s'attendait pas à ce résultat décevant lorsque, en février 1764, il entendait le canon tonner sur le fort qu'il avait construit, et à ce bruit français, aux applaudissements des membres de la colonie naissante, il enterrait de ses propres mains sous les fondements d'un obélisque de vingt pieds de hauteur des monnaies avec une médaille, où sur un côté était gravée la date de l'entreprise, où sur l'autre on voyait la figure du roi, avec ces mots pour exergue :

Tibi serviat ultima Thule.

Le sacrifice fut consommé, et le premier avril 1767, il livra ces îles aux Espagnols, qui en prirent possession en arborant l'étendard de l'Espagne, que la terre et les vaisseaux saluèrent de vingt et un coups de canon au lever et au coucher du soleil. Pour lui, après avoir attendu vainement *l'Étoile* jusqu'au mois de mai, ne pouvant entreprendre de traverser l'océan Pacifique avec sa seule frégate, qui était incapable de porter pour plus de six mois de vivres à son équipage, il appareilla le 2 juin pour se rendre à Rio-Janeiro. Il avait antérieurement indiqué ce port comme lieu de réunion, à M. de la Giraudais, commandant de *l'Étoile*, dans le cas où des circonstances forcées l'empêcheraient de venir le trouver aux îles Malouines.

L'Étoile, en effet, l'attendait dans ce port, qu'ils ne quittèrent que le 15 juillet pour entreprendre le voyage d'exploration qui faisait la seconde partie de la mission que M. de Bougainville avait à accomplir.

De ce voyage des deux navires, nous ne voulons prendre que ce qui a trait à l'île de Taïti, où ils arrivèrent de conserve plus de neuf mois après leur départ de Rio-Janeiro.

Nous laisserons au commandant le soin de nous dire lui-même comment il aborda dans cette île.

*
* *

« Le 2 avril, à dix heures du matin, nous aperçûmes dans le nord-nord-est une montagne haute et fort escarpée qui nous parut isolée; je la nommai le *Boudoir*, ou le *pic de la Boudeuse*. Nous courions au nord pour la reconnaître, lorsque nous eûmes la vue d'une autre terre dans l'ouest-quart-nord-ouest, dont la côte non moins élevée offrait à nos yeux une étendue indéterminée. Nous avions le plus urgent besoin d'une relâche qui nous procurât du bois et des rafraîchissements, et on se flattait de les trouver sur cette terre. Il fit presque calme tout le jour. La brise se leva le soir, et nous courûmes sur la terre jusqu'à deux heures du matin que nous remîmes pendant trois heures le bord au large. Le soleil se leva enveloppé de nuages et de brumes, et ce ne fut qu'à neuf heures du matin que nous revîmes la terre dont la pointe méridionale nous restait à l'ouest-quart-nord-ouest ; on n'apercevait plus le pic de la Boudeuse que du haut des mâts.

« Les vents soufflaient du nord au nord-nord-est, et nous tînmes le plus près pour atterrer au vent de l'île. En approchant, nous aperçûmes au delà de sa pointe du nord une autre terre éloignée, plus septentrionale encore, sans que nous pussions alors distinguer si elle tenait à la première île, ou si elle en formait une seconde.

« Pendant la nuit du 3 au 4, nous louvoyâmes pour nous élever dans le nord. Des feux que nous vîmes briller de toutes parts sur la côte, nous apprirent qu'elle était habitée. Le 4, au lever de l'aurore, nous reconnûmes que les deux terres qui, la veille, nous avaient paru séparées, étaient unies ensemble par une terre plus basse qui se courbait en arc, et formait une baie ouverte au nord-est. Nous courions à pleines voiles vers la terre présentant au vent de cette baie, lorsque nous aperçûmes une pirogue qui venait du large et voguait vers la côte, se servant de sa voile et de ses pagaies. Elle nous passa de l'avant, et se joignit à une infinité d'autres qui de toutes les parties de l'île accouraient au-devant de nous. L'une d'elles précédait les autres ; elle était conduite par douze hommes nus qui nous présentèrent des branches de bananiers, et leurs démonstrations attestaient que c'était là le rameau d'olivier. Nous leur répondîmes par tous les signes d'amitié dont nous pûmes nous aviser ; alors ils accostèrent le navire, et l'un d'eux, remarquable par son énorme chevelure hérissée en rayons, nous offrit avec son rameau de paix un petit cochon et un régime de banane. Nous acceptâmes son présent, qu'il attacha à une corde qu'on lui jeta; nous lui donnâmes des bonnets et des mouchoirs, et ces premiers présents furent le gage de notre alliance avec ce peuple.

« Bientôt plus de cent pirogues de grandeurs différentes, et toutes à balanciers, environnèrent les deux vaisseaux. Elles étaient chargées de cocos, de bananes et d'autres fruits du pays. L'échange de ces fruits, délicieux pour nous, contre toutes sortes de bagatelles, se fit avec bonne foi, mais sans qu'aucun insulaire voulût monter à bord. Il fallait entrer dans leurs pirogues, ou montrer de loin les objets d'échange ; lorsqu'on était d'accord, on leur envoyait au bout d'une corde un panier ou un filet; ils y mettaient leurs effets et nous les nôtres, donnant ou recevant indifféremment avant que d'avoir donné ou reçu, avec une bonne foi qui nous fit bien augurer de leur caractère. D'ailleurs nous ne vîmes aucune espèce d'armes dans leurs pirogues. Elles restèrent le long des navires jusqu'à ce que les approches de la nuit nous firent revirer au large; toutes alors se retirèrent.

« Nous tâchâmes dans la nuit de nous élever au nord, n'écartant jamais la terre de plus de trois lieues. Tout le rivage fut jusqu'à près de minuit, ainsi qu'il l'avait été la nuit précédente, garni de petits feux à peu de distance les uns des autres. On eût dit que c'était une illumination générale faite à dessein, et nous l'accompagnâmes de plusieurs fusées tirées des deux vaisseaux.

« La journée du 5 se passa à louvoyer, afin de gagner au vent de l'île, et de faire sonder par les bateaux pour trouver un mouillage. L'aspect de cette côte élevée en amphithéâtre nous offrait le plus riant spectacle. Quoique les montagnes y soient d'une grande hauteur, le rocher n'y montre nulle part son aride nudité ; tout y est couvert de bois. A peine en crûmes-nous nos yeux, lorsque nous découvrîmes un pic chargé d'arbres jusqu'à sa cime isolée, qui s'élevait au niveau des montagnes, dans l'intérieur de la partie méridionale de l'île. Il ne paraissait pas avoir plus de trente toises de diamètre, et il diminuait de grosseur en montant ; on l'eût pris de loin pour une pyramide d'une hauteur inconnue que la main d'un décorateur habile avait parée de guirlandes de feuillage. Les terrains moins élevés sont entrecoupés de prairies et de bosquets, et dans toute l'étendue de la côte il règne, sur les bords de la mer, au pied du pays haut, une lisière de terres basses et unies, couverte de plantations. C'est là qu'au milieu des bananiers, des cocotiers et d'autres arbres chargés de fruits, nous apercevions les maisons des insulaires.

« Comme nous prolongions la côte, nos yeux furent frappés de la vue d'une belle cascade qui s'élançait du haut d'une montagne, et précipitait à la mer ses eaux écumantes. Un village était bâti au pied, et la côte y paraissait sans brisants. Nous désirions tous de pouvoir mouiller à portée de ce beau lieu ; sans cesse on sondait des navires, et nos bateaux sondaient jusqu'à terre : on ne trouva dans cette partie qu'un platier de roches, et il fallut se résoudre à chercher ailleurs un mouillage.

« Les pirogues étaient revenues au navire dès le lever du soleil, et toute la journée on fit des échanges. Il s'ouvrit même de nouvelles branches de commerce ; outre les fruits de l'espèce de ceux apportés la veille, et quelques autres rafraîchissements, tels que poules et pigeons, les insulaires apportèrent avec eux toutes sortes d'instruments pour la pêche, des herminettes de pierre, des étoffes singulières, des coquilles, etc. Ils demandaient en échange du fer et des pendants d'oreilles. Les trocs se firent, comme la veille, avec loyauté. A bord de *l'Étoile* il monta un insulaire qui y passa la nuit sans témoigner aucune inquiétude.

« Nous employâmes encore cette nuit à louvoyer; et le 6, au matin, nous étions parvenus à l'extrémité septentrionale de l'île. Une seconde s'offre à nous; mais la vue de plusieurs brisants qui paraissaient défendre le passage entre les deux îles, me détermina à revenir sur mes pas chercher un mouillage dans la première baie que nous avions vue le jour de notre atterrage. Nos canots, qui sondaient en avant de nous et en arrière, trouvèrent la côte du nord de la baie bordée partout, à un quart de lieue du rivage, d'un récif qui découvre à basse mer. Cependant, à une lieue de la pointe du nord, ils reconnurent dans le récif une coupure large de deux encâblures au plus, dans laquelle il y avait 30 à 35 brasses d'eau, et en dedans une rade assez vaste où le fond variait depuis 9 jusqu'à 30 brasses. Cette rade était bornée au sud par un récif qui, partant de terre, allait se joindre à celui qui bordait la côte. Nos canots avaient sondé partout sur un fond de sable, et ils avaient reconnu plusieurs petites rivières commodes pour faire de l'eau. Sur le récif du côté du nord il y a trois îlots.

« Ce rapport me décida à mouiller dans cette rade, et sur-le-champ nous fîmes route pour y entrer. Nous rangeâmes la pointe du récif de tribord en entrant ; et, dès que nous fûmes en dedans, nous mouillâmes notre première ancre sur 34 brasses, fond de sable gris, coquillages et gravier, et nous étendîmes aussitôt une ancre à jet dans le nord-est, pour y mouiller notre ancre d'affourche. *L'Étoile* passa au vent à nous, et mouilla dans le nord à une encâblure. Dès que nous fûmes affourchés, nous amenâmes basses vergues et mâts de hune.

« A mesure que nous avions approché la terre, les insulaires avaient environné les navires. L'affluence des pirogues fut si grande autour des vaisseaux, que nous eûmes beaucoup de peine à nous amarrer au milieu de la foule et du bruit. Tous venaient à nous en criant: *Tayo!* qui veut dire: Ami! et en nous donnant mille témoignages d'amitié. »

CHAPITRE II

Inquiétude des naturels à l'arrivée des deux vaisseaux. — Le père du chef. — Une réception chez Ereti. — Deux idoles. — Pistolet dérobé et rendu.— Etablissement à terre. — Conseil des insulaires. — Le jardin d'Éden.

C'est dans les termes qu'on vient de lire que Bougainville rapporte la manière dont il aborda, lui, le premier de nos marins français, dans cette île désormais française. Il y aborda en ami, reçu avec des paroles et des témoignages d'amitié. Cette amitié des naturels n'était-elle qu'extérieure et apparente, ne provenant que de la peur inspirée par les nouveaux arrivants; et le souvenir des terribles représailles exercées par Wallis contre les tentatives d'attaque entreprises contre son vaisseau dictait-il la cordiale réception qui fut faite aux navires français. Il est possible que ce dernier sentiment n'y ait pas été indifférent, car bien que *la Boudeuse* et *l'Étoile* eussent mouillé dans d'autres parages que *le Dauphin*, et que les personnages avec lesquels Bougainville fut en relation ne fussent pas les mêmes que ceux mentionnés par Wallis, il n'est pas moins certain que le séjour de ce dernier et son sanglant passage devaient être connus dans toutes les parties de l'île, et les habitants, en voyant arriver deux vaisseaux d'Europe au lieu d'un contre lequel ils s'étaient trouvés impuissants, durent se dire qu'il valait mieux essayer de vivre en bon accord avec eux que de les offenser. Nous verrons d'ailleurs ce double sentiment de cordialité et de crainte se mêler dans l'esprit des naturels par les efforts qui seront faits pour abréger le séjour des vaisseaux au lieu de chercher à les retenir.

Lorsque *la Boudeuse* et *l'Étoile* furent amarrées, le commandant descendit à terre avec plusieurs officiers, et parmi eux MM. le chevalier d'Oraison et le chevalier de Suzannet. Leur dessein était de reconnaître un lieu propre à faire de l'eau. Ils furent reçus par une foule d'hommes et de femmes qui ne se lassaient point de les considérer ; les plus hardis venaient les toucher, comme pour vérifier si sous leurs vêtements ils trouveraient des corps de chair et d'os comme les leurs. Dans cette foule aucun ne portait d'armes, pas même de bâtons.

Le chef de ce canton vint au-devant des officiers, les conduisit dans sa maison et les y introduisit. Il y avait dedans cinq ou six femmes et un vieillard vénérable. Les femmes saluèrent les étrangers en portant la main sur leur poitrine, et criant plusieurs fois : *tayo! tayo!*

Le vieillard était le père du chef. Il n'avait du grand âge que ce caractère respectable qu'impriment les ans sur une belle figure ; sa tête ornée de cheveux blancs et d'une longue barbe, tout son corps nerveux et rempli, ne montraient aucune ride, aucun signe de décrépitude.

Cet homme vénérable fut beaucoup moins expansif que son fils et la foule rassemblée au rivage. Il parut s'apercevoir à peine de l'arrivée des officiers, et cette indifférence était évidemment intentionnelle et calculée. Il se retira sans répondre à leurs caresses, sans témoigner ni frayeur, ni étonnement, ni curiosité. Fort éloigné de prendre part à l'espèce d'extase que les Européens causaient à tout le peuple, son air rêveur et soucieux semblait annoncer qu'il craignait que ces jours heureux, écoulés pour lui dans le sein du repos, ne fussent troublés par l'arrivée d'une nouvelle race.

On laissa à Bougainville et à ses compagnons la liberté de considérer l'intérieur de la maison. Elle n'avait aucun meuble, aucun ornement qui la distinguât des cases ordinaires, que sa grandeur. Elle pouvait avoir quatre-vingts pieds de long sur vingt pieds de large. Ce qu'elle contenait de plus remarquable était un cylindre d'osier long de trois ou quatre pieds et garni de plumes noires, lequel était suspendu au toit, et deux figures de bois que les officiers prirent pour des idoles. L'une, c'était le dieu, était debout contre un des piliers : la déesse était vis-à-vis, inclinée le long du mur qu'elle surpassait en hauteur, et attachée aux roseaux qui le formaient. Ces figures mal faites et sans proportions avaient environ trois pieds de haut; mais elles tenaient à un piédestal cylindrique, vide dans l'intérieur et sculpté à jour : il était fait en forme de tour, et pouvait avoir six à sept pieds de hauteur, sur environ un pied de diamètre ; le tout était d'un bois noir fort dur.

Le chef proposa à ses visiteurs de s'asseoir sur l'herbe au dehors de sa maison. Il fit apporter des fruits, du poisson grillé et de l'eau. Pendant le repas, il envoya chercher qeulques pièces d'étoffes et deux grands colliers faits d'osier et recouverts de plumes noires et de dents de requins. Leur forme ne ressemblait pas mal à celle des fraises immenses qu'on portait du temps de François Ier. Il en passa un au cou du chevalier d'Oraison, l'autre à celui du commandant, et distribua ensuite les étoffes.

Les officiers étaient prêts à retourner à bord lorsque le chevalier de Suzannet s'aperçut qu'il lui manquait un pistolet, qu'on avait adroitement volé dans sa poche. On fit comprendre ce vol au chef, qui sur-le-champ voulut fouiller tous ses gens ; il en maltraita même quelques-uns. On arrêta ses recherches, en tâchant seulement de lui faire comprendre que l'auteur du vol pourrait être la victime de sa friponnerie, et que son larcin lui donnerait la mort.

Le chef et tout le peuple accompagnèrent leurs hôtes jusqu'à leurs bateaux. Prêts à y arriver, ils furent arrêtés par un Indien d'une belle figure qui se pencha vers eux, et d'un air tendre, aux accords d'une flûte dans laquelle un autre Indien soufflait avec le nez, il leur chanta lentement une chanson dont l'air mélancolique n'était ni sans harmonie ni sans beauté. Quatre insulaires vinrent avec confiance souper et coucher à bord. On leur donna un concert de flûte, de basse et de violon, et on fit partir un feu d'artifice composé de fusées et de serpenteaux. Ce spectacle leur causa une surprise mêlée de beaucoup d'effroi.

*
* *

Le 7, au matin, le chef, dont le nom était *Ereti*, vint aussi à bord. Il apportait un cochon et des poules, et de plus le pistolet qui avait été pris la veille chez lui. Cet acte de justice donna de lui une bonne idée à tout l'équipage.

Cependant, dans la matinée, Bougainville prit toutes ses dispositions pour faire descendre à terre ses malades et ses pièces d'eau, et les y laisser en établissant une garde pour leur sûreté. Cette descente se fit l'après-midi avec armes et bagages, et on commença à dresser le camp sur les bords d'une petite rivière où on devait faire l'eau.

Le chef Ereti vit la troupe sous les armes, et les préparatifs du campement, sans paraître d'abord surpris ni mécontent. Toutefois, quelques heures après, il vint au commandant accompagné de son père et des principaux du canton, qui lui avaient fait des représentations à cet égard, et lui fit entendre que son séjour à terre leur déplaisait; qu'il voulait bien le laisser maître d'y venir avec les siens tant qu'il voudrait pendant le jour, mais qu'il fallait coucher la nuit à bord de leurs vaisseaux.

Bougainville insista sur l'établissement du camp, lui faisant comprendre qu'il lui était nécessaire pour faire de l'eau, du bois, et rendre plus faciles les échanges entre les deux nations.

Les naturels tinrent alors un conseil, à l'issue duquel Ereti vint demander au commandant s'il resterait ici toujours, ou s'il comptait repartir, et dans quel temps.

Bougainville répondit qu'il mettrait à la voile dans dix-huit jours, en signe duquel nombre il lui donna dix-huit petites pierres.— Sur cela, nouvelle conférence à laquelle on le fit appeler.

Un homme grave, et qui paraissait avoir du poids dans le

conseil, voulait réduire à neuf les jours du campement; mais le commandant insista pour le nombre qu'il avait demandé, et enfin ils y consentirent.

De ce moment la joie se rétablit sur le visage de ces bons naturels, et la confiance leur revint. Ereti même offrit aux étrangers un hangar immense, tout près de la rivière, dans lequel étaient quelques pirogues qu'il en fit enlever sur-le-champ. On dressa dans ce hangar les tentes pour les scorbutiques, au nombre de trente-quatre, douze de *la Boudeuse*, et vingt-deux de *l'Étoile*, et quelques autres nécessaires au service. La garde fut composée de trente soldats. On descendit aussi des fusils pour armer les travailleurs et les malades.

Bougainville resta à terre la première nuit, qu'Ereti voulut aussi passer dans les tentes des Européens. Il fit apporter son souper, qu'il joignit au leur, chassa la foule qui entourait le camp, et ne retint avec lui que cinq ou six de ses amis. Après souper, il demanda des fusées, et elles lui firent au moins autant de peur que de plaisir.

La journée suivante se passa à perfectionner le camp. Le hangar était bien fait, et parfaitement couvert d'une espèce de natte. Il n'y fut laissé qu'une issue, à laquelle on mit une barrière et un corps de garde. Ereti, ses femmes et quelques amis avaient seuls la permission d'entrer; la foule se tenait en dehors du hangar. Un des gardes français, une baguette à la main, suffisait pour la faire écarter. C'était là que les insulaires apportaient de toutes parts des fruits, des poules, des cochons, du poisson et des pièces de toile, qu'ils échangeaient contre des clous, des outils, des perles fausses, des boutons et mille autres bagatelles qui étaient des trésors pour eux.

Au reste, ils examinaient attentivement ce qui pouvait plaire aux étrangers. Ils virent qu'ils cueillaient des plantes antiscorbutiques, et qu'on s'occupait aussi à chercher des coquilles ; les femmes et les enfants ne tardèrent pas à leur apporter à l'envi des paquets des mêmes plantes qu'ils leur avaient vu ramasser, et des paniers remplis de coquilles de toutes les espèces. On payait leurs peines à peu de frais.

Ce même jour, Bougainville demanda au chef de lui indiquer du bois qu'il pût couper. Le pays bas où il se trouvait n'était couvert que d'arbres fruitiers, et d'une espèce de bois plein de gomme et de peu de consistance : le bois dur ne poussait que sur les montagnes. Ereti lui marqua les arbres qu'il pouvait couper, et lui indiqua même de quel côté il fallait les faire tomber en les abattant. Au reste, les insulaires aidaient volontiers les Européens dans ce travail. Ceux-ci abattaient les arbres et les mettaient en bûches que ceux-là transportaient aux bateaux. Ils aidaient de même à faire l'eau, emplissaient les pièces et les conduisaient aux chaloupes. On leur donnait pour salaire des clous, dont le nombre se proportionnait au travail qu'ils avaient fait. La seule gêne qu'on eût, c'est qu'il fallait sans cesse avoir l'œil à tout ce qu'on apportait à terre, à ses poches même ; car il n'y avait point, au dire de l'équipage, de plus adroits filous en Europe que les gens de ce pays.

Au vol près, tout se passait de la manière la plus amiable. Chaque jour quelques matelots allaient se promener dans le pays, sans armes, seuls ou par petites bandes. On les invitait à entrer dans les maisons, on leur y donnait à manger.

Bougainville, plusieurs fois, alla, lui second ou troisième, se promener dans l'intérieur. Il se croyait transporté dans le jardin d'Éden. — « Nous parcourûmes, dit-il, une plaine de gazon, couverte de beaux arbres fruitiers et coupée de petites rivières qui entretiennent une fraîcheur délicieuse, sans aucun des inconvénients qu'entraîne l'humidité. Un peuple nombreux y jouit des trésors que la nature verse à pleines mains sur lui. Nous trouvions des troupes d'hommes et de femmes, assises à l'ombre des vergers ; tous nous saluaient avec amitié ; ceux que nous rencontrions dans les chemins se rangeaient à côté pour nous laisser passer ; partout nous voyions régner l'hospitalité, le repos, une joie douce et toutes les apparences du bonheur.

Bougainville fit présent au chef du canton où il était d'un couple de dindes et de canards mâles et femelles. C'était le denier de la veuve. Il lui proposa aussi de faire un jardin à la manière européenne et d'y semer différentes graines, proposition qui fut reçue avec joie. En peu de temps Ereti fit préparer et entourer de palissades le terrain que les jardiniers avaient choisi. Bougainville le fit bêcher. Le chef et ses insulaires admiraient les outils de jardinage et la manière de s'en servir. Ils avaient bien aussi, autour de leurs maisons, des espèces de potagers garnis de giraumons, de patates, d'ignames et d'autres racines. Bougainville fit semer du blé, de l'orge, de l'avoine, du riz, du maïs, des oignons et des graines potagères de toute espèce. « Nous avons lieu de croire, écrivait-il, que ces plantations seront bien soignées, car ce peuple nous a paru aimer l'agriculture, et je pense qu'on l'accoutumerait aisément à tirer parti *du sol le plus fertile de l'univers.* »

C'est par cette réflexion du célèbre marin que nous terminons ce chapitre, en faisant remarquer que le sol de Taïti n'a pas changé depuis l'époque où *la Boudeuse* mouilla sur ses bords, et qu'il est encore comme jadis le sol le plus fertile de l'univers.

CHAPITRE III

Visite du grand chef Toutahah. — Insulaire tué par un matelot. — Danger de *la Boudeuse*. — Meurtre de trois autres insulaires. — Effroi des habitants. — *Vous êtes nos amis, et vous nous tuez!* — Naufrage imminent. — On lève l'ancre. — Les adieux d'Ereti. — Aotourou s'embarque avec les étrangers.

Quelques jours après l'établissement de son camp à terre, Bougainville reçut la visite d'un chef d'un canton voisin, lequel vint à bord de *la Boudeuse* avec un présent de fruits, de cochons, de poules et d'étoffes. Ce seigneur, nommé *Toutahah*, était d'une belle figure et d'une taille extraordinaire. Il était accompagné de quelques-uns de ses parents, presque tous hommes de six pieds. Le commandant leur fit présent de clous, d'outils, de perles fausses et d'étoffes de soie. Il fallut lui rendre sa visite chez lui. Bougainville et ses compagnons furent parfaitement accueillis. Une assemblée nombreuse attendait les Français, et les musiciens firent entendre à leur arrivée tout ce que leur naïf répertoire contenait de plus beau.

Jusque-là, tout allait pour le mieux, mais cela ne devait pas malheureusement toujours aller ainsi. Bougainville croyait bien que son passage ne laisserait que des traces riantes; il ne devait pas tarder à être marqué par le sang.

Le 10, il y eut un insulaire tué, et les gens du pays vinrent se plaindre au commandant de ce meurtre. A cette nouvelle, Bougainville fut profondément irrité. Il envoya à la maison où avait été porté le cadavre; on vit effectivement qu'il avait été tué d'un coup de feu. Cependant, défense avait été faite à tous les gens de l'équipage de sortir avec des armes à feu, soit des vaisseaux, soit de l'enceinte du camp. Les perquisitions les plus exactes pour connaître l'auteur de cet infâme assassinat furent sans résultat. Les insulaires crurent sans doute que leur compatriote avait eu tort, car ils continuèrent à venir au quartier avec leur confiance accoutumée. — On rapporta cependant au commandant qu'on avait vu beaucoup de gens emporter leurs effets à la montagne, et que la maison même d'Ereti était toute démeublée. Bougainville lui fit de nouveaux présents, et ce bon chef continua à lui témoigner la plus sincère amitié.

Cependant, à bord des deux navires on pressait les travaux de tous genres; car, encore que cette relâche fût excellente pour les besoins, le commandant savait qu'ils étaient mal mouillés. En effet, quoique les cables, paumoyés presque tous les jours, n'eussent pas encore paru ragués, il avait découvert que le fond était semé de gros corail; et d'ailleurs, en cas d'un grand vent de large, on n'avait pas de *chasse*. La nécessité avait forcé de prendre ce mouillage sans laisser la liberté du choix, et bientôt on eut la preuve que les inquiétudes conçues n'étaient que trop fondées.

Le 12, à cinq heures du matin, les vents étaient venus au sud, le cap du sud-est de *la Boudeuse*, et le grelin d'une ancre à jet, que l'on avait par précaution allongée dans l'est-sud-est, furent coupés sur le fond.

Bougainville fit mouiller aussitôt la grande ancre; mais avant qu'elle eût pris fond, la frégate vint à l'appel de l'ancre du nord-ouest, et tomba sur *l'Étoile*, qu'elle aborda à bâbord.

La Boudeuse vira sur son ancre, et *l'Étoile* fila rapidement, de manière que les deux navires furent séparés avant que d'avoir souffert aucune avarie. *L'Étoile* envoya alors le bout d'un grelin qu'elle avait allongé dans l'est, sur lequel *la Boudeuse* vira pour s'écarter d'elle davantage. Elle releva ensuite sa grande ancre, et rembarqua le grelin et le câble coupés sur le fond. L'ancre du sud-est, mouillée sans orin à cause du grand fond, était perdue, et on tâcha inutilement de sauver l'ancre à jet dont la bouée avait coulé et qu'il fut impossible de draguer. On guinda aussi le petit mât de hune et la vergue de misaine, afin de pouvoir appareiller dès que le vent le permettrait.

L'après-midi il se calma et passa à l'est. Un bateau fut alors envoyé pour sonder dans le nord, afin de savoir s'il n'y avait pas un passage, ce qui eût mis les deux navires à portée de sortir presque de tout vent.

*
* *

Un malheur n'arrive jamais seul. Tandis que *la Boudeuse* était en péril, et que tous les gens de l'équipage étaient occupés d'un travail auquel était attaché leur salut, on vint avertir le commandant qu'il y avait eu trois insulaires tués ou blessés, dans leurs cases, à coups de baïonnettes ; que l'alarme était répandue dans le pays ; que les vieillards, les femmes et les enfants fuyaient vers les montagnes, emportant leurs bagages et jusqu'aux cadavres des morts, et que peut-être, avant la fin du jour, il fallait s'attendre à avoir sur les bras une armée de ces hommes furieux. Telle était donc la position, que Bougainville craignait la guerre à terre, au même instant où les deux navires étaient dans le cas d'y être jetés.

Il descendit au camp, et en présence du chef Ereti, qui

n'avait pas fui comme les siens, il fit mettre aux fers quatre soldats soupçonnés d'être les auteurs du forfait. Ce procédé parut le contenter.

Bougainville passa une partie de la nuit à terre, où il renforça les gardes, dans la crainte que les insulaires ne voulussent venger leurs compatriotes. Le camp était dans un poste excellent, entre deux rivières, distantes l'une de l'autre d'un quart de lieue au plus; le front du camp était couvert par un marais, le reste était la mer, dont assurément les marins français étaient maîtres. Le commandant avait donc beau jeu pour défendre ce poste contre toutes les forces de l'île réunies; mais heureusement, à quelques alertes près, occasionnées par des filous, la nuit fut tranquille au camp.

Ce n'était pas de ce côté que les inquiétudes du brave commandant étaient les plus vives ; la crainte de perdre les vaisseaux à la côte lui donnait des alarmes infiniment plus cruelles.

Dès dix heures du soir, les vents avaient beaucoup fraîchi de la partie de l'est, avec une grosse houle, de la pluie, des orages, et toutes les apparences funestes qui augmentent l'horreur de ces lugubres situations.

Vers deux heures du matin, il passa un grain qui chassait les vaisseaux en côte. Il se rendit à bord. Le grain heureusement ne dura pas, et dès qu'il fut passé, le vent vint de terre. L'aurore amena de nouveaux malheurs; le câble du nord-ouest de *la Boudeuse* fut coupé; le grelin qui la tenait sur son ancre à jet eut le même sort peu d'instants après ; la frégate alors, venant à l'appel de l'ancre et du grelin du sud-est, ne se trouvait pas à une encâblure de la côte où la mer brisait avec fureur. Plus le péril devenait instant, plus les ressources diminuaient. Les deux ancres, dont les câbles venaient d'être coupés, étaient perdues pour le navire; leurs bouées avaient disparu, soit qu'elles eussent coulé, soit que les Indiens les eussent enlevées dans la nuit. C'était déjà quatre ancres de moins depuis vingt-quatre heures, et cependant il restait encore des pertes à essuyer.

A dix heures du matin, le câble neuf, que l'on avait entalingué sur l'ancre de deux mille sept cents de *l'Étoile*, laquelle retenait *la Boudeuse* dans le sud-est, fut coupé ; et la frégate, défendue par un seul grelin, commença à chasser en côte. Elle mouilla sans barbe sa grande ancre, la seule qui lui restât en mouillage ; mais de quel secours lui pouvait-elle être ? Elle était si près des brisants, qu'elle aurait été dessus avant d'avoir assez filé de câble pour que l'ancre pût bien prendre fond. Tout l'équipage attendait à chaque instant le triste dénouement de cette aventure, lorsqu'une brise du sud-ouest lui donna l'espérance de pouvoir appareiller. Les focs furent bientôt hissés ; le vaisseau commençait à prendre de l'air, et l'on travaillait à faire de la voile pour filer câble et grelin et mettre dehors, mais les vents revinrent presque aussitôt à l'est. Cet intervalle avait toujours donné le temps de recevoir à bord le bout du grelin de la seconde ancre à jet de *l'Étoile*, qu'elle venait d'allonger dans l'est, et qui sauva *la Boudeuse* pour le moment. Elle vira sur les deux grelins, et se releva un peu de la côte. Le commandant envoya alors une chaloupe à *l'Étoile* pour l'aider à s'amarrer solidement. Les ancres de ce navire étaient heureusement mouillées sur un fond moins perdu de corail que celui sur lequel étaient tombées les ancres de la frégate. Lorsque cette opération fut faite, la chaloupe alla lever par son orin l'ancre de deux mille sept cents : on entalingua dessus un autre câble, et on l'allongea dans le nord-est ; l'ancre à jet de *l'Étoile* fut relevée après cette opération et lui fut rendue.

La Boudeuse fut deux jours en danger ; pendant ces deux jours, M. de la Giraudais, commandant de *l'Étoile*, mérita de grands éloges par les secours habiles qu'il sut donner à la frégate, et de l'aveu de Bougainville, dont il était le subordonné dans cette expédition, il eut la plus grande part à son salut.

* * *

Cependant la terreur des Indiens continuait, causée par le meurtre des leurs. Ils avaient cessé tout rapport avec les étrangers, qu'ils avaient si bien accueillis et qui se montraient si cruels pour eux. Pendant ces deux jours, aucun insulaire ne s'était approché du camp, on n'avait vu naviguer aucune pirogue, on avait trouvé les maisons voisines abandonnées, tout le pays paraissait désert. Le prince de Nassau, lequel, avec quatre ou cinq hommes seulement, s'était éloigné davantage, dans le dessein de rencontrer quelques habitants et de les rassurer, en trouva un grand nombre avec leur chef Ereti environ à une lieue du camp. Dès que ce chef eut reconnu M. de Nassau, il vint à lui d'un air consterné. Les femmes éplorées se jetèrent à ses genoux, elles lui baisaient les mains en pleurant et répétant plusieurs fois : *Tayo ! maté !... Vous êtes nos amis, et vous nous tuez !...* A force de caresses et d'amitié, il parvint à les ramener. Bientôt la paix fut faite, et la confiance revint. On vit du bord des navires une foule de naturels accourir au quartier : des poules, des cocos, des régimes de bananes embellissaient la marche et promettaient la joie et la tranquillité.

Bougainville descendit aussitôt à terre avec un assortiment d'étoffes de soie et des outils de toute espèce ; il les distribua aux chefs, en leur témoignant sa douleur du désastre arrivé parmi eux, et les assurant qu'il serait puni. Les bons insulaires le comblèrent de caresses, le peuple applaudit à la réunion, et en peu de temps la foule ordinaire, et les filous avec, revinrent au quartier, qui ne ressemblait pas mal à une foire. Ils apportèrent ce jour et le suivant plus de rafraîchissements que jamais. Ils demandèrent aussi qu'on tirât devant eux quelques coups de fusil, ce qui leur fit grand'peur, car les marins français ayant pris pour but plusieurs des poules qu'ils avaient apportées, et voulant montrer leur adresse, toutes les poules tirées furent atteintes et tuées raides ; de sorte que les Indiens crurent plus que jamais que les armes terribles dont se servaient les étrangers ne manquaient jamais leur coup, et étaient infaillibles.

*
* *

Le canot qui avait été envoyé pour reconnaître le côté du nord était revenu avec la bonne nouvelle qu'il y avait trouvé un très beau passage. Il était alors trop tard pour en profiter ce même jour ; la nuit s'avançait : heureusement elle fut tranquille à terre et à la mer.

Le 14, au matin, les vents étant à l'est, le commandant ordonna à *l'Étoile*, qui avait son eau faite et tout son monde à bord, d'appareiller et de sortir par la nouvelle passe du nord. *La Boudeuse* ne pouvait mettre à la voile par cette passe qu'après la flûte, mouillée au nord d'elle. A onze heures, *l'Étoile* appareilla sur une haussière portée sur l'autre navire.

A deux heures de l'après-midi on eut la satisfaction de la voir en dehors de tous les récifs. Ce fut une grande joie pour

M. de Bougainville et tout son équipage. Dans le rude mouillage où il était, avec danger continuel d'être jeté à la côte, il venait au moins de s'assurer le retour dans la patrie, en mettant un de ses navires à l'abri des accidents. Lorsque M. de la Giraudais fut au large, il lui envoya son canot, avec M. Lavari Leroi, qui avait été chargé de reconnaître la passe.

L'équipage de *la Boudeuse* travailla tout le jour à finir son eau, à déblayer l'hôpital et le camp. Le commandant enfouit près du hangar un acte de prise de possession de l'île au nom du roi de France. Cet acte était inscrit sur une planche de chêne, avec une bouteille bien fermée et lutée, contenant les noms des officiers des deux navires. C'était la méthode adoptée par lui pour toutes les terres découvertes dans le cours de ce voyage. — Il était deux heures du matin avant que tout fût à bord; la nuit fut assez orageuse pour causer de l'inquiétude, malgré la quantité d'ancres que la frégate avait à la mer.

Le 15, à six heures du matin, les vents étant à terre et le ciel à l'orage, on leva l'ancre, appareillant sous la misaine et les deux huniers pour sortir par la passe de l'est. Déjà la frégate était à un quart de lieue au large, et son commandant commençait à se féliciter d'être heureusement sorti d'un mouillage qui lui avait causé de si vives inquiétudes, lorsque, le vent ayant cessé tout d'un coup, la marée et une grosse lame de l'est menacèrent d'entraîner son navire sur les récifs sous le vent de la passe.

Le pis-aller des naufrages qui avaient menacé nos compatriotes jusqu'ici, avait été de passer leurs jours dans une île embellie de tous les dons de la nature, et de changer les douceurs de la patrie contre une vie paisible et exempte de soucis. Mais ici le naufrage se présentait sous un aspect plus cruel; le vaisseau, porté rapidement sur les récifs, n'y eût pas résisté deux minutes à la violence de la mer, et quelques-uns des meilleurs nageurs eussent à peine sauvé leur vie.

Heureusement, en levant l'ancre, M. de Bougainville avait fait mettre chaloupes et canots à la mer pour se tenir dans les eaux de la frégate, afin d'être prêts à la remorquer au besoin. Ils arrivèrent au moment où, n'étant pas à plus de cinquante toises du récif, la situation paraissait désespérée. Une brise de l'ouest qui s'éleva dans le même instant seconda leurs efforts, et à neuf heures du matin, *la Boudeuse*, nageant dans des eaux paisibles, était absolument hors de danger.

M. de Bougainville renvoya sur-le-champ les bateaux à la recherche des ancres, et resta à louvoyer pour les attendre. L'après-midi il rejoignit *l'Étoile*. A cinq heures du soir, la grande chaloupe arriva, ayant à bord la grande ancre et le câble de *l'Étoile*, qu'elle lui porta. Le canot de *la Boudeuse*, celui de *l'Étoile* et sa chaloupe revinrent peu de temps après; celle-ci rapportait une ancre à jet et un grelin. Quant aux deux autres ancres à jet, l'approche de la nuit et la fatigue extrême des matelots ne permirent pas de les lever ce même jour. Le commandant avait d'abord compté s'entretenir toute la nuit à portée du mouillage et les envoyer chercher le lendemain ; mais, à minuit, il se leva un grand vent frais de l'est-nord-ouest, qui le contraignit à embarquer les bateaux et à faire de la voile pour se tirer de dessus la côte. Ainsi un mouillage de neuf jours avait coûté six ancres, perte que les navires n'auraient pas essuyée s'ils eussent été munis de quelques chaînes de fer.

Maintenant que les navires sont en sûreté, arrêtons-nous ici un instant pour dire les adieux qu'ils avaient reçus des insulaires.

En voyant que les étrangers tenaient leur parole et ne

songeaient pas à s'emparer de l'île, en privant de leurs droits ses légitimes possesseurs, et qu'ils s'étaient, à part quelques meurtres regrettés et punis, généralement bien conduits. Ereti et les principaux des cantons sentirent des regrets à leur départ, et regrettèrent les avantages qu'ils pouvaient retirer des vaisseaux. Dès l'aube du jour, lorsqu'ils s'aperçurent que *la Boudeuse* mettait à la voile, Ereti avait sauté seul dans la première pirogue qu'il avait trouvée sur le rivage, et s'était rendu à bord. En y arrivant, il embrassa tous les officiers; il les tenait quelques instants entre ses bras, versant des larmes et paraissant très affecté de leur départ. Peu de temps après, sa grande pirogue vint à bord, chargée de rafraîchissements de toute espèce; ses femmes étaient dedans, et avec lui, un insulaire qui, le premier jour de l'atterrage, était venu s'établir à bord de *l'Étoile*. — Ereti prit cet insulaire par la main et le présenta au commandant, en lui faisant entendre que cet homme, dont le nom était *Aotourou*, voulait le suivre, et en le priant de consentir à son départ. Il le présenta ensuite à tous les officiers, chacun en particulier, disant que c'était son ami qu'il confiait à ses amis, et il le leur recommanda avec les plus grandes marques d'intérêt.

On fit encore à Ereti des présents de toute espèce, après quoi il prit congé des Français et fut rejoindre ses femmes, lesquelles ne cessèrent de pleurer tout le temps que la pirogue fut le long du bord.

Il y avait aussi dedans une jeune femme que l'insulaire qui partait avec les navires fut embrasser. Il lui donna trois perles qu'il avait à ses oreilles, et malgré ses larmes d'épouse, car c'était son épouse, il s'arracha de ses bras et remonta dans le vaisseau (1).

(1) Aotourou fut amené en France par M. de Bougainville. Il resta

Ce fut ainsi que Bougainville quitta ce bon peuple, et il ne fut pas moins surpris du chagrin que lui causait son départ, qu'il l'avait été de sa confiance affectueuse pendant son séjour

onze mois à Paris, pendant lesquels il ne témoigna aucun ennui. L'empressement pour le voir fut très vif. Il était très intelligent, et quoiqu'il estropiât à peine quelques mots de notre langue, tous les jours il sortait seul, il parcourait la grande ville, et jamais il ne s'égara. Il repartit pour son île au mois de mars 1770. M. de Bougainville donna 36,000 francs le tiers de son bien, pour armer le navire destiné à le rendre à ses compatriotes.

Habitations à Taïti (p. 107)

V

EPISODES REMARQUABLES DES TROIS VOYAGES DU CAPITAINE COOK A TAÏTI

PREMIER VOYAGE

I

Jeunesse de Cook. — Il se fait une position par son travail. — Départ pour Taïti.

« Lorsqu'un homme s'est élevé par la seule puissance de son génie ; lorsque, par des découvertes immortelles dans une science utile à l'humanité, son nom n'appartient pas seulement à son siècle et à son pays, et que, grandissant avec les années, il est prononcé par toutes les nations avec des témoignages de reconnaissance et d'admiration, on aime à connaître les obstacles qu'il eut à vaincre pour sortir de l'humble situation où sa naissance l'avait placé. — Tel fut James Cook (1). »

(1) *Voyages et aventures du capitaine Cook*, par Henri Lebrun.

C'est par cette réflexion pleine de sens que l'auteur des *Voyages du capitaine Cook* en commence le récit, et incontinent il résume en quelques pages la vie de l'illustre marin.

Il naquit le 27 octobre 1728, à Marton, village du comté d'York. Son père était garçon de ferme, et sa mère servante dans la même maison. Le propriétaire de la ferme lui fit donner à ses frais les premières notions d'écriture et d'arithmétique. Mis en apprentissage chez un mercier, il le quitta bientôt pour s'engager dans la marine marchande, où il servit comme mousse, puis comme matelot, et atteignit difficilement le grade de contremaître. A 27 ans il n'était encore que cela, et rien ne faisait prévoir qu'il remplirait le monde de sa renommée. Au printemps de 1755, la guerre ayant été déclarée entre la France et l'Angleterre, on fit un appel de matelots. Le premier mouvement de Cook, dont le navire était alors dans la Tamise, fut de se cacher ; mais, pensant ensuite qu'il lui serait impossible d'échapper à la presse, il se décida à entrer volontairement dans la marine royale, et à y chercher fortune.

Le capitaine Hugh Palliser était le commandant du vaisseau sur lequel il s'embarqua. Il ne tarda pas à remarquer Cook comme un matelot robuste, actif et intelligent. Tous les officiers parlant en sa faveur, le capitaine, charmé de sa conduite, promit de le protéger. Grâce à lui, il fut nommé maître d'équipage ; puis ses aptitudes pour la géographie, les mathématiques et les levés de plans ayant été remarquées, en 1763, toujours par l'influence de sir Hugh Palliser, il fut nommé ingénieur de la marine pour Terre-Neuve et le Labrador. Il avait alors 35 ans.

Pendant son séjour à Terre-Neuve il prouva ses connaissances astronomiques, en observant une éclipse de soleil ; il en fit le sujet d'un mémoire qui lui valut les éloges des hommes compétents, et le fit juger capable de devenir un habile astronome. Il se présenta bientôt une circonstance où ses talents purent être mis à l'épreuve.

Vers la fin de 1767, la Société royale de Londres pensa qu'il serait convenable d'envoyer des astronomes dans quelques parties du grand Océan pour y observer le passage de Vénus sur le disque du soleil, qui devait avoir lieu en 1769. En conséquence, au mois de février 1768, la Société présenta un mémoire au roi, par lequel on suppliait Sa Majesté de donner des ordres pour cette expédition. La demande fut accordée, et l'amirauté fit armer *l'Endeavour*, bâtiment du port de 370 tonneaux. Cook fut nommé chef de l'expédition, avec le grade de lieutenant de vaisseau.

Pendant les préparatifs, le capitaine Wallis, de retour de son voyage autour du monde, annonça à la Société que l'île de Taïti présentait un point convenable pour les observations projetées; la Société adoptant cette idée, indiqua cette île comme but principal de l'expédition.

L'Endeavour avait quatre-vingts hommes d'équipage, des vivres pour dix-huit mois, dix canons, deux pierriers avec une quantité suffisante de munitions. Après l'observation du passage de Vénus, *l'Endeavour* devait suivre le projet général des découvertes dans le grand Océan.

Sir Charles Green, attaché à l'observatoire de Greenwich, fut adjoint à Cook comme astronome. Le célèbre Joseph Banks n'hésita pas à quitter les douceurs de la vie que lui procurait une immense fortune pour courir les hasards d'un voyage aussi dangereux et aussi long; il voulut le faire à ses frais et se fit accompagner du docteur Solander, son ami, habile naturaliste, et de deux peintres pour dessiner les objets importants.

Cook partit de Plymouth le 26 août 1768. Il relâcha à Madère, à Rio-Janeiro, et enfin, le 3 janvier 1769, il eut connaissance de la Terre-de-Feu. Le 14 il entra dans le détroit de Lemaire.

Après avoir doublé le cap Horn, ce qui avait toujours été un sujet d'effroi pour les navigateurs qui voulaient pénétrer dans l'océan Pacifique, il dirigea d'abord au nord-ouest la course de son vaisseau. Du 4 au 8 mars, il découvrit l'île de Lagon, l'île de l'Arc, l'île aux Oiseaux, et l'île de la Chaîne. Le 11 avril, l'*Endeavour* arriva devant Taïti, première et principale station du voyage, et mouilla le 13 dans le port de Mataval. Cook sachant que son séjour dans l'île devait être de longue durée, et dépendrait de la manière dont on trafiquerait avec les sauvages, fit un règlement tout à la fois sage et humain, en recommandant sous des peines sévères de l'observer exactement.

II

Arrivée à Taïti. — Il bâtit un fort. — La reine Obéréa.

Dès que le vaisseau fut à l'ancre, Cook et les naturalistes descendirent à terre. Plusieurs centaines de naturels étaient réunis sur la plage. Leurs regards annonçaient une grande frayeur, et le premier qui s'avança se prosterna si bas, qu'il était presque rampant sur les mains et les genoux; il portait une branche verte, symbole de paix chez ces peuples comme chez la plupart de ceux de l'ancien monde. On le reçut avec des signes d'amitié, et les Anglais, pour l'imiter, prirent tous un rameau vert à la main.

Cependant les principaux de la nation ne parurent pas d'abord ; mais enfin, ils vinrent au vaisseau et choisirent chacun un ami. Cook et Banks furent choisis. Cette cérémonie consista à se dépouiller d'une grande partie de leurs habillements et à en vêtir les Anglais, qui leur offrirent en retour à chacun une hache et de la verroterie. Bientôt après les Indiens, montrant le sud-ouest, firent signe de les suivre dans leurs demeures, et comme Cook avait besoin d'un havre plus commode, il y consentit. Ayant fait équiper deux canots. Cook partit avec Banks et Solander, et quelques officiers. Après un trajet d'une heure on débarqua, et on conduisit Cook et ses compagnons à un chef nommé *Toutahah*, qui leur fit des présents de volailles et d'étoffes du pays. Les Anglais y répondirent par d'autres présents, et après ces échanges mutuels, on leur fit voir plusieurs grandes maisons de l'île, situées entre des arbres touffus, et n'ayant pour la plupart qu'un toit sans enceinte de murs. On se disposa ensuite à retourner à la côte. Cook, n'ayant pas trouvé de havre meilleur que celui qu'il possédait, fit débarquer à terre les matériaux nécessaires à la construction d'un petit fort pour la défense commune. Pendant que les matelots traçaient l'enceinte du fort, un grand nombre de naturels se rassemblèrent autour d'une tente élevée par Banks; leurs intentions furent toutes pacifiques; ils n'avaient même pas d'armes. Néanmoins, pour éviter une collision, Cook tira une ligne qui défendait aux Indiens de passer, à l'exception du chef et d'un nommé Oahou, qui avait été signalé comme ayant été fort utile au capitaine Wallis. Cook essaya de faire comprendre à ces deux sauvages qu'il venait occuper le terrain pour y coucher seulement quelques nuits et qu'ensuite il l'abandonnerait. Il n'était cependant pas tranquille, il craignait d'être attaqué ; mais les naturels se rangèrent en dehors de la ligne et regardèrent en silence le travail des Anglais. Un peu rassuré, il laissa la garde de la tente à treize soldats et à un officier, et essaya une excursion dans l'intérieur ; mais il fut bientôt rappelé par un coup de feu. Il apprit en arrivant qu'un naturel, ayant surpris la sentinelle, s'était emparé de son fusil ; l'officier qui commandait, aussi imprudent que cruel, ordonna de faire feu au milieu du rassemblement ; les sauvages épouvantés prirent tous la fuite ; personne ne fut blessé, à l'exception du voleur, qui tomba mort. Cook désapprouva la conduite de l'officier, et fit tout ce qu'il put pour détruire l'impression de terreur causée aux habitants ; mais il ne réussit pas. Le lendemain, pas un Indien ne vint au vaisseau, et Oahou lui-même ne parut pas, quoiqu'il eût fait tous ses efforts pour rétablir la paix ; cependant le soir un canot alla à terre et put faire quelques échanges.

Le 18 avril, les travaux du fort commencèrent avec activité, les naturels aidaient les Anglais à transporter les matériaux coupés dans les bois : on ne touchait à aucun arbre sans leur consentement, et on les payait aussitôt. Lorsqu'on fit monter des canons autour du fort, les Indiens parurent fort alarmés, dans la crainte qu'on ne s'en servît chaque jour ; Oahou, par ses gestes, fit comprendre aux Anglais le sujet des terreurs de ses compatriotes, et réussit à les tranquilliser.

Le maître d'équipage, qui avait fait partie de l'expédition du capitaine Wallis, entrant un jour dans la tente de Banks, aperçut une femme assise modestement ; il la reconnut pour la reine de l'île lors du précédent voyage ; et comme les savants connaissaient cette reine, nommée Obéréa dans la relation de

Wallis, ils l'examinèrent avec attention. Elle était d'une taille élevée et forte ; elle avait les yeux pleins de sensibilité et d'intelligence. Elle fut conduite au vaisseau. Cook la reçut avec toutes les marques de distinction qui pouvaient lui plaire. Parmi les présents dont il la combla, il y avait une poupée qui enchanta cette auguste personne. De retour à terre, on rencontra Toutahah. Il parut mécontent des égards qu'on avait eus pour Obéréa, et la vue de la poupée excita sa jalousie à un haut degré ; pour la faire cesser, il fallut lui en donner une semblable, qu'il préféra même à une hache qu'on lui offrait.

III

Visite à Toutahah. — Habits volés.

Toutahah avait invité Cook et ses principaux officiers à aller le voir à terre, leur promettant des cochons en abondance et des vivres. Le 27 avril, le capitaine s'embarqua dès le matin dans la pinasse, avec MM. Banks et Solander, et trois autres personnes. — Ils marchèrent toute la journée avant d'arriver à la demeure du chef, et il était presque nuit lorsqu'ils le rencontrèrent. Ils le virent non loin du rivage, assis sous un arbre, et environné d'un grand nombre de Taïtiens. Ils lui offrirent leurs présents, qui consistaient en un habit, un jupon d'étoffe jaune, et quelques autres bagatelles qu'il reçut avec plaisir. Il ordonna sur-le-champ de tuer et d'apprêter un cochon pour le souper, en promettant à ses hôtes qu'il leur en donnerait plusieurs le lendemain. Mais Cook et ses compagnons avaient moins envie de se régaler dans ce voyage que de remporter des rafraîchissements dont le fort avait besoin. Ils prièrent Toutahah de ne pas faire tuer le cochon, et ils soupèrent des fruits du pays. Comme la nuit approchait, et qu'il y avait dans ce lieu plus de monde que les maisons et les canots n'en pouvaient contenir, entre autres Obéréa, sa suite et plusieurs autres Indiens, les Anglais commencèrent à chercher des logements. Ils étaient au nombre de six. M. Banks fut assez heureux pour qu'Obéréa lui offrît une place dans sa pirogue ; il souhaita une excellente nuit au capitaine et à ses amis, et bien persuadé que lui-même il allait passer la meilleure nuit du monde grâce à l'hospitalité royale qu'il recevait, il les quitta et alla se coucher de bonne heure, suivant la coutume du pays. — Il s'endormit joyeux ; son sommeil dut être accompagné de rêves charmants, mais une surprise peu agréable l'attendait à son réveil.

En se couchant, comme c'est l'usage, il ôta ses habits à cause de la chaleur. Il les mit près de sa natte, et sans soupçon, sans inquiétude, il vit le sommeil paisiblement et promptement venir. Qu'aurait-il pu craindre, en effet ? La reine Obéréa ne lui avait-elle pas dit amicalement qu'elle veillerait sur lui, qu'elle le garderait en personne, et qu'elle arrêterait tout imposteur qui voudrait s'approcher de lui ?...

Vers onze heures, M. Banks s'éveilla. La nuit était silencieuse, le temps superbe ; il sentit le besoin de prendre l'air dehors. Il tend la main vers la place où il avait mis ses habits, et ne les trouve pas ; supposant qu'il a pu les déranger lui-même pendant son sommeil, il cherche ailleurs à proximité de sa natte ; mais ils n'y étaient plus. Il appelle Obéréa sur-le-champ. La reine accourt. Dès qu'elle entend sa plainte, elle crie, elle s'agite, elle ordonne qu'on allume des flambeaux, et se met en devoir de chercher les vêtements perdus. Toutahah dormait dans une pirogue voisine; alarmé du bruit, il accourt et sort avec Obéréa afin de découvrir le voleur. Hélas! hélas! le pauvre M. Banks n'était pas en état de les accompagner; on ne lui avait rien laissé, absolument rien laissé, pas même sa culotte; on avait pris son habit, sa veste, ses pistolets, sa poire à poudre et plusieurs autres effets qui étaient dans ses poches.

Une demi-heure après, Obéréa et Toutahah revinrent, mais sans rien avoir appris sur le voleur et sans rapporter les vêtements. M. Banks commença alors à concevoir des craintes plus sérieuses; on n'avait pas emporté son fusil, mais il avait négligé de le charger. Il ne savait pas où le capitaine et le docteur Solander passaient la nuit, et s'il se trouvait en péril, il lui était impossible de compter sur leur secours. Il crut cependant qu'il valait mieux ne montrer ni crainte ni soupçon à l'égard des Taïtiens avec qui il était. Il donna son fusil à l'un d'eux, nommé Tupia, personnage important, ancien ministre d'Obéréa, qui s'était éveillé au milieu du désordre, et qu'il chargea d'en prendre soin. Il ajouta qu'il était satisfait des peines que Toutahah et Obéréa avaient prises pour retrouver ses effets, quoiqu'elles eussent été inutiles; puis il se recoucha assez déconcerté, et se demandant intérieurement comment tout cela finirait.

Bientôt après il entendit la musique, et il vit des lumières à peu de distance sur le rivage : c'était un concert ou assemblée, appelé par les Taïtiens *Heiva*, nom général qu'ils donnent à toutes les fêtes publiques. Comme ce spectacle devait nécessairement rassembler beaucoup d'Indiens, et que le capitaine pouvait peut-être s'y trouver, ainsi que d'autres

Anglais, M. Banks, s'armant de résolution, et décidé à sortir de la situation fâcheuse où il se trouvait, résolut de s'y rendre. Il se drapa comme il put dans quelques étoffes taïtiennes qu'il trouva, s'approcha presque nu, distingua aisément ses compagnons dans la foule, et leur raconta sa triste et comique aventure.

Il ne tarda pas à s'apercevoir qu'ils n'avaient guère été plus heureux que lui. Cook lui fit voir qu'il avait les jambes nues, dans un ample manteau qui le couvrait tout entier; on lui avait volé sa culotte et ses bas, placés sous sa tête, quoiqu'il fut sûr ne ne pas avoir dormi pendant toute la nuit. Ses compagnons montrèrent aussi qu'à tous on leur avait pris quelque chose. Le plus favorisé était un matelot, qui n'avait perdu que son justaucorps.

Prenant gaiement leur parti de leur commune infortune, les Anglais résolurent d'entendre la musique, quelque mal vêtus qu'ils fussent. Le concert était composé de quatre tambours, de trois flûtes et de plusieurs voix; il dura environ une heure, et lorsqu'il fut fini, ils se retirèrent dans les endroits où ils avaient couché, après être convenus que jusqu'au lendemain matin ils ne feraient aucune démarche pour retrouver leurs habits.

Le 28, Cook et ses compagnons se levèrent dès la pointe du jour, suivant l'usage de l'île. Le premier homme que vit M. Banks fut Tupia, qui gardait fidèlement son fusil. Obéréa lui apporta bientôt quelques vêtements de son pays, pour lui servir au défaut des siens, de sorte qu'en abordant les autres, il portait un habillement bigarré, moitié à la taïtienne, et moitié à l'anglaise. A l'exception du docteur Solander, dont on ne connaissait pas le logement, et qui n'avait point assisté au concert, tous les Anglais furent bientôt réunis. Peu de temps après, Toutahah parut. Il fut vivement pressé de chercher les habits dérobés ; mais on ne put jamais déterminer ni lui ni Obéréa à faire la moindre démarche à cet effet, ce qui donna à soupçonner que tous deux étaient complices du vol.

Vers huit heures, M. Solander arriva. Il avait passé la nuit dans une case à un mille de distance, chez des hôtes honnêtes, et on ne lui avait rien pris, de sorte qu'il put rire de bon cœur en voyant le piteux état du capitaine et de ses amis, qui, perdant tout espoir de retrouver leurs habits, marchèrent vers leur pinasse, assez mécontents, et reprirent le chemin du fort.

Cook dit quelque part : « On doit assurer que les Taïtiens de toutes les classes, hommes, femmes et enfants, sont les plus déterminés voleurs du monde. » — Ce fait suffirait à le prouver ; mais nous aurons à en citer bien d'autres.

IV

Des nageurs émérites

En revenant de cette visite à Toutahah, les Anglais furent témoins d'un spectacle qui les dédommagea en quelque sorte de leurs contrariétés et des pertes qu'ils avaient faites.

La pinasse qui les portait était arrivée à un des rares endroits où l'île de Taïti n'est pas environnée de récifs, et où, par conséquent, une houle élevée brise sur la côte.

« Jamais, écrit Cook, je n'avais vu de lames plus effrayantes; il aurait été impossible à un bateau ordinaire de s'en tirer sans de vigoureux efforts; et si le meilleur nageur de l'Europe se fût trouvé par quelque accident exposé à leur furie, je suis persuadé qu'il aurait bientôt été englouti par les flots ou écrasé par les grosses pierres dont le rivage était couvert. »

Cependant dix ou douze Indiens nageaient pour leur plaisir dans cette mer en furie. Lorsque les flots brisaient près d'eux, ils plongeaient par-dessous, et reparaissaient de l'autre côté avec une adresse et une facilité inconcevables. Ce qui rendit ce spectacle encore plus intéressant et plus amusant, ce fut que les nageurs trouvèrent au milieu de la mer l'arrière d'une vieille pirogue; ils le saisirent et le poussèrent devant eux en nageant jusqu'à une assez grande distance en mer. Alors deux ou trois de ces Indiens se mettaient dessus, et tournant le bout carré contre la vague, ils étaient chassés vers la côte avec une rapidité incroyable, et quelquefois même jusqu'à la grève; mais ordinairement la vague brisait sur eux avant qu'ils fussent à moitié chemin; alors ils plongeaient et se relevaient d'un autre côté, en tenant toujours le reste de la pirogue : ils se remettaient à nager de nouveau au large, et venaient ensuite faire la même manœuvre, à peu près comme les enfants dans les jours de promenades et de récréations grimpent une colline quelconque pour avoir le plaisir de rouler en bas.

Cook et ses compagnons restèrent plus d'une demi-heure à contempler cette scène étonnante. Pendant cet intervalle, aucun des nageurs n'entreprit d'aller à terre; ils semblaient prendre à ce jeu le plaisir le plus vif. Ils continuèrent alors leur route, et enfin le soir ils arrivèrent au fort.

Après avoir raconté ce fait, Cook l'accompagne des réflexions suivantes, que nous signalons à la méditation des lecteurs :

« On peut remarquer à cette occasion que la nature humaine est douée de plusieurs facultés, portées rarement au degré de développement dont elles paraissent susceptibles, et que tous les hommes sont capables de certains efforts qu'aucun d'eux ne fait, à moins qu'il n'y soit obligé par le besoin ou par des circonstances extraordinaires. Ces nageurs, en déployant des forces dont nous avons tous l'usage, à moins que nous ne soyons attaqués de quelque infirmité particulière, opéraient des prodiges qui nous semblent au-dessus de la nature. Des exemples plus familiers montrent encore la vérité de cette observation. Les danseurs de corde et les voltigeurs ne font que perfectionner des facultés que tous les individus possèdent comme eux ; ils n'ont point reçu de don particulier de la nature. Tous les hommes, il est vrai, avec autant d'exercice et d'habitude, ne deviendraient pas aussi habiles, mais il est incontestable qu'ils feraient du moins quelques progrès. Il faut en dire autant de tous les arts. L'exemple des aveugles nous fournit une autre preuve que l'homme est doué de facultés dont il ne fait presque jamais usage. On ne saurait supposer que la perte d'un sens donne plus de force à ceux qui restent, comme l'amputation d'une branche d'arbre rend plus vigoureuses celles qui sont encore attachées au tronc.

« Tout homme peut donc acquérir, pour les organes de l'ouïe et du toucher, la délicatesse et la finesse qui nous surprennent dans ceux qui ont perdu la vue. Si les aveugles ne perfectionnent pas également leur intelligence, c'est qu'ils n'en ont pas également besoin. Celui qui jouit de sa vue est le maître de faire, par choix, ce que l'homme privé de ses yeux fait par nécessité; et, s'il voulait s'appliquer comme lui à exercer ses organes, il les rendrait aussi parfaits. Afin d'encourager les efforts du genre humain, établissons donc pour principe d'un usage universel, que quiconque fera tout ce qu'il peut, fera beaucoup plus qu'on ne croit communément possible. »

V

Où M. Banks pontifie...

Une vieille femme d'un certain rang, et qui était parente de Tomio, femme de Taubouraï-Tamaïdé, l'un des principaux chefs de l'île, venait de mourir. Cet incident donna occasion aux Anglais de voir comment les Taïtiens disposaient les cadavres et procédaient aux cérémonies des funérailles.

Au milieu d'une petite place carrée, proprement palissadée de bambous, on avait dressé sur deux poteaux le pavillon d'une pirogue. Le corps de la défunte était placé sur un châssis, en dessous. Il était couvert d'une belle étoffe, et on avait mis près de lui du fruit à pain, du poisson et d'autres provisions.

« Nous supposâmes, dit Cook, que les aliments étaient préparés pour l'esprit du défunt, et que, par conséquent, ces Indiens avaient quelques idées confuses de l'existence des âmes après la mort ; mais lorsque nous nous adressâmes à Tabouraï-Tamaïdé, afin de nous instruire plus particulièrement sur cette matière, il nous dit que ces aliments étaient des offrandes qu'ils présentaient à leurs dieux. »

Vis-à-vis le carré, il y avait un endroit où les parents du défunt allaient payer le tribut de leur douleur ; et, au-dessous du pavillon, on trouvait une quantité innombrable de petites pièces d'étoffes sur lesquelles les pleureurs avaient versé leurs larmes et leur sang ; car, dans les transports de leur chagrin, c'est un usage universel chez eux de se faire des blessures avec la dent d'un goulu de mer. A quelques pas de là, on avait dressé deux petites huttes ; quelques parents du défunt demeurent habituellement dans l'une, et l'autre sert d'habitation au principal personnage du deuil, qui est toujours un homme revêtu d'un vêtement singulier, et qui fait des cérémonies dont nous parlerons plus bas. On enterre ensuite les os des morts dans un lieu voisin de celui où l'on élève ainsi les cadavres pour les laisser tomber en pourriture.

Il est impossible de deviner ce qui peut avoir introduit chez ces peuples l'usage d'élever les morts au-dessus de terre, jusqu'à ce que la chair soit consumée par la putréfaction, et d'enterrer ensuite les os ; mais c'est une chose digne de remarque que pareille coutume existait autrefois parmi les habitants de la Colchide, avec cette différence que cette manière de disposer les morts n'avait pas lieu pour les deux sexes ; ils enterraient les femmes ; mais ils enveloppaient les hommes morts dans une peau, et les suspendaient en l'air avec une chaîne. — Cet usage des habitants de la Colchide avait sa source dans leur croyance religieuse. La terre et l'air étaient les principaux objets de leur culte, et l'on croit, que, par suite de quelque principe superstitieux, ils dévouaient leurs morts à ces deux éléments.

Le principal personnage du deuil devait faire, le 10 mai, la cérémonie en l'honneur de la vieille femme dont nous venons de décrire le tombeau. M. Banks était si curieux de voir les détails de la solennité, qu'il résolut de s'y charger d'un emploi, après qu'on lui eut dit qu'il ne pouvait pas y assister sans cette condition. Il alla donc le soir dans l'endroit où était déposé le corps, et il fut reçu par la fille de la défunte, quelques autres personnes, et un jeune homme de quatorze ans, qui se préparaient tous à la cérémonie. Tabouraï-Tamaïdé en était le chef.

On dépouilla M. Banks de ses vêtements à l'européenne; les Indiens nouèrent autour de ses reins une petite pièce d'étoffe, et ils lui barbouillèrent tout le corps jusqu'aux épaules, avec du charbon et de l'eau, de manière qu'il était aussi noir qu'un nègre. Ils firent la même opération à plusieurs personnes, et ensuite le convoi se mit en marche.

Tabouraï-Tamaïdé proférait près du corps quelques mots étranges qu'il répétait souvent, et qui sans doute étaient des formules de prières. Il récita les mêmes paroles lorsqu'il fut arrivé dans sa maison. Le convoi continua ensuite sa route vers le fort, dont on tenait écartés les Indiens d'ordinaire, mais dont, en cette occasion, on leur avait permis d'approcher.

Les Taïtiens ont coutume de s'enfuir avec la plus grande précipitation à l'arrivée d'un convoi funèbre. Dès que celui-ci fut aperçu de loin par ceux qui étaient aux environs du fort, ils allèrent se cacher dans les bois.

Le convoi marcha du fort le long de la côte, et mit en fuite une autre troupe d'Indiens qui se retirèrent tous dans le premier lieu écarté qu'ils purent rencontrer. Il traversa ensuite la rivière, et entra dans les bois, passant devant plusieurs maisons qui étaient toutes désertes, et l'on ne vit pas un seul Taïtien pendant le reste de la procession, qui dura plus d'une demi-heure.

Ils appellent *Nineveh* la fonction que remplissait M. Banks; deux autres, comme lui, étaient chargés du même emploi. Comme les naturels du pays avaient tous disparu, ils allèrent dire au principal personnage du deuil : *Imatata*... (Il n'y a personne...) Enfin, on renvoya tous les gens du convoi se laver dans la rivière.

M. Banks fit comme les autres; il se lava, et revint au fort...

Et ainsi finit la cérémonie...

VI

Pirogues saisies

Le 14, on commit au fort un vol qui irrita le capitaine et le décida à donner aux naturels une leçon qui les rendrait plus circonspects et les intéresserait à faire eux-mêmes la police contre les voleurs.

Au milieu de la nuit, un Taïtien trouva moyen de dérober un fourgon de fer qui servait pour le four; on l'avait dressé par hasard contre la palissade, de sorte qu'on voyait en dehors le bout du manche. Le voleur, qui l'avait lorgné le soir, était venu secrètement sur les trois heures du matin, et, guettant le moment où la sentinelle était détournée, il avait adroitement saisi le fourgon avec un grand bâton crochu et l'avait tiré par-dessus la palissade.

Cook avait donné ordre de ne pas tirer sur les voleurs, lors même qu'ils seraient pris en flagrant délit, par la raison qu'il ne pouvait pas donner aux soldats de garde un pouvoir de vie et de mort, dont ils seraient les maîtres de faire usage quand ils le voudraient, et il savait déjà qu'ils n'étaient que trop empressés à tirer légèrement lorsqu'ils en avaient la permission. Il ne croyait pas d'ailleurs que les vols faits par les Taïtiens fussent des crimes dignes de mort. Il ne voulait donc point les exposer aux armes à feu de ses soldats chargées de balles, et il ne se souciait pas qu'on tirât sur eux seulement avec de la poudre. Le bruit de l'explosion et la fumée les auraient d'abord alarmés; mais, dès qu'ils auraient vu qu'il ne leur arrivait point de mal, ils auraient peut-être méprisé nos armes, et ils en seraient venus à des insultes qu'on aurait été forcé de repousser d'une manière plus à craindre pour eux.

Il survint alors un incident qu'il regarda comme un expédient favorable à la leçon qu'il méditait.

Une vingtaine de pirogues chargées de poisson étaient près du fort. Il les fit saisir sur-le-champ et conduire dans la rivière. Il avertit alors les Tattiens qu'on allait brûler ces canots, si on ne rendait pas le fourgon et les autres choses volées depuis l'arrivée des Anglais dans l'île. Cook hasarda cette menace, quoiqu'il ne fût pas dans le dessein de la mettre à exécution, mais bien persuadé que, si elle parvenait à ceux qui possédaient les objets qu'on avait dérobés, ils s'empresseraient de les rapporter, puisque dans l'intérêt général ils se verraient forcés à cette restitution. Il fit la liste de ces objets;

ils consistaient principalement en un fourgon, un fusil qui avait été pris à un soldat de marine, des pistolets et des habits que M. Banks avait perdus, une épée qui appartenait à un bas officier, et un tonneau.

Vers midi, on rendit le fourgon, et les naturels firent de vives instances pour qu'on relachât les pirogues; mais le capitaine s'en tint toujours à ses premières conditions. Le lendemain, 15, on ne rapporta rien, ce qui le surprit beaucoup, car les insulaires étaient dans le plus grand embarras pour leur poisson qui allait se gâter dans peu de temps. Cook fut donc réduit à l'alternative désagréable de relâcher les pirogues, bien qu'il eût annoncé solennellement une intention contraire, ou de les détenir au détriment de ceux qui étaient innocents, et sans en retirer aucun profit.

Il avisa un expédient passager. Il permit aux Indiens de prendre seulement le poisson. Cette permission produisit des désordres et des injustices. Comme il n'était pas facile de distinguer à qui le poisson appartenait en particulier, ceux qui n'y avaient pas de droit, profitèrent de la circonstance et pillèrent les pirogues.

On réitéra avec force les sollicitations pour que ces bâtiments fussent rendus. Cook avait alors les plus fortes raisons de croire que les effets dérobés n'étaient pas dans l'île, ou que ceux qui souffraient par la détention des pirogues n'avaient pas assez d'influence sur les voleurs pour les décider à abandonner leur proie; il se décida enfin à les relâcher, très mortifié du mauvais succès de son projet.

VII

Oamo. — O-too et Terridiri

Les pirogues dont nous venons de parler n'étaient pas encore rendues, lorsque le 19, sur le soir, la reine Obéréa vint au fort. Le capitaine et ses compagnons furent très surpris en voyant qu'elle ne rapportait aucun des effets réclamés, car elle ne devait pas ignorer qu'elle était personnellement soupçonnée d'en avoir dérobé et gardé quelques-uns. — Elle dit, sur la demande qui lui fut faite, qu'Obadée, son favori, qu'elle avait renvoyé et battu, les avait emportés ; mais elle semblait sentir qu'elle n'avait pas droit d'être crue sur parole. Elle manifesta la crainte la plus marquée ; cependant elle se rassura bientôt, et elle supplia le capitaine de lui permettre de passer la nuit, avec sa suite, dans le fort. Ni Cook ni M. Banks n'y voulurent consentir. Ils pensaient encore à leurs habits volés. Obéréa se retira très mécontente, et alla coucher dans sa pirogue.

Le lendemain, dès le grand matin, elle revint et se remit au pouvoir des Anglais avec une espèce de grandeur d'âme qui excita leur étonnement et leur admiration. Afin d'opérer plus efficacement la réconciliation, elle leur présenta un cochon, plusieurs autres choses et un chien.

Les Indiens regardent le chien comme une nourriture plus délicate que le porc. Ils ont une façon de le préparer que nous expliquerons plus loin. Cook fit préparer le chien de la reine à l'indienne, et il fut obligé de convenir que c'était un excellent mets.

Sur ces entrefaites, on reçut au fort la visite d'un chef appelé *Oamo*, que l'on n'avait pas encore vu, et pour qui les naturels du pays avaient un respect extraordinaire. Il amenait avec lui un enfant d'environ sept ans et une jeune femme qui en avait à peu près seize ; quoique l'enfant fût très en état de marcher, il était cependant porté sur le dos d'un homme, ce qui sans doute devait être regardé comme une marque de dignité.

Dès que ces visiteurs furent aperçus de loin, Obéréa et plusieurs autres Taïtiens qui étaient au fort allèrent à leur rencontre, après s'être découvert la tête et le corps jusqu'à la ceinture. A mesure qu'ils approchaient tous les autres Indiens qui étaient aux environs du fort faisaient la même cérémonie.

Le chef entra dans le tente du capitaine ; mais, malgré toutes les prières, on ne put pas déterminer la jeune femme à l'y suivre, quoiqu'elle parût s'y refuser à regret. Les naturels du pays étaient très soigneux de l'en empêcher ; ils employaient presque la force, lorsqu'elle était sur le point de succomber à la tentation. Ils retenaient l'enfant en dehors avec autant d'inquiétude ; le docteur Solander, le rencontrant à la porte, le prit par la main et l'introduisit dans la tente avant que les Taïtiens s'en aperçussent ; mais dès que d'autres Indiens qui y étaient déjà le virent arriver, ils le firent sortir.

Ces circonstances excitaient fortement la curiosité des Anglais. Ils s'informèrent de l'état de leur hôtes, et on leur dit qu'Oamo était le mari d'Obéréa ; qu'ils s'étaient séparés depuis longtemps, d'un commun accord, et que la jeune femme et le petit garçon étaient leurs enfants. — Ils apprirent aussi que l'enfant, qui s'appelait *Terridiri*, était l'héritier présomptif de la souveraineté de l'île. — Le souverain actuel était *O-too*, ou *Outou*, jeune homme dans l'âge de minorité, fils de Whappaï. — Celui-ci, Oamo, et Toutahah étaient frères. Comme Whappaï, l'aîné des trois, n'avait point d'autre enfant qu'Otoo, *Terridiri*, fils d'Oamo, son premier frère, était l'héritier de la souveraineté.

Il paraîtra peut-être étrange qu'un enfant soit souverain pendant la vie de son père; mais, suivant la coutume du pays, il succède au titre et à l'autorité de son père, dès le moment de sa naissance. On choisit un régent; le père du nouveau souverain conserve ordinairement sa place à ce titre, jusqu'à ce que son fils soit en âge de gouverner par lui-même; cependant on avait dérogé à l'usage dans ce cas, et la régence était tombée sur Toutahah, oncle du petit roi, parcequ'il s'était distingué dans une guerre. Oamo fit à Cook, sur l'Angleterre et ses habitants, plusieurs questions qui décelaient beaucoup de pénétration et d'intelligence.

VIII

Exploration autour de l'île

Le 26, sur les trois heures du matin, le capitaine Cook s'embarqua dans la pinasse, accompagné de M. Banks, pour faire le tour de l'île et dresser une carte de ses côtes et de ses havres. Nous le suivrons dans ce voyage, en lui laissant le soin de le conter lui-même.

« Nous prîmes notre route vers l'est, et à huit heures du matin nous allâmes à terre, dans un district appelé *Oahounne*, gouverné par Ahio, jeune chef que nous avions vu souvent dans nos tentes, et qui voulut bien déjeuner avec nous. Nous y trouvâmes aussi deux autres Otahitiens de notre connaissance, Tituboalo et Hoona, qui nous menèrent dans leurs maisons, près desquelles nous rencontrâmes le corps de la vieille femme dont M. Banks avait suivi le convoi..... Nous allâmes à pied vers le havre Ohidea, où mouilla M. de Bougainville. Les naturels du pays nous montrèrent l'endroit où il avait dressé ses tentes et le ruisseau qui lui servit d'aiguade : nous n'y reconnûmes pourtant d'autres vestiges de son séjour que les trous où les piquets des tentes avaient été plantés, et un morceau de pot cassé. Nous y vîmes Oretté, chef, qui était son principal ami, et dont le frère, Ootourou, s'embarqua sur *la Boudeuse*.

« Le havre est situé au côté occidental d'une grande baie ; la coupure dans les récifs est très grande, mais l'abri n'est pas trop bon pour les vaisseaux.

« Après que nous eûmes examiné cet endroit, nous rentrâmes dans la pinasse, qui nous suivait. Nous tâchâmes d'engager Tituboalo à venir avec nous de l'autre côté de la baie, mais il ne voulut point y consentir ; il nous conseilla même de n'y point aller ; il nous dit que ce canton était habité par un peuple qui n'était pas sujet de Toutahah, et qui nous massacrerait, ainsi que lui. On imagine bien que cette nouvelle ne nous fit pas abandonner notre entreprise : nous chargeâmes sur-le-champ nos armes à balles, et Tituboalo, qui comprit que cette précaution nous rendait formidables, consentit alors à être de l'expédition.

« Après avoir vogué jusqu'au soir, nous parvînmes à une langue basse de terre ou isthme placé au fond de la baie, et qui partage l'île en deux péninsules, dont chacune forme un district ou gouvernement, entièrement indépendant l'un de l'autre. De Port-Royal, où le vaisseau était à l'ancre, la côte porte est 1/4 sud-est et est-sud-est dans un espace de dix milles, ensuite sud 1/4 sud-est et sud dans un autre espace de onze milles, jusqu'à l'isthme. Dans la première direction, la côte est en général plate, mais le reste est couvert de chaînes et de rochers, qui forment plusieurs bons havres, avec un mouillage sûr par seize, dix-huit, vingt et vingt-quatre brasses, où il y a d'ailleurs tout ce qui est nécessaire à l'ancrage d'un bâtiment. Comme nous n'étions pas encore entrés dans le pays de notre ennemi, nous résolûmes de passer la nuit à terre ; nous débarquâmes et nous trouvâmes peu de maisons ; mais nous vîmes plusieurs doubles pirogues dont nous connaissions les maîtres, qui nous donnèrent à souper et un logis.

« Le 27, au matin, nous examinâmes le pays : c'est une plaine marécageuse d'environ deux milles, au travers de laquelle les Indiens portent leurs canots jusqu'à l'autre côté de la baie. Nous nous préparâmes alors à continuer notre route vers le canton que Tibutoalo appelait l'autre royaume. Il nous dit qu'on nommait *Tiarrabou* au *Otahiti-Été* cette partie de l'île, et *Waheatua* le chef qui y gouvernait. Nous apprîmes aussi, à cette occasion, que la péninsule où nous avions dressé nos tentes s'appelait *Opoureonu* ou *Otahiti-Nue*. Tituboalo semblait avoir plus de courage que la veille ; il ne répéta plus que le peuple de Tiarrabou nous tuerait ; mais il assura que nous ne pourrions pas y acheter des provisions : effectivement, depuis notre départ du fort, nous n'avions point vu de fruits à pain.

« Nous fîmes quelques milles en mer, et nous débarquâmes dans un district qui était le domaine d'un chef appelé *Maraïtata* (*le Tombeau des hommes*) et dont le père se nommait *Paahairedo* (*le voleur de pirogues*). Quoique ces noms parussent confirmer ce que Tituboalo nous avait dit, nous reconnûmes bientôt qu'il s'était trompé. Le père et le fils nous reçurent avec toute l'honnêteté possible: ils nous donnèrent des rafraîchissements, et, après quelque délai, ils nous vendirent un gros cochon pour une hache. Une foule d'Indiens se rassemblèrent autour de nous, et nous n'en vîmes que deux de notre connaissance. Nous ne remarquâmes parmi eux aucune des quincailleries ou autres marchandises de notre vaisseau ; nous vîmes cependant plusieurs effets qui venaient d'Europe. Nous trouvâmes dans une des maisons deux boulets de douze livres, dont l'un était marqué de la large flèche d'Angleterre, quoique les Indiens nous dissent qu'ils les avaient reçus des vaisseaux qui étaient à la rade dans le havre de Bougainville.

« Nous marchons à pied jusqu'au district qui dépendait immédiatement de Waheatuad, principal chef ou roi de la péninsule. Waheatuad avait un fils ; mais nous ne savons pas si, suivant la coutume d'Opoureonu, il administrait le gouvernement comme régent ou en son propre nom. Ce district est composé d'une grande et fertile plaine, arrosée par une rivière que nous fûmes obligés de passer dans une pirogue. Les Indiens qui nous suivaient aimèrent mieux la traverser à la nage et ils se jetèrent à l'eau comme une meute de chiens. Nous ne vîmes dans cet endroit aucune maison qui parût habitée, mais seulement les ruines de plusieurs grandes cases. Nous tirâmes le long de la côte qui forme une baie, appelée *Oaïtipeha*, et enfin nous trouvâmes le chef assis près de quelques pavillons de petites pirogues, sous lesquelles nous supposâmes que lui et ses gens passaient la nuit. C'était un vieillard maigre, dont les ans avaient blanchi la barbe et les cheveux....... Les récifs qui sont le long de la côte forment, entre cet endroit et l'isthme, des havres où les vaisseaux pourraient être en parfaite sûreté. La terre porte sud-sud-est, et sud jusqu'à la partie du sud-est de l'île. Téarée, le fils de Waheatuad, de qui nous avions acheté un cochon, nous accompagnait. Le pays que nous parcourûmes semblait être plus cultivé que le reste de l'île ; les ruisseaux coulaient partout dans des lits étroits de pierres, et les endroits de la côte baignés par la mer paraissaient aussi couverts de pierres. Les maisons ne sont ni vastes ni en grande quantité ; mais les pirogues qui étaient amarrées le long de la côte étaient innombrables. Elles étaient plus grandes et mieux faites que toutes celles que nous avions vues jusqu'alors ; l'arrière était plus haut, la longueur du bâtiment plus considérable, et les pavillons soutenus par des colonnes. Presqu'à chaque pointe de la côte, il y avait un bâtiment sépulcral ; nous en vîmes aussi plusieurs dans l'intérieur des terres..... Nous n'aperçûmes pas un seul fruit à pain dans ce canton, quoiqu'il soit fertile et cultivé ; les arbres étaient entièrement stériles, et il nous parut que les habitants se nourrissaient principalement de noix assez ressemblantes à une châtaigne, et qu'ils appellent *ahée*.

« Lorsque nous fûmes fatigués de marcher à pied, nous appelâmes la chaloupe. Tituboalo n'était plus avec nous. Nous conjecturâmes qu'il était resté par derrière chez Waheatuad, présumant que nous irions le rejoindre, d'après une promesse qu'il nous avait arrachée ; mais il ne fut pas en notre pouvoir de la remplir.

« Téarée, cependant, et un autre Taïtien s'embarquèrent

avec nous ; nous allâmes jusque vis-à-vis une petite île appelée *Otooraétte* ; il était nuit alors ; nous résolûmes de débarquer, et nos Indiens nous conduisirent dans un endroit où ils dirent que nous pourrions coucher. C'était une maison déserte, près de laquelle il y avait une petite anse où le bateau devait être en sûreté. Nous manquions de provisions, parce que, depuis notre départ, nous en avions trouvé très peu. M. Banks alla tout de suite dans les bois pour voir s'il était possible de nous en procurer. Comme il faisait très sombre, il ne rencontra personne et ne trouva qu'une case inhabitée ; il ne rapporta qu'un fruit à pain, la moitié d'un autre et quelques *ahées*. Nous les joignîmes à un ou deux canards et un à petit nombre de courlis que nous avions ; nous en fîmes notre souper assez abondant, mais désagréable, faute de pain, dont nous avions négligé de nous pourvoir, espérant trouver des fruits à pain. Nous nous logeâmes sous le pavillon d'une pirogue appartenant à Téarée, qui nous accompagnait.

« Le lendemain matin, 28, après avoir fait une autre tentative inutile pour nous procurer des provisions, nous dirigeâmes notre marche autour de la pointe sud-est de l'île, qui n'est couverte par aucun récif, mais ouverte à la mer, et où la côte est formée par le pied des collines. Un récif couvre la côte de la partie la plus méridionale de l'île, et la terre y est très fertile. Nous fîmes cette route, soit à pied, soit dans le bateau. Lorsque nous eûmes parcouru environ trois milles, nous arrivâmes à un endroit où nous aperçûmes plusieurs grandes pirogues et un certain nombre de Taïtiens ; nous fûmes agréablement surpris de voir que nous les connaissions particulièrement. Nous achetâmes, avec beaucoup de difficultés, quelques noix de cocos, et nous rembarquâmes ensuite, emmenant avec nous *Tuahow*, un des Indiens qui, la veille, nous avaient attendus chez Waheatuad, avec Tituboalo, et qui étaient venus nous rejoindre bien avant dans la nuit.

« Lorsque nous fûmes en travers de l'extrémité sud-est de l'île, nous allâmes à terre, par le conseil de notre guide indien, qui nous dit que le pays était riche et fertile. Le chef, nommé Mathiabo, vint bientôt près de nous ; mais il parut ignorer totalement la manière dont nous commercions. Cependant ses sujets nous apportèrent quantité de noix de cocos et environ vingt fruits à pain. Nous achetâmes le fruit à pain très cher, mais le chef nous vendit un cochon pour une bouteille de verre, qu'il préféra à toutes les autres marchandises que nous pouvions lui donner. Il possédait une oie et une dinde que le *Dauphin* avait laissées dans l'île ; ces deux animaux étaient extraordinairement gras et si bien apprivoisés qu'ils suivaient partout les Indiens, qui les aimaient passionnément.

« Nous vîmes dans une grande case de ce voisinage un spectacle tout à fait nouveau pour nous. Il y avait à l'un des bouts une planche en demi-cercle, à laquelle pendaient quinze mâchoires d'hommes ; elles nous semblèrent fraîches et avaient toutes leurs dents. Un coup d'œil si extraordinaire excita fortement notre curiosité ; nous fîmes plusieurs questions ; mais alors nous ne pûmes rien apprendre, le peuple ne voulait pas ou ne pouvait pas nous entendre.

« Quand nous quittâmes cet endroit, le chef Mathiabo demanda la permission de nous accompagner, nous y consentîmes volontiers. Il passa le reste de la journée avec nous et nous fut très utile en nous servant de pilote sur les bas-fonds.

« Sur le soir, nous entrâmes dans la baie du côté nord-ouest de l'île, qui répond à celui du sud-est, de manière que l'isthme partage l'île comme je l'ai déjà observé. Après que nous eûmes côtoyé les deux tiers de cette baie, nous nous décidâmes à aller passer la nuit à terre. Nous vîmes à quelque distance une grande maison, que Mathiabo nous dit appartenir à un de ses amis ; bientôt après plusieurs pirogues vinrent à notre rencontre. Elles semblaient avoir été envoyées pour nous engager à descendre. Comme nous avions déjà résolu de coucher dans cet endroit, leur invitation était presque superflue. Nous trouvâmes que la maison appartenait au chef du district nommé *Wiverou*; il nous reçut amicalement et ordonna à ses gens de nous aider à apprêter les provisions, dont nous avions alors une assez grande quantité. Lorsque notre souper fut prêt, on nous conduisit dans la partie de la maison où Wiverou était assis. Mathiabo soupa avec nous, et Wiverou faisant venir des aliments en même temps, nous fîmes notre repas d'une manière fort gaie. Dès qu'il fut terminé, nous demandâmes où nous coucherions, et on nous montra l'endroit de la maison qui nous était destiné. Nous envoyâmes alors chercher nos manteaux. M. Banks se déshabilla comme à son ordinaire ; mais, songeant à ce qui lui était arrivé à Atahourou, il eut la précaution de faire porter ses habits au bateau, se proposant de se couvrir avec une pièce d'étoffe de Taïti. — Mathiabo, s'apercevant de ce que nous faisions, prétendit qu'il avait aussi besoin d'un manteau ; comme il s'était jusqu'alors très bien comporté à notre égard et qu'il nous avait rendu quelques services, nous ordonnâmes qu'on en apportât un pour lui. Nous nous couchâmes en remarquant que Mathiabo n'était pas avec nous ; nous crûmes qu'il était allé se baigner, comme les Indiens ont la coutume de le faire avant de dormir. A peine avions-nous attendu quelques instants, qu'un Taïtien que nous ne connaissions pas vint dire à M. Banks que Mathiabo et le manteau avaient disparu. Ce chef avait tellement gagné notre confiance, que nous ne crûmes pas d'abord ce rapport ; mais Tuatow, notre Indien, le confirma bientôt, et nous reconnûmes qu'il n'y avait point de temps à perdre. Nous ne pouvions pas espérer de rattraper le voleur sans le secours des Indiens qui étaient autour de nous. M. Banks se leva promptement, leur raconta le délit et les chargea de recouvrer le manteau ; et, afin que sa demande fît plus d'impression, il montra un de ces pistolets de poche qu'il portait toujours avec lui. La vue du pistolet alarma l'assemblée ; et, au lieu de nous aider à poursuivre le voleur, ou à retrouver ce qui avait été pris, les Indiens s'enfuirent en grande précipitation ; nous saisîmes pourtant un d'entre eux qui s'offrit alors à diriger nos pas du côté du voleur.

« Je partis avec M. Banks ; et, quoique nous courussions pendant tout le chemin, la frayeur nous avait déjà précédés, et dix minutes après nous rencontrâmes un homme qui rapportait le manteau que Mathiabo, saisi de crainte, avait abandonné ; nous ne voulûmes pas le poursuivre plus longtemps, et il s'échappa. En revenant, nous trouvâmes entièrement déserte la maison, qui était remplie auparavant de deux ou trois cents personnes. Les Indiens s'apercevant bientôt que Mathiabo seul avait excité notre ressentiment, le chef Wiverou, sa femme et plusieurs autres se rapprochèrent et logèrent dans le même endroit que nous pendant la nuit. Nous étions cependant destinés à une nouvelle scène. Notre sentinelle nous donna l'alarme sur les cinq heures du matin et nous annonça qu'on avait pris le bateau. Elle dit l'avoir vu amarré à son grappin une demi-heure auparavant, mais qu'entendant ensuite le bruit des rames, elle avait regardé s'il y était encore, et ne l'avait pas aperçu. Nous nous levâmes promptement à cette triste nouvelle, et nous courûmes au bord de l'eau. Les étoiles brillaient et la matinée était claire ; la vue s'étendait fort loin ; mais nous ne découvrîmes point de bateau. Nous étions dans une situation capable de justifier les plus terribles craintes ; il faisait calme tout plat, il était impossible de supposer que le bateau s'était détaché de son grappin ; nous avions de fortes raisons d'appréhender que les Indiens ne l'eussent attaqué, et que, profitant du sommeil de nos gens, ils n'eussent réussi dans leur entreprise. Nous n'étions que quatre, nous n'avions qu'un fusil et deux pistolets de poche chargés, mais sans aucune provision de balles ni de poudre. Nous restâmes longtemps dans cet état d'anxiété, nous attendant à tout moment à voir les Indiens fondre sur nous, lorsque le bateau, qui était chassé par la marée, revint. Nous fûmes confus et surpris de n'avoir pas fait attention à cette circonstance.

« Aussitôt nous déjeunâmes et quittâmes bien vite ce canton, de peur qu'il ne nous arrivât quelque accident. Il est situé au côté septentrional de Tiarrabou, péninsule sud-ouest de Taïti, à environ cinq milles du sud-est de l'isthme ; on y trouve un havre grand et commode et aussi bon qu'aucun autre qui soit dans l'île ; la terre, dans les environs, est très riche en production. Quoique nous eussions eu peu de communications avec ce district, les habitants nous reçurent partout amicalement ; il est généralement fertile et peuplé, et, autant que nous en pûmes juger, dans un état plus florissant qu'Opoureonu, quoiqu'il n'ait pas plus du quart de son étendue.

« Nous débarquâmes ensuite dans le dernier district de Tiarrabou, qui était gouverné par un chef nommé *Omoë*.

« Omoë bâtissait une maison ; il avait très grande envie de se procurer une hache, qu'il aurait achetée volontiers au prix de tout ce qu'il possédait. Malheureusement pour lui et pour nous, nous n'en avions pas une dans le bateau. Nous lui offrîmes de commercer avec des clous, mais il ne voulut rien nous donner en échange de cette marchandise. Nous nous rembarquâmes.

« Cependant le chef, n'abandonnant pas tout espoir d'obtenir de nous quelque chose qui pût lui être utile, nous suivit dans une pirogue avec sa femme Whauno-Ouda. Quelque temps après, nous les prîmes dans notre bateau, et, lorsque nous eûmes vogué l'espace d'une lieue, ils demandèrent que nous les missions à terre. Nous les satisfîmes sur-le-champ, et nous rencontrâmes quelques-uns de leurs sujets qui apportaient un très gros cochon. Nous étions aussi empressés d'avoir cet animal qu'Omoë le paraissait d'acquérir la hache, et certainement il valait bien la meilleure de celles que nous avions dans le vaisseau. Nous trouvâmes un expédient. Nous dîmes au Taïtien que, s'il voulait amener son cochon au fort, à Matavaï, nom indien de la baie de Port-Royal, nous lui donnerions une grande hache, et par-dessus le marché un clou pour sa peine. Après avoir délibéré avec sa femme sur cette proposition, il y consentit et nous remit une pièce d'étoffe du pays pour gage qu'il satisferait à la convention, ce qu'il ne fit pourtant pas.

« Nous vîmes à cet endroit une curiosité singulière ; c'était la figure d'un homme grossièrement faite en osier, mais qui n'était point mal dessinée ; elle avait plus de sept pieds de haut et était trop grosse d'après cette proportion. La carcasse était entièrement couverte de plumes blanches, dans les parties où ils laissent à leur peau sa couleur naturelle, et noires dans celles où ils ont coutume de se peindre ; on avait formé des espèces de cheveux sur la tête, et quatre protubérances, trois au front et une par derrière, que nous aurions nommées des cornes, mais que les Indiens décoraient du nom de Tate-Eté, petits hommes. Cette figure s'appelait *Manioë*, et on nous dit qu'elle était seule de son espèce à Taïti. On entreprit de nous expliquer à quoi elle servait et quel avait été leur but en la faisant, mais nous ne connaissions pas assez la langue pour bien comprendre. Nous apprîmes dans la suite que c'était une représentation de Mauwe, un des Eatuas, ou dieux de la seconde classe.

« Après avoir arrangé nos affaires avec Omaë, nous nous mîmes en marche pour retourner au fort, et nous atteignîmes bientôt Opoureonu, la péninsule nord-ouest. Nous parcourûmes encore quelques milles et nous allâmes à terre. Nous n'y vîmes rien digne de remarque, si ce n'est un lieu de dépôt pour les morts, singulièrement décoré. Le pavé était extrêmement propre, et on y avait élevé une pyramide d'environ cinq pieds de haut, entièrement couverte de fruits de deux plantes qui sont particulières à Taïti. Il y avait près de la pyramide une petite figure de pierre grossièrement travaillée ; c'est le seul exemple de sculpture en pierre que nous ayons aperçu chez ces peuples; les Indiens paraissaient y mettre un grand prix, car ils l'avaient revêtue d'un hangar fait exprès pour la mettre à l'abri des injures du temps.

«Notre bateau passa dans le seul havre qui soit propre pour un mouillage sur la côte méridionale d'Opoureonu. Il est situé à environ cinq milles à l'ouest de l'isthme, entre deux petites îles qui gisent près d'un rivage et qui sont éloignées l'une de l'autre à peu près d'un mille ; le fond y est bon par onze ou douze brasses d'eau.

Nous étions près du district appelé *Papara*, qui appartenait à Oamo et Oberea, nos amis, et nous nous proposions d'y coucher. Lorsque nous allâmes à terre, une heure avant la nuit, ils étaient absents; ils avaient quitté leur habitation pour aller nous rendre visite au fort. Nous ne changeâmes pas pour cela de projet; nous choisîmes pour logis la maison d'Oberea, qui, quoique petite, était très propre et très commode. Il n'y avait d'autre habitant que son père, qui nous reçut de manière à nous faire penser que nous étions les bienvenus...

« Le lendemain au soir, nous arrivâmes à Atahourou, lieu de résidence de Toutahah, notre ami, où l'on avait volé nos habits dans la circonstance que nous avons racontée. Il parut comme nous avoir oublié cette aventure. Les Indiens nous reçurent avec beaucoup de plaisir, nous donnèrent un bon souper, et nous offrirent un logis où nous ne perdîmes rien cette fois.

« Le premier juillet, nous retournâmes au fort, à Matavaï, après avoir fait tout le tour de l'île, qui a environ trente lieues, en y comprenant les deux péninsules. Nous nous plaignîmes lors de manquer de fruit à pain. Les Indiens nous assurèrent que la récolte de la dernière saison était presque épuisée et que les fruits que nous avions vus sur les arbres ne seraient pas mangeables avant trois mois ; ce qui nous fit concevoir pourquoi nous en avions trouvé si peu dans notre voyage. »

XI

Les Déserteurs

Cook, qui, depuis son arrivée à Taïti, avait usé de beaucoup de ménagements à l'égard des Indiens et observé avec beaucoup de vigilance la conduite de ses matelots à leur égard, espérait bien pouvoir quitter l'île sans faire ou recevoir aucune grave offense ; mais par malheur il en arriva autrement. Deux matelots étrangers étaient sortis du fort avec sa permission, on vola le couteau de l'un d'eux. Pour tâcher de le recouvrer, il employa probablement des moyens violents. Les Indiens l'attaquèrent et le blessèrent dangereusement d'un coup de pierre. Après avoir fait une autre blessure légère à la tête de son compagnon, ils s'enfuirent dans les montagnes. Comme le capitaine aurait été fâché de prendre aucune connaissance ultérieure de l'affaire, il vit sans regret que les coupables s'étaient échappés ; mais il fut bientôt après enveloppé, bien malgré lui, dans une querelle qu'il n'était pas possible d'éviter.

Clément Webb et Samuel Gibson, deux jeunes soldats de marine, désertèrent le fort au milieu de la nuit du 8 au 9 juillet, et leur absence fut constatée le matin. Comme on avait publié que chacun devait venir à bord le lendemain et que le vaisseau mettrait à la voile pour le départ ce jour ou le suivant, Cook commença à craindre que les absents n'eussent dessein de rester dans l'île. Il voyait qu'il n'était pas possible de prendre des mesures efficaces pour les retrouver, sans troubler la bonne harmonie et la bonne intelligence qui régnaient entre les Taïtiens ; il résolut donc d'attendre patiemment leur retour pendant une journée.

Le 10, au matin, voyant à son grand regret que les deux soldats de marine ne revenaient pas, on en demanda des nouvelles aux Indiens, qui avouèrent franchement qu'ils avaient l'intention de ne pas retourner à bord, et s'étaient réfugiés dans les montagnes, où il serait bien difficile de les trouver. — Cook pria les naturels de l'aider dans les recherches qu'il allait entreprendre, et, après avoir délibéré pendant quelque temps, deux d'entre eux s'offrirent à servir de guides à ceux qui furent envoyés après les déserteurs. On savait qu'ils étaient sans armes, Cook crut que deux hommes seraient suffisants pour les ramener ; il chargea de cette commission un bas officier et le caporal des soldats de marine, qui partirent avec leurs conducteurs. Il était très important d'arrêter ces deux déserteurs, et l'on n'avait point de temps à perdre. D'ailleurs les Taïtiens donnaient des doutes sur leur retour en disant qu'ils étaient devenus habitants du pays.

Le capitaine fit signifier à plusieurs des chefs qui étaient au fort avec leurs femmes, et entre autres, à Toubouraï-Tamaïdé, Tomio et Obéréa, qu'il ne leur permettrait pas de s'en aller tant que les déserteurs ne seraient pas revenus. Cette précaution était d'autant plus nécessaire que, si les Indiens avaient caché les deux hommes pendant quelques jours, il aurait été forcé de partir sans les ramener.

Cook fut charmé de voir que cet ordre n'inspira aux chefs ni crainte ni mécontement ; ils lui protestèrent que ses gens seraient mis en sûreté et renvoyés le plus tôt possible.

Tandis que ceci se passait au fort, M. Hiks fut envoyé dans la pinasse pour conduire Toutahah à bord du vaisseau, et il exécuta sa commission sans que le chef ni ses sujets en fussent alarmés. Si les Indiens qui servaient de guides étaient fidèles à leur parole et voulaient faire diligence, tout faisait supposer qu'ils ramèneraient les déserteurs avant le soir.

Les craintes du capitaine augmentèrent en voyant cet espoir trompé, et, à l'approche de la nuit, il pensa qu'il n'était pas sûr de laisser au fort les chefs taïtiens qu'il détenait comme otages ; en conséquence, il fit mener au vaisseau Tabouraï-Tamaïdé, Obéréa et quelques autres. Cette démarche répandit une consternation générale. Lorsqu'on embarqua les Indiens dans le bateau, plusieurs d'entre eux parurent fort émus et témoignèrent leur appréhension par des larmes. Cook les accompagna lui-même à bord, et M. Banks resta au fort avec quelques autres Taïtiens de trop peu d'importance pour chercher à s'en assurer autrement.

Quelques Indiens ramenèrent Webb sur les neuf heures et déclarèrent qu'ils détiendraient Gibson, le bas officier, le caporal, jusqu'à ce que Toutahah fût mis en liberté. Ils employaient contre les Anglais le moyen que l'on avait pris contre eux-mêmes ; mais Cook était allé trop loin pour reculer. Il dépêcha sur-le-champ M. Hiks dans la chaloupe avec un fort détachement de soldats pour enlever les prisonniers, et il dit à Toutahah qu'il devait envoyer avec eux quelques-uns de ses Taïtiens, leur ordonner d'aider M. Hiks dans son entreprise, et enfin demander en son nom le relâchement des gens de son équipage, qu'autrement sa personne royale en répondrait. Toutahah consentit à tout volontiers ; M. Hiks reprit les hommes sans la moindre opposition, et sur les sept heures du matin du onze, il les ramena au vaisseau. Il ne put pourtant pas se faire rendre tout de suite les armes qu'on avait prises au bas officier et au caporal ; mais une demi-heure après on les rapporta au vaisseau, et les chefs alors furent rendus à la liberté.

Lorsque Cook questionna le bas officier sur ce qui était arrivé à terre, il lui répondit que les Indiens qui l'accompagnaient, ainsi que ceux qu'il rencontrait dans son chemin, n'avaient rien voulu lui dire sur la retraite des déserteurs ; qu'au contraire, ils l'avaient troublé dans ses recherches et avaient essayé de le lancer sur une fausse piste ; qu'en s'en revenant au vaisseau pour y prendre des ordres ultérieurs, ils avaient été saisis tout à coup par des hommes armés, qui, apprenant la détention de Toutahah, s'étaient cachés dans un bois pour exécuter ce projet; qu'enfin ils avaient été attaqués dans un moment défavorable ; que les naturels leur avaient arraché les armes des mains en déclarant qu'ils seraient détenus en prison jusqu'à ce que leur chef fût mis en liberté. Il ajouta pourtant que le sentiment des Indiens n'avait pas été unanime sur cette violence ; quelques-uns voulaient qu'on les relâchât, et d'autres qu'on les retînt; que la dispute s'étant échauffée, ils en étaient venus des paroles aux coups, et qu'enfin le parti opinant pour la détention avait prévalu. Il dit encore que Webb et Gibson furent bientôt après ramenés par un détachement des naturels du pays, et qu'on les constitua prisonniers pour servir de nouveaux otages à la personne du chef ; qu'après quelques débats ils se décidèrent à renvoyer Webb pour informer le capitaine de leur résolution, lui assurer que ses compagnons étaient sains et saufs, et lui indiquer un endroit où il pourrait faire parvenir sa réponse. — On voit par là que, quelque fâcheuse que fût la détention des chefs, on n'eût jamais rendu les matelots émancipés sans cette précaution.

X

L'Endeavour quitte Taïti

Le jour fixé pour le départ de *l'Endeavour* était arrivé. Le principal objet du voyage avait été atteint. De trois observatoires différents, le 3 juin, on avait pu suivre exactement le passage de Vénus; le reste du temps avait été employé à étudier l'île, ses habitants et ses produits. Le 13 juillet, entre onze heures et midi, Cook donna l'ordre de lever l'ancre; et aussitôt que le vaisseau fut sous voiles, les naturels du pays, qui étaient accourus dans un grand nombre de pirogues, prirent congé des Anglais, versèrent des larmes, pénétrés qu'ils étaient d'une tristesse modeste et silencieuse, qui avait quelque chose de tendre et de très intéressant. Tupia, dont nous avons parlé plusieurs fois dans ce récit, avait pressé Cook de lui permettre de faire voyage avec lui sur son vaisseau. — Le capitaine ne fit aucune difficulté d'y consentir. Plusieurs raisons l'y poussaient. Tupia pouvait apprendre le taïtien aux Anglais, apprendre l'anglais à son tour, et plus tard servir d'interprète entre les naturels et les Européens.— Tupia s'était donc embarqué accompagné d'un jeune homme de treize ans qui lui servait de domestique. Il fit ses adieux à ses compatriotes et soutint les leurs avec une fermeté et une tranquillité admirables. Il est vrai qu'il pleurait, mais les efforts qu'il fit pour cacher ses larmes faisaient encore plus d'honneur à son caractère. Il envoya quelques présents aux amis qu'il quittait; il alla ensuite sur la grande hune avec M. Banks, et il fit des signes aux pirogues tant qu'il continua à les voir.

— « C'est ainsi, dit Cook, que nous quittâmes l'île de Taïti et ses habitants, après un séjour de trois mois ; nous vécûmes pendant la plus grande partie de ce temps dans l'amitié la plus parfaite, et nous nous rendîmes réciproquement toutes sortes de bons offices. Les petits différends qui survinrent ne firent pas plus de peine aux Indiens qu'à nous-mêmes ; ces disputes étaient toujours une suite de la situation et des circonstances où nous nous trouvions, des faiblesses de la nature humaine, de l'impossibilité de nous entendre mutuellement et enfin du penchant des Taïtiens au vol, que nous ne pouvions ni tolérer ni prévenir. Excepté dans un seul cas, ces brouilleries n'entraînèrent point pourtant de conséquences fatales, et c'est à cet accident que sont dues les mesures que j'employai pour en prévenir d'autres pareilles qui pouvaient arriver dans la suite. J'espérais profiter de l'impression qu'aurait faite sur les Indiens la mort de ceux qui avaient péri dans leurs démêlés avec *le Dauphin*, et je comptais pouvoir séjourner dans l'île sans y répandre de sang. Tel a été le but de toutes mes démarches pendant tout le temps que j'y ai demeuré, et je désire sincèrement que les navigateurs qui y aborderont à l'avenir soient encore plus heureux. »

Papéeti (p. 147)

SECOND VOYAGE

I

La Resolution et *l'Aventure*

Indépendamment de l'observation du passage de Vénus sous le soleil, Cook, pendant son premier voyage, avait parcouru plusieurs des latitudes où l'on soupçonnait l'existence d'un continent austral. Il ne croyait pas, lui, à ce continent, et il avait démontré jusqu'à l'évidence que ni la Nouvelle-Zélande, ni la Nouvelle-Hollande n'en faisaient partie ; mais lord Sandwich, alors à la tête de l'amirauté, désirait particulièrement qu'on fît une expédition pour faire cesser l'incertitude où l'on était, et les travaux de Cook le désignèrent comme l'homme le plus capable de diriger une telle entreprise. Cook saisit avec empressement cette occasion de recommencer une carrière qu'il avait parcourue avec tant de gloire. Il fut chargé de diriger tous les préparatifs de l'expédition. *L'Endeavour*, dans son premier voyage, ayant tenu toutes les espérances qu'il en avait conçues, il fut décidé qu'on achèterait deux vaisseaux construits sur son modèle; car on lui donnait deux vaisseaux, vu l'importance qu'on attachait à sa mission, et eu égard au grade supérieur qu'il avait reçu en récompense de ses services, dès son retour en Angleterre. Les deux vaisseaux choisis étaient à la mer depuis quinze mois, mais ils venaient des mêmes chantiers que l'*Endeavour*, et convenaient aussi parfaitement au voyage que si on les eût construits exprès. Le plus grand, de quatre cent soixante-deux tonneaux, fut nommé *la Resolution*, et le second, de trois cent soixante-six, fut nommé *l'Aventure*. Cook prit le commandement de *la Resolution*, le capitaine Furneaux, qui avait été le lieutenant de Wallis, eut le commandement de *l'Aventure*. L'équipage, choisi avec le plus grand soin, était pour l'un de cent douze hommes, dont quatre officiers, et pour l'autre, de soixante-dix-neuf hommes et trois officiers. Plusieurs des officiers et des matelots avaient fait le premier voyage avec Cook, et tous avaient les connaissances et le courage exigés pour une si mémorable entreprise.

Cook reçut à Plymouth ses dernières instructions. Il avait pour mission de faire le tour du globe dans les hautes latitudes sud, explorant chaque partie de l'océan Pacifique pour pouvoir résoudre la question contreversée du continent sud, et de découvrir toutes les parties de l'hémisphère austral, que ses courageux efforts lui permettraient de visiter.

En transmettant un ordre au capitaine Furneaux, Cook lui indiquait plusieurs points où ils se rencontreraient si les vaisseaux étaient forcés de se séparer. Une dernière visite de lord Sandwich et de Hugh Palliser, le premier et le plus constant protecteur de Cook, ayant prouvé que l'armement et l'équipement des deux vaisseaux ne laissaient rien à désirer, *la Resolution* et *l'Aventure* mirent à la voile le 13 juillet 1772. Il y avait trois ans, jour pour jour, que *l'Endeavour* avait remis à la voile pour s'éloigner de Taïti. — On voit que Cook n'était pas superstitieux et ne craignait pas la fatale influence des 13.

Nous n'avons pas pour but de le suivre dans tous le cours de ses voyages. Nous nous hâterons d'arriver de nouveau avec lui dans l'île qui fait le sujet de ce livre.

II

Arrivée des vaisseaux dans la presqu'île sud-est. — Dangers qu'ils courent.

Plus d'un an s'était écoulé depuis le départ d'Angleterre ; on était au 15 août 1773, lorsque, sur le matin, l'équipage de *la Resolution* aperçut l'île d'Osnabruks ou *Maïtëa*, découverte par le capitaine Wallis. Aussitôt Cook ordonna de mettre en panne, et attendit que *l'Aventure* fût arrivée près de lui pour avertir le capitaine Furneaux qu'il voulait relâcher dans la baie *Otaïti-Piha,* près de l'extrémité sud-est de Taïti, afin de tirer de cette partie de l'île le plus de rafraîchissements qu'il serait possible, avant d'aller à Matavaï. Après s'être concertés, les deux capitaines firent voile, et à six heures du soir ils virent l'île cherchée.

Les montagnes de ce pays désiré sortaient du milieu des nuages dorés par le coucher du soleil. Tout le monde, excepté un ou deux matelots qui ne pouvaient pas marcher, se rendit avec empressement sur le gaillard d'avant pour contempler cette terre sur laquelle ils fondaient tant d'espérances, et qui enchante tous les navigateurs qui y ont abordé.

Les matelots passèrent une nuit heureuse dans l'attente

du matin, résolus d'oublier les fatigues et l'inclémence du climat austral qu'ils venaient de parcourir. La tristesse qui s'était emparée de plusieurs d'entre eux pendant leur longue navigation se dissipait. L'image de la maladie et de la mort qui avait saisi plusieurs ne les épouvantait plus.

Après avoir mis en panne jusqu'à quatre heures du matin, on fit voile du côté de la terre avec une belle brise de l'est. — A la pointe du jour, les heureux arrivants jouirent d'une de ces belles matinées que les poètes de toutes les nations ont essayé de peindre.

Un léger souffle de vent apportait de la terre un parfum délicieux et ridait la surface des eaux. Les montagnes, couvertes de forêts, élevaient leurs têtes majestueuses, sur lesquelles on apercevait déjà la lumière du soleil naissant. Très près du rivage, on voyait une allée de collines, d'une pente plus douce, mais boisées comme les premières, agréablement entremêlées de teintes vertes et brunes ; au pied, une plaine parée de fertiles arbres à pain, et par derrière d'une quantité innombrable de palmiers qui présidaient à ces bocages ravissants. Tout semblait dormir encore ; l'aurore ne faisait que poindre, et une obscurité paisible enveloppait le paysage. On distinguait cependant des maisons parmi les arbres et des pirogues sur la côte. A un demi-mille du rivage, les vagues mugissaient contre un banc de rochers de niveau avec la mer, et rien n'égalait la tranquillité des flots dans l'intérieur du havre. L'astre du jour commençait à éclairer la plaine ; les insulaires se levaient, et animaient peu à peu cette scène charmante. A la vue des vaisseaux, plusieurs se hâtèrent de lancer leurs pirogues et ramèrent près des arrivants qui avaient tant de joie à les contempler. Ils ne pensaient guère qu'ils allaient courir le plus grand danger et que la destruction menacerait bientôt les vaisseaux et les équipages sur cette rive fortunée.

On ne se trouvait pas à plus d'une demi-lieue du récif. La brise commença à tomber et le calme se fit. Il fallut mettre les chaloupes en mer afin de remorquer les vaisseaux au large ; mais tous les efforts ne purent pas les empêcher d'être portés près du récif.

Cependant les pirogues s'approchaient. L'une d'elles arriva au côté de *la Resolution :* elle était montée par deux hommes presque nus, qui avaient une espèce de turban sur la tête et une ceinture autour des reins. Ils agitaient une large feuille verte, en poussant des acclamations multipliées de *Tayo ! Tayo !* — Sans connaître leur langue, l'équipage prit ces acclamations pour des expressions d'amitié. On jeta à ces insulaires un présent de clous, de verroteries et de médailles, et ils offrirent en retour une grande tige de plantain. C'était un symbole de paix qu'ils firent exposer dans la partie la plus visible du vaisseau. On le mit en effet sur les haubans du grand mât, et alors les deux ambassadeurs retournèrent à l'instant vers la terre. Bientôt le rivage fut garni d'une foule de peuple qui regardait les vaisseaux, tandis que d'autres, apercevant le signe de paix, montaient leurs pirogues et les chargeaient des différentes productions du pays.

En moins d'une heure, *la Resolution* et *l'Aventure* furent environnées de cent canots portant chacun une, deux et quelquefois trois personnes, qui montraient une parfaite confiance et qui n'avaient aucune arme. Le son amical de *Tayo* retentissait de toutes parts, et les matelots le répétaient de bon cœur et avec un extrême plaisir. On acheta des noix de cocos, des plantains, des fruits à pain et d'autres végétaux ;

du poisson, des pièces d'étoffe, des hameçons, des haches de pierre, etc. etc. Les pirogues, remplissant l'intervalle qui se trouvait entre les bâtiments et la côte, présentaient le tableau d'une espèce de foire inconnue en Europe.

Et cependant les vaisseaux n'étaient pas hors de danger. On détacha une chaloupe en avant pour sonder le récif. Quelques matelots, descendus à terre, furent bientôt environnés de naturels du pays. Entendant des cris de cochons, ils demandèrent à en acheter, mais on répondit à toutes leurs instances que ces animaux appartenaient à l'*arée* ou roi, et qu'on ne pouvait pas les vendre.

La plupart des insulaires qui montèrent à bord reconnurent le capitaine et tous ceux qui avaient fait le premier voyage avec lui. Plusieurs lui demandèrent des nouvelles de M. Banks; mais aucun d'eux ne parla de Tupia, leur compatriote embarqué.

Hélas! on ne pouvait leur en donner que la plus désolante nouvelle. — Il était mort à Batavia, avant d'avoir pu mettre le pied sur le sol d'Angleterre. Son jeune compagnon, Taïëte, qu'il aimait comme un fils, l'avait précédé dans la tombe.

Comme le calme continuait, la position des navires devenait de plus en plus dangereuse. On n'était pas cependant sans espérance de doubler la pointe occidentale du récif, et de gagner la baie. A deux heures de l'après-midi, on arriva en face d'une ouverture en brisant dans le récif, à travers lequel Cook comptait faire passer les vaisseaux. Mais on l'examina, et il n'y avait pas assez d'eau, quoique le flot s'y portât en abondance, ce qui manqua d'être funeste à *la Resolution*; car, dès que les bâtiments entrèrent dans le courant, ils furent jetés avec impétuosité sur le récif. Les horreurs du naufrage s'offrirent alors aux yeux de tous. *La Resolution* n'était pas à plus de deux encâblures des brisants, et, ne pouvant point trouver de fond pour mouiller, il n'y avait aucun moyen probable de la sauver. On jeta cependant une ancre ; mais, avant qu'elle eût pris fond, le vaisseau n'avait pas trois brasses d'eau, et il touchait à chaque chute de mer qui brisait en houle terrible au-dessous de la poupe, menaçant à chaque instant de s'engloutir avec l'équipage dans les vagues. Heureusement *l'Aventure* vint se placer à l'avant de *la Resolution* sans se briser, et, avec son aide, on parvint à remettre à flot le navire en danger.

On resta quelque temps dans la plus grande anxiété, attendant toujours à voir les ancres se détacher ou les hansières mises en pièces par les rochers. Enfin, la marée cessa de porter dans la même direction. Toutes les chaloupes travaillèrent à l'instant à remorquer *la Resolution* au large. Un souffle de vent s'éleva de terre au même moment, ce qui aida les chaloupes, et *la Résolution* fut enfin hors de danger.

L'Aventure avait couru moins de risques, mais n'était pas à l'abri néammoins. Cook envoya toutes ses chaloupes alors pour lui venir en aide ; mais elle était déjà sous voiles avec la brise de terre, et elle rejoignit bientôt.

Les deux vaisseaux se retrouvèrent en pleine mer, après avoir couru un péril sérieux de naufrage sur cette même île qu'ils désiraient avec tant d'ardeur revoir. Par bonheur, le calme qui les avait mis dans cette situation dangereuse continual; car, si la brise de mer eût soufflé comme à l'ordinaire, *la Resolution* périssait inévitablement, et, suivant toute apparence, *l'Aventure* aurait eu le même sort.

III

Les draps de l'officier. — Nageurs modèles.

La nuit qui suivit fut orageuse et pluvieuse. On la passa à faire des bordées. Pendant toute cette nuit, les dangereux récifs furent éclairés par les flambeaux des pêcheurs. L'un des officiers de *la Resolution*, en allant se coucher, trouva son lit sans draps. Il en éprouva d'abord une sensation désagréable, puis tout à coup il fut pris d'un accès de gaieté, car il venait de se rendre compte de l'absence des draps qui lui manquaient.

Voici ce qui était arrivé.

Tandis que *la Resolution* était près du bord, une pirogue, plus grande que celles qui l'entouraient depuis son arrivée, amena un homme de plus de six pieds et trois femmes. L'insulaire, qui apprit de suite aux Anglais qu'il s'appelait *O-Taï*, semblait être un personnage de quelque importance dans cette partie de l'île. Il monta sur le gaillard d'arrière, pensant probablement qu'une place où s'asseyaient les chefs lui convenait. Il était beaucoup plus beau que les autres naturels, et son teint ressemblait à celui des métis des îles d'Amérique. Ses traits étaient réellement agréables et réguliers ; il avait le front élevé, des sourcils arqués, de grands yeux noirs et étincelants, et un nez bien fait. Une douceur particulière se montrait autour de sa bouche : ses lèvres étaient proéminentes, mais non pas démesurément larges ; sa barbe noire et bien frisée ; ses cheveux, très noirs, tombaient en grosses boucles sur ses épaules. Il était seulement un peu trop gros, et ses pieds, trop larges, détruisaient l'ensemble d'harmonie du reste de son corps.

Des trois femmes, l'une était son épouse, et les deux autres ses sœurs. Les deux plus jeunes eurent beaucoup de plaisir à apprendre aux Anglais à les appeler par leurs noms, qui étaient assez harmonieux. L'une portait celui de Maroya, et l'autre celui de Maroraï. Elles étaient beaucoup plus petites que leur frère O-Taï; mais elles avaient la figure la plus gracieuse, et un sourire charmant animait leur visage.

Elles semblaient n'avoir jamais vu de vaisseaux, et tous les objets excitaient leur admiration. Elles ne se contentèrent pas de regarder les ponts; elles descendirent dans les chambres des officiers, et elles en examinèrent les plus petits détails avec attention. Maroraï prit fantaisie d'une paire de draps qu'elle aperçut sur un des lits, et fit différentes tentatives inutiles pour les obtenir de l'officier qui les accompagnait.... Ce fût à ce moment que le vaisseau toucha. Tandis que l'officier s'empressait de remonter sur le pont, la jeune Indienne s'empara des draps qui lui faisaient envie... Elle mit tant d'adresse à commettre ce vol que personne ne s'en aperçut, quoiqu'elle fût restée quelque temps sur le pont... C'était le plaisir de se voir si adroitement dupé par cette enfant, qui lui avait paru naïve, qui excitait la joie de l'officier, et le lecteur qui se rappelle la propension naturelle des Taïtiens au vol, ne sera pas trop rigoureux pour la coupable et partagera la gaieté du volé.

Dans l'après-midi, Cook débarqua avec le capitaine Furneaux afin d'examiner l'aiguade et de sonder les dispositions des Taïtiens. Il ne restait presque plus d'eau à bord, et une chaloupe alla tout de suite en remplir quelques futailles...

Durant cette petite expédition, les ponts des deux navires

furent remplis de Taïtiens, et les matelots eurent une magnifique occasion d'admirer cette habileté à la nage que nous avons signalée déjà.

Un des officiers placés sur le gaillard d'arrière, voulant donner des grains de verre à un enfant de six ans, qui était sur une pirogue les laissa, par mégarde, tomber dans la mer. L'enfant se précipita au même instant à l'eau, et il plongea jusqu'à ce qu'il les eût rapportés du fond. Afin de récompenser son adresse, on lui jeta d'autres bagatelles dans la mer, et cette générosité tenta une foule d'hommes et d'enfants qui se jetèrent à la mer pour s'en emparer, et qui amusèrent vivement l'équipage par des tours surprenants d'agilité au milieu des flots. Non seulement ils repêchaient les grains de verre répandus par les marins sur les vagues, mais même de grands clous, qui par leur poids descendaient promptement à une profondeur considérable. Quelques-uns restaient longtemps sous l'eau, et rien n'égalait la prestesse avec laquelle ils plongeaient. Les ablutions fréquentes de ce peuple rendaient l'art de nager familier dès la plus tendre enfance. A voir leur position aisée dans l'eau, et la souplesse de leurs membres, on pouvait presque les regarder comme des animaux amphibies.

IV

Une course dans la campagne taïtienne.

Le capitaine et plusieurs de ses gens étant débarqués, allaient se promenant au hasard le long de la côte de l'est. Une quantité innombrable de naturels les suivaient, qui voulurent absolument les porter sur les épaules, lorsqu'il fallut passer un ruisseau qui roulait ses eaux claires devant eux. — Les insulaires les laissèrent ensuite sous la garde d'un seul homme, qui les mena à une pointe de terre en friche, où croissaient en abondance, parmi des buissons, différentes espèces de plantes. En sortant du milieu de ces buissons, ils aperçurent un bâtiment de pierres qui avait la forme d'une pyramide tronquée ; la base était d'environ dix verges au front ; tout l'édifice consistait en plusieurs terrasses ou escaliers placés les uns au-dessus des autres, tombant en ruines et couverts d'arbres et d'arbrisseaux, surtout dans la partie de derrière. Le Taïtien qui les conduisait leur apprit que c'était le cimetière de Waheatua, le roi de Tiarrabou. Tout autour étaient placées quinze perches minces, d'environ dix-huit pieds de long, sur lesquelles on voyait sculptées six ou huit figures qui allaient toujours en diminuant. Il y avait alternativement des figures mâles et femelles ; mais celles d'en haut étaient toujours mâles. Toutes ces figures faisaient face à la mer et ressemblaient parfaitement à celles qui sont sculptées à l'arrière des pirogues et que les Taïtiens appellent *E-Tée*. Au delà du Moraï, ils découvrirent un toit soutenu par quatre poteaux, devant lequel, sur un treillage de bâtons, étaient placées des bananes et des noix de cocos pour le dieu. Ils s'assirent à l'ombre de ce toit, afin de s'y reposer ; et leur guide, les voyant très fatigués, prit plusieurs des bananes, qu'il leur offrit, en les assurant qu'elles étaient bonnes à manger. Ils les trouvèrent délicieuses, et ils partagèrent sans scrupule ces mets destinés aux dieux.

Ayant commencé leur promenade de grand matin, Cook et ses compagnons contemplaient avec ravissement la scène charmante qui s'offrait à leurs yeux. Le havre où mouillaient les vaisseaux était très petit, et il ne pouvait pas contenir d'autres navires. L'eau y était aussi unie qu'un miroir, tandis qu'en dehors du récif la mer jetait une écume blanche. La plaine, au pied des collines, resserrée en cet endroit, présentait l'image de la fertilité, de l'abondance et du bonheur : elle se partageait entre les collines et formait une longue vallée étroite, couverte de plantations entremêlées de maisons. Les pentes des collines, revêtues de bois, se coupaient les unes les autres des deux côtés ; et derrière la vallée on apercevait les montagnes de l'intérieur du pays, séparées en différents pics ; entre autres, une pointe remarquable, dont le sommet, courbé d'une manière effrayante, semblait à chaque instant sur le point de tomber. La sérénité du ciel, la douceur de l'air et la beauté du paysage, tout enchantait l'imagination et inspirait la joie au cœur.

Marchant toujours plus avant, les promeneurs pénétrèrent au milieu de terres cultivées. Ces plantations répondaient parfaitement à l'attente qu'ils s'étaient formée d'un pays que M. de Bougainville, qui l'avait visité avant eux, avait comparé à l'Elysée. Entrant au milieu d'un bosquet d'arbres à pain, sur la plupart desquels ils ne virent pas de fruits, à cause de la saison, ils suivirent un sentier propre, mais serré qui les conduisit à plusieurs habitations à demi cachées dans des arbrisseaux. Les grands palmiers s'élevaient au-dessus des autres arbres, les bananiers déployaient leur large feuillage, et l'on apercevait çà et là quelques bananes bonnes à manger. D'autres arbres, couverts de branches d'un vert sombre, portaient des pommes d'or, qui, par le jus et la saveur, ressemblaient à l'ananas. Les espaces intermédiaires étaient remplis de petits mûriers dont les insulaires emploient l'écorce à fabriquer des étoffes de différentes espèces, d'arum ou d'eddies, d'ignames, de cannes à sucre, etc.

Les cabanes des naturels, placées à l'ombre des arbres fruitiers, étaient peu éloignées les unes des autres et entourées d'arbrisseaux odorants, tels que le gardenia, la guettarda, et le colaphyllum. — Les Anglais ne furent pas moins charmés de la simplicité élégante de leur structure que de la beauté naturelle des bocages qui les environnaient. Les longues feuilles du pantang ou palmier servaient de couvertures à ces édifices, soutenus par des colonnes d'arbre à pain, qui est ainsi utile à plus d'un égard.... Ils observèrent devant chaque hutte des groupes d'habitants couchés ou assis, comme les orientaux, sur un vert gazon ou sur de l'herbe sèche, et passant ainsi des heures fortunées dans la conversation ou dans le repos. Les uns se levaient à leur approche; mais le plus grand nombre, et surtout ceux d'un âge mûr, restant dans la même attitude, se contentaient de prononcer *Tayo!* lorsqu'ils passaient près d'eux.

De petits oiseaux remplissaient les bocages d'arbres à pain, et leur chant était très agréable, quoiqu'on dise communément en Europe que les oiseaux des climats chauds sont privés du talent de l'harmonie. De très petits perroquets, d'un joli bleu de saphir, habitaient la cime des cocotiers les plus élevés, tandis que d'autres, d'une couleur verdâtre et tachetés de rouge, se montraient plus ordinairement parmi les bananes et souvent dans les habitations des naturels, qui les apprivoisent et font grand cas de leurs plumes rouges.... Un beau ruisseau qui roulait ses ondes argentées sur un lit de cailloux descendait d'une vallée étroite, et, à son embouchure dans la mer, offrait ses eaux aux gens de l'équipage, qui étaient à terre pour remplir les futailles. En remontant le courant, on rencontra une grosse troupe de Taïtiens qui suivaient trois hommes revêtus de différentes étoffes jaunes et rouges, avec de joli turbans des mêmes couleurs. Chacun d'eux portait à la main un long bâton, ou une baguette, et le premier était accompagné d'une femme qui était son épouse. Cook demanda qui ils étaient, et on lui répondit que c'étaient les *Te-Aponnées;* mais, remarquant que le capitaine n'entendait pas assez leur langue pour comprendre ce terme, les naturels ajoutèrent que c'étaient des *Tata-no-T'Eatoa*, c'est-à-dire des ministres de Dieu et du moraï ou du temple.

*
* *

Après cette course du matin, les Anglais revinrent dîner à bord ; et l'après-midi ils allèrent faire une seconde promenade aux environs de l'aiguade. Ils prirent un chemin différent de celui du matin et trouvèrent de nouvelles habitations, environnées d'arbres fruitiers, partout un peuple aimable et bon, serviable aussi, mais réservé et craintif. Enfin, ils arrivèrent à une grande maison appartenant à Waheathua, qui était alors dans un autre canton... Là, ils apprirent que depuis le départ de l'*Endeavour* une révolution avait eu lieu dans la partie supérieure de l'île. Toutahah, leur ami, le régent de la plus vaste péninsule de Taïti, avait été tué dans une bataille qui s'était donnée cinq mois auparavant. Tabouraï-Tamaïdé et la plupart de ceux que Cook avait connus aux environs de Matavaï avaient aussi péri dans ce combat, ainsi qu'un grand nombre d'hommes du peuple. La paix avait enfin été rétablie, et maintenant le prince régnant s'appelait *O-Too*. — On assura à Cook qu'il trouverait en lui un ami des Anglais.

V

Comment se faisait l'étoffe à Taïti. — Repas champêtre.

Je laisse ici la plume à M. Forster, le célèbre naturaliste attaché à la mission de Cook, et auquel nous devons la relation de ce second voyage.

« Le 19, dans une excursion que nous fîmes, le capitaine Furneaux et moi, le long de la côte, nous rencontrâmes un chef qui nous régala d'excellents poissons, de fruits, etc... Pour le remercier de son accueil hospitalier, je lui donnai une hache, des clous, etc... Il nous reconduisit ensuite aux vaisseaux, où il ne resta que peu de temps.

Nous fîmes de notre côté, des recherches de botanique. La pluie tombée la nuit avait fort rafraîchi l'air, et avant le lever du soleil notre promenade fut très agréable. Les plantes et les arbres semblaient plus animés, et les bocages exhalaient un plus doux parfum. Nous nous plaisions à entendre le concert des oiseaux;

A peine eûmes-nous marché quelques pas qu'un bruit venant de la forêt frappa nos oreilles ; en suivant le son, nous parvînmes à un petit hangar où cinq ou six femmes, assises sur une longue pièce de bois carrée, battaient l'écorce fibreuse du mûrier, afin d'en fabriquer leurs étoffes. Elles se servent pour cela d'un morceau de bois carré qui avait des sillons longitudinaux et parallèles plus ou moins serrés, suivant les différents côtés. Elles s'arrêtèrent un moment pour nous laisser examiner l'écorce, le maillet et la poutre qui leur servait de table ; elles nous montrèrent aussi, dans une gousse de noix de cocos, une espèce d'eau glutineuse, dont elles se servaient de temps à autre, afin de coller ensemble les pièces de l'écorce. Cette colle, qui, à ce que nous comprîmes, vient de l'*hibiscus esculentus*, est absolument nécessaire dans la fabrique de ces immenses pièces d'étoffe, qui, ayant quelquefois deux ou trois verges de largeur et cinquante de long, sont composées de petits morceaux d'écorces d'arbres d'une très petite épaisseur. En examinant avec soin leurs plantations de mûriers, nous n'en avons jamais trouvé de vieux ; dès qu'ils ont deux ans, on les abat, et de nouveaux s'élèvent de la racine, car heureuseument il n'y a pas d'arbre qui se multiplie plus aisément ; et, si on le laissait croître jusqu'à ce qu'il soit en fleurs et qu'il puisse porter des fruits, peut-être couvrirait-il bientôt tout le pays. Il faut toujours enlever l'écorce des jeunes : on a soin que leur tige devienne longue, sans aucune branche, excepté seulement au sommet, de sorte que l'écorce est la plus entière possible. Nous ne connaissions pas la méthode de la préparer, avant qu'on la mette sous le maillet. Les femmes occupées de ce travail portaient de vieux vêtements sales et déguenillés, et leurs mains étaient très dures et très calleuses.

Un peu plus loin, un homme d'une physionomie très gracieuse nous invita à nous asseoir à l'ombre devant sa maison, au milieu d'une vallée étroite. Sur une petite cour pavée de larges pierres, il étendit des feuilles de bananes pour nous, et, apportant un petit banc de bois assez propre, fait d'une seule pièce, il pria celui d'entre nous qu'il croyait être le principal personnage de s'y asseoir. Quand nous fûmes tous assis, il courut à la maison chercher des fruits à pain cuits, qu'il nous offrit sur des feuilles de bananes fraîches, et il nous présenta en outre un papier natté d'ë-wëe ou de pommes de Taïti, fruit du genre des spondias, dont le goût ressemble à celui de l'ananas. Nous déjeunâmes de bon cœur ; l'exercice que nous venions de faire, la fraîcheur du matin et l'excellence de ces fruits avaient excité notre appétit. La méthode taïtienne d'apprêter la pomme à pain et les autres aliments avec des pierres chaudes nous parut fort supérieure à celle de nos cuisines. Pour que rien ne manquât à son festin, notre hôte ouvrit cinq noix de cocos ; il versa dans une coupe très propre (c'était une gousse de noix de cocos) la liqueur fraîche et limpide qu'elles renfermaient, et chacun de nous but à son tour. Les insulaires nous avaient témoigné de la bienveillance et de l'amitié dans toutes les occasions ; ils nous avaient toujours donné, pour des bagatelles, des noix de cocos et des fruits quand nous leur en demandions ; mais nous n'avions pas encore vu d'exemple d'une hospitalité exercée d'une manière plus complète. Nous tâchâmes de récompenser notre ami avec des verroteries et des clous, qui lui causèrent une joie extrême.

VI

Un patriarche taïtien. — Un parasite. — Philémon et Baucis.

Le 20, à midi, M. Forster, le naturaliste, fit, avec plusieurs officiers, une promenade à la pointe orientale du havre. Arrivés à un petit ruisseau, assez large et assez profond pour porter une pirogue, ils passèrent de l'autre côté et aperçurent parmi des arbrisseaux une maison assez vaste. Ils virent devant une grande quantité des plus belles étoffes de Taïti, étendues sur l'herbe; et les naturels leur dirent qu'on venait de les laver dans la rivière. Près de l'habitation, il remarqua un bouclier de forme semi circulaire d'osier et de filasse de noix de cocos, suspendu à un bâton; il était couvert de plumes éclatantes gris-bleu, d'une espèce de pigeon et orné de dents de goulu, disposées en trois cercles concentriques. M. Forster demanda si on voulait le vendre; on lui répondit que non, et il en conclut qu'on l'avait exposé à l'air avec les étoffes, ainsi que nous exposons de temps en temps les choses que nous tenons dans des boîtes fermées. Un homme d'un âge mûr, couché fort à son aise au milieu de la hutte, invita les promeneurs à s'asseoir près de lui, et il examina avec curiosité l'habillement de chacun. Les ongles de ses doigts étaient très longs, et il en paraissait fier : c'est une marque de distinction parmi eux, parce que, pour les laisser croître de cette longueur, il ne faut pas être obligé de travailler. Les Chinois ont la même coutume, et d'autres peuples aussi. — En différents coins de la hutte, des hommes et des femmes mangeaient séparément du fruit à pain et des bananes; et tous, à l'approche des Anglais, les invitèrent à partager leur dîner.

Les Anglais poursuivirent alors leur promenade, marchant du côté des collines, malgré les sollicitations des naturels, qui les pressaient de se tenir en plaine ; mais, sans changer de résolution, ils gagnèrent, avec un petit nombre de guides, une ouverture entre deux collines. M. Forster y trouva plusieurs plantes sauvages, nouvelles pour lui, et ils aperçurent des hirondelles volant sur un petit ruisseau qui roulait ses eaux non loin d'eux. Comme ils n'avaient point vu de ces charmants oiseaux depuis leur départ d'Europe, cette vue les réjouit et les reporta, par la pensée, vers la lointaine patrie. — Ils côtoyèrent les bords du ruisseau jusqu'à un rocher escarpé, festonné par différents arbrisseaux et d'où l'eau tombait en colonne de cristal : des fleurs odoriférantes environnaient au pied une nappe tranquille et limpide. Ce lieu, d'où ils découvraient la plaine sous leurs pieds et plus loin la mer, est un des plus beaux qui aient jamais frappé leurs regards ; il rappelait à leur souvenir et surpassait les descriptions les plus délicieuses des poètes. A l'ombre des arbres, dont les branches se courbaient mollement sur les ondes, ils jouirent d'un zéphyr agréable qui tempérait la chaleur du jour. Le bruit uniforme et imposant de la cascade n'était interrompu que par le gazouillement des oiseaux ; dans cette position, ils s'assirent pour décrire les nouvelles plantes trouvées avant qu'elles se fussent flétries. Les Taïtiens, qui leur servaient de guides, les voyant occupés, se reposèrent aussi parmi les arbrisseaux, en les examinant attentivement et dans un profond silence.

Nos Anglais auraient été charmés de passer la fin du jour dans cette délicieuse retraite ; mais, après avoir fini leurs notes et jeté un coup d'œil sur cette scène charmante, ils redescendirent dans la plaine. Ils observèrent bientôt une foule d'insulaires qui s'avançaient vers eux, et plus proche ils distinguèrent M. Hodges et M. Grindall, qu'ils environnaient. Un jeune homme d'une physionomie très heureuse, qui s'était distingué par des démonstrations particulières d'attachement, fut chargé du portefeuille où M. Hodges conservait les esquisses et les dessins qu'il faisait en se promenant. Il parut enchanté de cette confiance, et il se regarda comme un personnage plus important aux yeux de ses compatriotes.

M. Forster et ses compagnons s'étant réunis à MM. Hodges et Grindall, ils entrèrent tous ensemble dans une hutte spacieuse, où ils virent une grande famille assemblée. Un vieillard à l'air serein était couché sur une nappe propre, appuyant sa tête sur un petit tabouret qui lui servait de coussin. Des cheveux blancs couvraient sa tête vénérable, et une barbe épaisse, aussi blanche que la neige, descendait jusque sur sa poitrine : il avait les yeux vifs, et ses joues arrondies annonçaient la santé. Les rides, symptômes de la vieillesse parmi nous, étaient en petit nombre, car l'inquiétude, la peine et le chagrin, qui sillonnent nos fronts de si bonne heure, sont peu connus de cette nation fortunée. De jeunes enfants, ses petits-fils sans doute, jouaient avec le vieillard, et ses actions et ses regards apprirent aux Anglais que sa manière simple de vivre et l'âge n'avaient pas encore émoussé sa sensibilité. Des hommes bien faits et des nymphes sans artifice, ayant et jeunesse et beauté, entouraient le patriarche et conversaient ensemble après un repas frugal. Ils prièrent les Anglais de s'asseoir sur leurs nattes au milieu d'eux, et ceux-ci ne leur donnèrent pas la peine de réitérer leur invitation. Comme ils n'avaient peut-être jamais vu d'étrangers, ils examinaient curieusement les vêtements et les armes de leurs hôtes, sans cependant s'arrêter plus d'un instant sur chaque objet. Ils admiraient la couleur de leur teint ; ils serraient leurs mains, et ils paraissaient étonnés de ce qu'ils n'étaient pas tatoués comme eux et de ce qu'ils n'avaient pas de grands ongles à leurs doigts ; ils demandaient leurs noms d'un air empressé, et, après les avoir appris, ils les répétaient avec un grand plaisir. Ces noms, prononcés à leur manière différaient tellement des originaux, qu'un étymologiste aurait eu de la peine à les reconnaître ; mais, en revanche, ils étaient plus harmonieux et plus faciles à retenir. Qu'on en juge. Le nom de M. Forster fut changé en *Matara*, celui de M. Hodges en *Oreo*, celui de M. Grindall en *Terino* ; celui de M. Sparmann, en *Pamanëe*, et celui de M. Georges, en *Teorëe*, etc. etc...

Les Anglais retrouvèrent ici, comme partout ailleurs, l'hospitalité des anciens patriarches : on leur offrit des noix de cocos et des ë-vëes pour étancher leur soif. Un des jeunes hommes avait une flûte de bambous à trois trous ; il en joua en soufflant avec le nez, tandis qu'un autre l'accompagnait de la voix. Toute la musique vocale et instrumentale consistait en trois ou quatre notes, entre les demi-notes et les quarts de notes, car ce n'étaient ni des tons entiers ni des demi-tons. Ces notes, sans variété ou sans ordre, produisaient seulement une sorte de bourdonnement léthargique qui ne blessait pas l'oreille par des sons discordants, mais qui ne faisait sur les auditeurs d'Europe aucune impression agréable. Il est surprenant que le goût de la musique soit si général sur la terre, tandis que les idées de l'harmonie sont si différentes parmi les nations diverses.

Charmé de ces tableaux de bonheur qui s'offraient à sa vue, M. Hodges remplit son portefeuille de dessins qui transmettront à la postérité les beautés d'une scène que les paroles seules ne peuvent pas faire connaître. Quand il dessinait, tous les naturels le regardaient attentivement, et ils semblaient charmés de trouver de la ressemblance entre ses portraits et quelques-uns d'entre eux. — Les Anglais ne connaissaient pas assez la langue taïtienne pour établir une conversation suivie avec ces bonnes gens. Quelques mots et une pantomime muette leur tinrent lieu de discours. Cela suffisait cependant pour amuser les naturels ; et la docilité de leurs hôtes et leurs efforts pour leur plaire avaient l'air de leur être infiniment agréables.

Le vieillard, sans changer d'attitude, la tête toujours appuyée sur le tabouret, proposa aux Anglais plusieurs questions ; il leur demanda le nom du capitaine, celui du pays d'où ils venaient, combien ils voulaient rester de temps dans l'île, s'ils avaient leurs femmes à bord, etc... La renommée paraissait lui avoir déjà appris tout cela ; mais il désirait l'entendre de nouveau de la bouche de ses visiteurs. Ils satisfirent sa curiosité sur ces différents points le mieux qu'il leur fut possible, et, après avoir offert à sa famille de petits présents de verroteries et d'autres bagatelles, ils continuèrent leur excursion.

Un spectacle beaucoup moins intéressant devait bientôt se présenter à eux.

Leur promenade s'était prolongée jusqu'à une habitation vaste et propre, où un homme très gros, qui semblait chef de canton, se berçait voluptueusement sur un coussin de bois. Deux domestiques préparaient son dessert devant lui, en mêlant à l'eau du fruit à pain, des bananes dans un grand vase de bois, où ils avaient soin de mêler de la pâte aigrelette de fruit à pain fermenté appelé *maheï*. Ils se servaient pour cela d'un pilon de pierre noire polie. Pendant ce temps, une femme assise près de lui remplissait la bouche de ce glouton par poignées des restes d'un grand poisson bouilli, et de plusieurs fruits à pain qu'il avalait avec un appétit vorace. Une insensibilité parfaite était peinte sur son visage, et on pouvait aisément se convaincre que toutes ses pensées se bornaient au soin de son ventre. Il daigna à peine regarder les Anglais; et, s'il prononçait quelques monosyllabes, quand ils jetaient les yeux sur lui, c'était seulement pour exciter sa nourrice et ses valets à faire leur devoir avec empressement.

La vue de ce chef et les réflexions qu'elle fournit diminuèrent le plaisir dont avaient joui les Anglais dans cette promenade et les promenades précédentes. Ils se flattaient d'avoir enfin trouvé un petit coin de terre où les membres d'une nation qui n'était plus dans le premier état de barbarie partageaient une sorte d'égalité, jusque dans les repas, et dont les heures de jouissance étaient proportionnées à celles du travail et du repos. Mais quand ils virent cet individu voluptueux passer sa vie dans l'inaction la plus stupide et s'engraisser, comme certains parasites privilégiés des peuples policés, sans rendre le moindre service à la société, leur satisfaction s'amoindrit, et ils s'éloignèrent navrés.

En quittant ce Taïtien hébété, ils se séparèrent. M. Forster, quittant ses premiers compagnons, se joignit à M. Hodges et à M. Grindall, que le jeune insulaire chargé du portefeuille dont nous avons parlé avait invités avec empressement à venir voir son habitation. Ils y arrivèrent sur le tard. C'était une cabane petite, mais propre, devant laquelle un grand tapis de feuilles vertes était étendu sur des pierres, et pardessus une quantité prodigieuse d'excellentes noix de cocos, et de fruits à pain parfaitement grillés. Le jeune Taïtien courut sur-le-champ vers un homme et une femme âgés, occupés à écarter les rats du milieu du festin, et il les présenta comme son père et sa mère aux Anglais. Ces deux excellents veillards témoignèrent beaucoup de joie de voir les amis de leur fils, et les prièrent d'accepter le repas qu'ils avaient préparé. Les survenants furent d'abord très étonnés de trouver ces fruits tout prêts ; mais ils se souvinrent que leur ami avait envoyé devant un de ses camarades, il y avait quelques heures.... Ils mangèrent avec appétit.... Il est impossible d'exprimer la satisfaction que leur témoignèrent le père et la mère de l'aimable jeune homme qui les avait conduits. Ils se croyaient très heureux de ce qu'ils goûtaient à leurs agréables mets. Servis par des hôtes si respectables, ils furent sur le point d'oublier qu'ils étaient des hommes, et, dit M. Forster, « nous aurions cru habiter la cabane de Baucis et de Philémon, si l'impossibilité où nous étions de les récompenser ne nous eût fait souvenir que nous étions mortels. Nous rassemblâmes tous nos grains de verre et tous nos clous, » que je leur donnai plutôt comme une marque de reconnaissance affectueuse que comme un salaire. Le jeune Taïtien nous reconduisit jusqu'à la grève, vis-à-vis nos vaisseaux, en nous apportant beaucoup de provisions que nous n'avions pas consommées à notre dîner. M. Hodges et M. Grindall lui offrirent une hache, une chemise et d'autres présents ; le lendemain, il retourna dans sa famille, très content de ses richesses.

VII

Le roi de Taïti-Etée. — Idée d'un Dieu. — Le soleil qui parle.

Waheatua, roi de la petite Taïti, ou *Taïti-Étée*, étant venu dans le voisinage des vaisseaux, demanda à voir le capitaine. Cook, qui se disposait à partir, résolut de différer son départ afin de parler à ce prince. En conséquence, le 22, il se mit en marche, accompagné du capitaine Furneaux, de M. Forster et de plusieurs naturels. Ils rencontrèrent le chef à environ un mille de la place de débarquement. Il s'avançait vers eux; mais, dès qu'il eut aperçu les Anglais, il s'arrêta en plein air avec sa nombreuse suite.

Cook le trouva assis sur un tabouret de bois, ses sujets formaient un cercle autour de lui. Ils se reconnurent tous deux au premier abord, car ils s'étaient vus plusieurs fois en 1769. Le roi était alors enfant, et on le nommait *Te-arée*, mais il changea de nom à la mort de son père Waheatua.

Après les premières salutations, le roi fit asseoir le capitaine sur son siège. Les officiers se mirent à terre auprès d'eux, et Waheatua commença à s'informer, en les appelant par leurs noms, de plusieurs Anglais qui avaient fait partie de la première expédition sur l' *Endeavour*. Il demanda ensuite à Cook combien il voulait rester de temps à Taïti, et lorsqu'il lui eut dit qu'il se proposait de mettre à la voile le lendemain, il parut affligé, l'engagea à séjourner quelques mois, et enfin se réduisit à le prier de passer encore cinq jours parmi eux.

Cook présenta une chemise, un drap, une grosse hache,

des clous de fiche, des couteaux, des miroirs, des médailles, des grains de verre, une aigrette ou touffe de plumes rouges, montées sur un fil d'archal. Le roi y attacha un prix particulier, et à la vue de l'aigrette toute la foule poussa un cri général d'admiration, exprimée par le mot : *awhaï* !.... En retour il fit porter sur la chaloupe qui avait amené ses visiteurs un assez bon cochon.

Le capitaine et ses officiers passèrent avec lui la matinée, et jamais il ne fut permis à Cook de s'éloigner de lui quand il s'asseyait. Il fut donc obligé de partager toujours son tabouret, qui était porté de place en place par un des hommes de sa suite, qui fut appelé pour cela *le porteur de tabouret.*

Waheatua, roi de la petite Taïti, âgé de dix-sept ou dix-huit ans, était bien fait ; il avait environ cinq pieds six pouces de haut, et il semblait qu'il deviendrait plus grand. Sa physionomie, douce d'ailleurs, manquait d'expression et annonçait la crainte et la défiance. Il avait un teint assez blanc, et les cheveux lisses d'un brun léger, rougeâtres à la pointe. Tout son vêtement consistait en une ceinture blanche de la plus belle étoffe, qui pendait jusqu'aux genoux : sa tête ainsi que le reste de son corps étaient découverts. A ses côtés, on remarquait plusieurs chefs et nobles, que distinguait leur haute stature. L'un deux était tatoué d'une manière très surprenante et tout à fait inusitée dans l'île : de grandes taches noires couvraient ses bras, ses jambes et ses côtés. Cet insulaire, qui s'appelait *E-tee*, avait une corpulence énorme. Le roi montrait pour lui beaucoup de déférence, et il le consultait dans presque toutes les occasions.

Durant cette entrevue, les spectateurs, au nombre de cinq cents au moins, faisaient tant de bruit, qu'il fut quelquefois impossible d'entendre un seul mot de la conversation. Alors quel-

ques officiers du roi criaient d'une voix de stentor : *Mamoo* !
Silence !.. et accompagnaient leurs commandements de bons
coups de bâton.

Le prince reconduisit jusqu'au rivage ses visiteurs. En
marchant, il quitta l'air de gravité qu'il avait pris et parla
avec beaucoup d'affabilité même aux simples matelots. Il
s'assit ensuite sous une cabane de roseaux qui appartenait à
E-tée, et la chaleur contraignit Cook et ses compagons à s'y
retirer près de lui. Il fit venir des noix de cocos, et il se mit
à raconter comme quoi un vaisseau étranger, quelques mois
auparavant, avait mouillé dans l'île. Le capitaine avait fait
pendre quatre hommes de son équipage, et un cinquième n'avait
échappé à la corde que par la fuite... Ce récit du roi intrigua
très fort les Anglais, qui apprirent depuis qu'à peu près dans le
temps dont le roi leur avait parlé, Domingo Buenechea, parti
du port de Callao au Pérou, avait visité Taïti ; mais que les
particularités de son voyage n'avaient jamais transpiré.

Tandis que Cook était dans la cabane avec le roi, E-tée, ce
chef d'un si grand embonpoint, qui paraissait être le principal
conseiller de Waheatua, lui demanda très sérieusement s'il
y avait un Dieu dans son pays et si on le priait. — Lorsqu'il
eut appris qu'en Angleterre on reconnaissait une divinité
invisible, qui a créé toutes choses, et qu'on lui adressait des
prières fréquentes, il parut fort content ; et, s'adressant à plusieurs personnes assises autour de lui, il leur fit quelques réflexions, sans doute sur ce qu'il venait d'apprendre. Il sembla ensuite avouer aux Anglais, du moins autant qu'ils purent
le comprendre, que les idées de ses compatriotes correspondaient aux leurs en ce point, ce qui sert à confirmer cette
vérité, que l'idée simple et juste d'un Dieu a été connue des
hommes dans tous les âges et dans tous les pays, et que ces

systèmes embrouillés et absurdes d'idolâtrie qui déshonorent l'histoire d'un trop grand nombre de nations ne sont qu'une corruption d'une croyance égarée hors ses voies.

Tandis qu'E-tée parlait de matières religieuses, le jeune roi s'amusait avec la montre du capitaine Cook. Après avoir examiné d'un œil curieux le mouvement de tant de rouages qui semblaient marcher seuls, et montré son étonnement du bruit qu'elle faisait, ce qu'il ne pouvait pas exprimer autrement qu'en disant : *Elle parle!* il la rendit en demandant à quoi elle servait. On lui fit concevoir avec beaucoup de peine qu'elle mesurait le jour et qu'en cela elle était semblable au soleil, dont lui et ses compatriotes employaient la hauteur pour diviser le temps. Dès qu'il eut compris cette explication, il lui donna le nom de *petit soleil* qui parle, afin de montrer qu'il entendait parfaitement tout ce qu'on lui avait dit.

VIII

Arrivée à Mataval. — La vieille Obéréa

Le 24 août, les deux navires *la Resolution* et *L'Aventure* reprirent la mer, et quittèrent la péninsule sud de Taïti pour aller mouiller au havre de Mataval. Ils y arrivèrent le 26. — A peine débarqué, le capitaine Cook alla rendre visite au roi *O-too*. Chemin faisant, il passa devant un moraï qu'il connaissait depuis son premier voyage et qu'on lui avait nommé le moraï de *Toutahah*. Il le désigna aux naturels sous ce nom;

mais un chef, l'interrompant, lui dit que depuis la mort de ce roi on appelait ce lieu le moraï d'*O-too*. Belle leçon pour les princes chez ce peuple primitif, qui les fait souvenir ainsi pendant leur vie qu'ils sont mortels et qu'après leur mort la place qu'occupera leur cadavre ne sera pas même à eux.

Le roi était assis à l'ombre d'un arbre, les jambes croisées à terre ; il avait environ trente ans, une taille de cinq à six pouces ; il était beau, très bien fait et de bonne mine ; ses longues moustaches, sa barbe et ses cheveux touffus et bouclés étaient parfaitement noirs. Cook, voulant gagner son amitié, lui fit des présents qui lui plurent beaucoup. La foule était si considérable autour des visiteurs, qu'un chef armé d'un bâton frappait impitoyablement la tête des curieux pour les écarter ; quoiqu'il brisât plusieurs bâtons, les battus gardaient tranquillement leur place.

Durant cette visite, un Ecossais qui faisait partie de l'équipage de *la Resolution* réjouit infiniment les Taïtiens et leur roi en jouant de la cornemuse ; il les jeta dans l'admiration et le ravissement. O-too en particulier fut si charmé de ses talents, qui étaient bien médiocres, qu'il lui fit donner une grande pièce de l'étoffe la plus grossière.

En retournant à leur chaloupe, les Anglais furent retenus sur la côte par l'arrivée de Wappaï, père du roi. Cet homme était grand et maigre ; il avait la barbe et les cheveux gris ; il paraissait âgé, mais il montrait encore de la force.

Nous avons parlé dans les épisodes du premier voyage de cette étrange constitution existant alors à Taïti en vertu de laquelle un enfant exerçait la souveraineté pendant la vie de son père ; malgré la connaissance qu'ils avaient de cette constitution, néanmoins les Anglais ne parurent pas voir sans surprise le vieux et vénérable Wappaï se découvrir jusqu'à la ceinture en présence de son fils, pour obéir à l'usage. — C'était l'abolition des sentiments de respect universellement attachés à la paternité pour donner plus de poids à la dignité royale. — Cependant, quoique Wappaï ne jouît pas du suprême commandement, sa naissance et son rang lui attiraient les égards du peuple et une protection spéciale du roi. La province ou district d'Oparrée, placée sous ses ordres immédiats, fournissait à ses besoins et à ceux des personnes de sa suite.

Après avoir pris congé du vieux chef et du roi, Cook et ses compagnons retournèrent à bord.

Le lendemain, O-too vint rendre à Cook sa visite aves une suite nombreuse. Il envoya d'abord au vaisseau une grande quantité d'étoffes, des fruits, un cochon et deux gros poissons tout apprêtés d'environ quatre pieds de long. — Le capitaine, s'avançant au côté du vaisseau, pria Sa Majesté d'entrer ; mais le prince ne quitta son siège dans sa pirogue que lorsque Cook fut enveloppé d'une quantité prodigieuse des plus belles étoffes du pays, qui le rendaient d'une grosseur monstrueuse. Alors il se décida à monter à bord, ainsi que sa sœur, un frère plus jeune que lui et plusieurs Taïtiens. On leur fit à tous des présents.

Comme le monarque ne se hasardait qu'avec défiance sur le gaillard d'arrière, Cook l'embrassa et employa tous les moyens possibles pour calmer — son inquiétude. Il l'invita à entrer dans la salle principale du vaisseau ; mais la descente entre les ponts était une entreprise si périlleuse, suivant ses idées, qu'il n'y eut pas moyen de l'y déterminer avant que son frère, jeune homme d'environ seize ans, qui avait beaucoup de confiance dans les Européens, en eût fait l'essai. — Après avoir reconnu la salle, qu'il trouva de son goût, il vint faire son rapport au roi, qui alors ne craignit plus de descendre. Le capitaine, toujours chargé de ses étoffes taïtiennes, commençait à suer beaucoup. Sa Majesté fut accompagnée dans la grande chambre de tous les insulaires de sa suite, qui avaient à peine assez de place pour se remuer. Quand il fallut s'asseoir pour déjeuner, ils furent frappés de la nouveauté et de la commodité des chaises du vaisseau. Le roi fit beaucoup d'attention au déjeuner : il était fort étonné de voir les Anglais boire de l'eau chaude (*du thé*) et manger du fruit à pain avec de l'huile (*du beurre*); il ne voulut goûter d'aucun des mets qu'on lui offrit, mais ses sujets furent beaucoup moins réservés.

Au moment de partir, on lui donna un chien épagneul, un bouc et une chèvre, qui parurent lui faire grand plaisir.

Lorsque Cook le reconduisit à terre, une vieille femme, lui saisissant les mains, les baigna de larmes, en disant dans son langage : « *Toutahah, votre ami, est mort !* » C'était la mère de Toutahah, le défunt roi de l'île. L'expression touchante de sa vive douleur fut très sensible au capitaine. Il fut si ému de son maintien et de sa tendresse qu'il lui aurait été impossible de ne pas mêler ses larmes aux siennes, si O-too qui survint ne l'avait pas éloigné d'elle. — Pour obtenir la permission de la revoir, il fallut que le capitaine fît un présent à ce roi jaloux, qui ne voulait pas que l'affection de ses amis les Anglais fût partagée.

Plusieurs jours s'écoulèrent ainsi dans des liaisons d'amitié. Un lieutenant fit une course dans l'intérieur pour procurer des cochons ; il rencontra la reine Obéréa, bien déchue de son ancienne splendeur ; elle était alors si pauvre, qu'elle ne put pas faire un présent à ses anciens amis.

Le 12 septembre, Cook se décida enfin à quitter Taïti. Les

deux vaisseaux s'éloignèrent avec regret de cette terre fortunée pour continuer leur mission.

Le 23 avril de l'année suivante, *la Resolution* devait y faire une seconde relâche dont nous relaterons quelques rares incidents.

IX

La flotte taïtienne.

A peine de retour dans la baie de Matawaï, le capitaine Cook, avec quelques-uns de ses officiers et MM. Forster, père et fils, s'empressèrent de faire une visite au roi O-too. En approchant, ils observèrent un mouvement de quantité de grandes pirogues ; mais ils furent surpris à leur arrivée d'en voir plus de trois cents rangées le long de la côte, toutes équipées et armées, et sur le rivage un nombre considérable de guerriers. Un armement si inattendu, rassemblé autour d'eux, fit naître différentes conjectures. Ils débarquèrent cependant au milieu de la flotte, et furent reçus par une foule immense de naturels. Beaucoup avaient des armes ; mais d'autres n'en portaient pas. Le cri des derniers était : *Tyo no Otoo*, et celui des premiers, *Tyo no Towha*…. Ce *Towha*, à ce qu'ils apprirent par la suite, était amiral ou commandant de la flotte et des troupes.

Au moment où Cook mit pied à terre, un autre chef,

nommé *Tée*, oncle du roi, et l'un de ses ministres, vint à sa rencontre. Il lui demanda des nouvelles d'Otoo.

Towha vint bientôt recevoir le capitaine avec beaucoup de courtoisie ; il le prit par une main, et Tee par l'autre ; et, sans savoir où il désirait aller, ils le traînèrent ainsi à travers le peuple, qui se sépara en deux haies, poussant des acclamations d'amitié : *Tyo no Tootee !* Une partie voulait le conduire à Otoo, et l'autre voulait qu'il restât près de Towha. Arrivé à la place d'audience, on étendit une natte sur laquelle on le fit asseoir. Tee le quitta ensuite pour aller chercher le roi. Towha l'engageait à ne pas s'asseoir et à le suivre ; mais, comme Cook ne connaissait pas ce chef, il n'y consentit point. Tee revint bientôt, et, voulant le conduire vers le prince, il le prit par la main. Towha s'y opposa ; de sorte que les deux Taïtiens, tirant chacun de leur côté le capitaine, qui se laissait faire en riant, le fatiguèrent beaucoup, et il fut obligé de dire à Tee de permettre à l'amiral de le mener vers sa flotte. Dès qu'ils furent devant le bâtiment-amiral, ils trouvèrent deux haies d'hommes armés, destinés à écarter les spectateurs et à leur ouvrir un passage. Cook, qui était résolu à ne pas monter sur ce bâtiment, donna pour excuse l'eau qui se trouvait entre les pirogues et lui. A l'instant, un homme se jeta à ses pieds et s'offrit à le porter sur son dos. Le capitaine déclara alors positivement que cela ne lui plaisait pas et qu'il resterait sur le bord.

Sur ces paroles, l'amiral Towha montra qu'il était fâché et s'en alla très froidement. C'était un homme de beaucoup d'autorité, car, au moment où il s'éloigna le peuple s'écria : *Vive Towha !* et on lui fit place avec un respect qui étonna les Anglais.

Cook et ses compagnons remontèrent sur leur chaloupe,

d'après le conseil de Tee, qui ne les avait point perdus de vue, et profitèrent de l'occasion pour bien examiner la grande flotte taïtienne qu'ils avaient sous les yeux.

Les bâtiments de guerre consistaient en cent soixante grosses doubles pirogues, de quarante à cinquante pieds de long, bien équipées, bien approvisionnées et bien armées. Les chefs de tous ceux qui occupaient les plates-formes de combat étaient revêtus de leurs habits militaires, c'est-à-dire d'une grande quantité d'étoffes, de turbans, de cuirasses, de casques. La hauteur de quelques-uns de ces casques embarrassait beaucoup ceux qui les portaient : tout leur équipage semblait mal imaginé pour un jour de bataille, et plus propre à la représentation qu'au service. Quoi qu'il en soit, il donnait sûrement de la grandeur à ce spectacle, et les guerriers ne manquaient pas de se montrer sous le jour le plus avantageux.

Le costume de ces guerriers étaient très bigarré. Il consistait en trois grande pièces d'étoffes trouées au milieu, et posées les unes sur les autres ; celle du dessous, la plus large, était blanche ; la seconde, rouge ; et la supérieure et la plus courte, brunes. Leurs boucliers ou cuirasses étaient d'osier couverts de plumes et de dents de goulu. — Quelques casques étaient d'une grandeur énorme, car, chose à peine croyable, ils avaient près de cinp pieds de haut ; c'étaient de longs bonnets d'osier cylindriques ; la partie de l'avant était cachée par un demi-cercle plus serré, qui devenait plus large au sommet ; il se détachait ensuite du cylindre de manière à former une courbe. Ce fronteau, de la longueur de quatre pieds, était revêtu partout de plumes luisantes, bleues et vertes, d'une espèce de pigeon, et d'une jolie bordure de plumes blanches ; un nombre prodigieux de longues plumes de queues d'oiseaux du tropique formaient des rayons autour des bords, ce qui ressemblait à l'auréole dont les peintres ornent communément les têtes des anges et des saints. Il fallait un grand turban d'étoffe pour placer cette parure incommode; mais, comme les guerriers veulent seulement éblouir les spectateurs en la mettant et qu'elle n'est peut-être d'aucune utilité, ils l'otèrent bientôt, et ils la posèrent sur la plate-forme. Les principaux commandants se distinguaient d'ailleurs par de longues queues rondes, composées de plumes vertes et jaunes, qui pendaient sur leur dos, et qui rappelaient les pachas turcs. Towha, l'amiral, en portait cinq, à l'extrémité desquelles flottaient des cordons de cocos, entremêlés de plumes rouges. Il n'avait point de casque, mais un turban qui allait fort bien à son visage. Il paraissait âgé de soixante ans ; mais il était extrêmement vigoureux, grand et d'une physionomie noble et prévenante.

Des pavillons, des banderolles, etc. décoraient les pirogues ; de sorte qu'elles formaient un spectacle majestueux que des Européens ne devaient pas s'attendre à voir dans ces mers. Des massues, des piques et des pierres composaient leurs instruments de guerre. Les bâtiments étaient rangés près les uns des autres, la proue tournée vers la côte ; le bateau-amiral occupait le centre. Entre les bâtiments de guerre, il y avait cent soixante-dix doubles pirogues plus petites, qui toutes portaient un pavillon peu spacieux, un mât et une voile, ce dont manquaient les pirogues de guerre. Ils étaient destinés aux transports des munitions et de l'avitaillement, car les bâtiments de guerre n'ont aucune espèce de provisions sur eux.

Cook compta qu'il n'y avait pas moins de sept mille sept cent soixante hommes sur ces trois cent trente bâtiments. Ce nombre paraît d'autant plus incroyable qu'ils appartenaient seulement aux districts d'Alahourou et d'Ahapatéa. Quelques-uns de ses officiers évaluèrent à un nombre supérieur le monde qu'il y avait sur les pirogues de guerre.

Le spectacle de cette flotte agrandissait encore les idées que les Anglais avaient des forces et de la richesse de cette île de Taïti ; ils étaient tous dans l'étonnement. En pensant aux outils que possédaient ces peuples, ils admiraient la patience et le travail qu'il leur avait fallu pour abattre des arbres énormes, couper et polir les planches, et enfin porter ces lourds bâtiments à un si haut degré de perfection. C'est avec une hache de pierre, un ciseau, un morceau de corail et une peau de raie qu'ils avaient achevé ces ouvrages.

Les deux bâtiments qui composaient les pirogues doubles étaient joints ensemble par quinze ou dix-huit baux de traverse, qui s'avançaient quelque fois fort au delà des deux bordages, et avaient de douze à vingt-quatre pieds de longueur, sur environ trois pieds et demi de large, formant une plate-forme de cinquante, soixante et quelquefois soixante-dix pieds de longueur. L'avant et l'arrière étaient élevés de plusieurs pieds hors de l'eau, et surtout la poupe ornée de longs becs de diverses formes, et qui atteignaient souvent la hauteur de vingt pieds. Une étoffe blanche, voltigeant comme une voile, était communément placée entre les deux becs de chaque double pirogue, ce qui tenait lieu de pavillon. D'autres portaient une étoffe bariolée de rayures rouges, qui servait à reconnaître les divisions de chaque commandant. A l'avant, on voyait une grande comme sculptée, au sommet de laquelle était la tête d'un homme, souvent peinte en rouge avec de l'ocre. Des panaches de plumes noires, auxquelles pendaient d'autres banderolles de plumes, couvraient ordinairement ces colonnes.

La plate-forme de combat est érigée vers l'avant de la pirogue, et appuyée sur des colonnes de quatre à six pieds de haut, ornées de sculptures; elle s'étend au delà de la largeur des bâtiments, et a de vingt à vingt-quatre pieds de long sur huit ou dix de large. Les rameurs sont assis dans la pirogue au-dessous de la plate-forme de combat, entre les baux de traverse et les épars longitudinaux; de sorte que partout où ces bois se croisent il y a place pour un homme dans l'espace intermédiaire. Celles de dix-huit baux et de trois épars de chaque côté, outre un épar longitudinal entre les deux pirogues, n'ont par conséquent pas moins de cent quarante-quatre rameurs et huit hommes pour les gouverner, dont quatre sont placés à l'avant et quatre à l'arrière. La plus grande de ces pirogues néanmoins dans cette circonstance n'en contenait pas autant.

Cook et ses compagnons, parcourant sur leur chaloupe l'arrière des pirogues jusqu'à l'extrémité de la file, remarquèrent dans chaque bâtiment de gros tas de piques et de longues massues ou de haches de bataille, dressées contre la plate-forme : chaque guerrier tenait d'ailleurs à la main une pique ou une massue; il y avait aussi des amas de grosses pierres, les seules armes massives que l'on aperçût. Ils observèrent sur quelques-unes des petites pirogues des feuilles de bananes; et les naturels leur apprirent que c'étaient sur elles que l'on déposait les morts; ils donnaient à ces bâtiments le nom d'*Evaa no t'Eatua*. — (*Pirogues de la divinité*).

Après avoir bien examiné cette flotte, Cook désira beaucoup revoir l'amiral, afin d'aller avec lui à bord des pirogues de guerre; mais il demanda en vain de ses nouvelles. Il descendit à terre pour s'informer où il était; mais il y avait tant de bruit et de foule que personne ne fit attention à ce qu'il disait. Enfin, *Tee* arriva et lui murmura à l'oreille qu'Otoo était parti pour Matavaï. Il lui conseilla de retourner et de se rembarquer pour descendre dans un autre endroit. Cook suivit son conseil qui excita dans son esprit différentes conjectures. Il en conclut que Towha était un chef puissant et mécontent qui se disposait à faire la guerre à son souverain, et peut-être à attaquer son vaisseau. Mais, en arrivant à Matavaï, il apprit que cette flotte faisait partie d'un armement destiné contre Eiméo, dont le chef avait secoué le joug de Taïti pour se rendre indépendant.

X

Une page d'histoire taïtienne.

Tarree-Wattow, frère du roi Otoo, resta un soir sur le vaisseau, et passa la nuit à bord. Pour l'amuser, l'équipage de la *Resolution* tira des feux d'artifice du haut des mâts, ce qui lui causa un extrême plaisir. A souper, le jeune prince fit l'énumération de tous ses parents et raconta à ses hôtes les faits les plus récents de l'histoire de Taïti.

Il leur apprit qu'Oamo, Whappaï et Toutahah étaient trois frères, et qu'Oamo, comme l'aîné, avait la souveraineté de tout Taïti.

Il épousa Obéréa, princesse du sang royal, et il en eut *Tarree-Derre*, qui fut appelé, dès le moment de sa naissance, *Aree-Rahai*, ou roi de Taïti.

Sous le règne d'Oamo, le capitaine Wallis visita l'île, et rouva Obéréa revêtue de l'autorité souveraine et l'exerçant au moins autant que son époux.

Environ un an après le départ de Wallis, il s'éleva une guerre entre Oamo et son vassal Wahéatua, roi de la plus petite péninsule.

Wahéatua débarqua à Paparra, où résidait Oamo; et, après avoir mis en déroute son armée et massacré une grande partie de ses soldats, il brûla les plantations et les cabanes, et emmena tous les cochons et toutes les volailles qu'il put trouver.

Oamo et Obéréa, avec toute leur suite, s'enfuirent dans les montagnes au mois de décembre 1768.

Le conquérant consentit enfin à la paix, à condition qu'Oamo se dépouillerait du gouvernement, et que le droit de succession serait ôté à son fils et donné à Otoo, fils aîné de son frère Whappaï. La convention fut acceptée de part et d'autre, et Toutahah, frère cadet d'Oamo, fut proclamé régnant.

Cette révolution, pour le dire en passant, ne ressemble-t-elle pas beaucoup à celles qui arrivent si souvent dans les royaumes despotiques de l'Asie ?... Il est rare que le conquérant ose gouverner le pays qu'il a subjugué. Ordinairement il le pille, et il y nomme un autre souverain qu'il choisit dans la famille régnante.

Obéréa avait de fréquentes querelles avec son mari, et comme c'était une maîtresse femme, elle le battait souvent. Ils se séparèrent, ennuyés l'un et l'autre de donner ou de recevoir des coups.

Le capitaine Cook, en abordant pour la première fois dans l'île, en 1767, trouva le gouvernement de Taïti entre les mains de Toutahah ; ce prince, devenu fort riche par les présents qu'il avait reçus des Anglais, après le départ de l'*Endeavour*, persuada aux chefs de *Taïti-Nue*, ou de la grande péninsule, de marcher contre Wahéatua, qui avait fait un si grand outrage à sa famille.

Ils équipèrent une flotte, et se rendirent à Tiarrabou, où Wahéatua se prépara à les recevoir ; mais, comme c'était un vieillard qui désirait finir ses jours en paix, il assura Toutahah par députés qu'il était son ami, qu'il lui resterait attaché toujours, et il le conjura de retourner dans son pays, sans attaquer ceux qui l'aimaient.

Toutahah, dont ces caresses ne changèrent point la résolution, donna ordre de livrer bataille ; la perte fut à peu près égale de part et d'autre, et Toutahah se retira, afin d'attaquer l'ennemi par terre.

Whappaï et toute sa famille, désapprouvant cette entreprise, restèrent chez eux ; mais Toutahah emmena Otoo, et se mit en route entre les deux péninsules.

Wahéatua vint à sa rencontre ; il y eut un combat sanglant : Toutahah y périt, et son armée fut dispersée. Quelques Taïtiens dirent qu'il avait été fait prisonnier et mis à mort ensuite ; mais d'autres assurèrent qu'il fut tué dans le fort de la mêlée.

Otoo se retira en hâte au fond des montagnes avec un petit nombre d'amis choisis, et Wahéatua, suivi de ses forces victorieuses, marcha sur-le-champ à Matavaï et à Oparrée.

A son arrivée Whappaï s'enfuit ; mais Wahéatua lui fit dire qu'il n'avait aucun différend ni avec lui ni avec sa famille, et qu'il avait toujours souhaité la paix.

Otoo, après avoir traversé des chemins difficiles, et des précipices, arriva bientôt du sommet des montagnes, joignit son père et tous ceux qui l'accompagnaient. Une paix générale fut conclue. Otoo prit les rênes du gouvernement et, malgré sa jeunesse, commença à travailler par lui-même avec intelligence au bonheur de ses sujets.

Tarree-Watow, dont nous venons de résumer le récit, apprit encore à ses auditeurs que son père Whappaï avait huit enfants qui constituaient la grande famille royale :

1° *Tedua-Neehouaraï*, âgé d'environ trente ans, et marié à Tarree-Derre, le roi déchu, fils d'Oamo ;

2° *Tedua-Towraï*, âgé de vingt-sept ans, qui n'était pas encore marié, et qui avait une aussi grande autorité parmi les femmes que le roi, son frère, en avait sur toute l'île ;

3° *Otoo*, Aree-Rahaï, ou roi de Taïti, qui avait environ vingt-six ans. — Wahéatua, le roi de la petite péninsule, quoiqu'il l'eût vaincu dans la guerre, était obligé de découvrir ses épaules en sa présence, comme devant son légitime seigneur ;

4° *Tedua-Tehamahaï*, morte jeune ;

5° *Teare-Watow*, l'hôte des Anglais, qui semblait âgé d'environ seize ans. Il dit à ses auditeurs qu'il portait un autre nom ; d'où l'on peut conclure que celui qu'on lui donne ici n'était que son titre ;

6° *Tubuaï-Teraï*, appelé aussi Mayorro, âgé de dix ou onze ans ;

7° *Térérétua*, petite fille de sept ans ;

8° *Tepaow*, petit garçon de quatre ou cinq ans.

Un corps sain, sans être corpulent, une tête touffue, paraissaient caractériser toute la famille. En général, leurs traits étaient agréables, mais leur teint un peu brun. Ils étaient fort chéris de la nation, qui aime passionnément ses chefs. Leur conduite était en effet si affable et si amicale qu'elle inspirait une bienveillance et un dévouement universels.

Nous terminerons par cette généalogie les épisodes du second voyage de Cook à Taïti.

TROISIÈME VOYAGE.

I

But de l'expédition. — Embarquement d'Omaï.

Quand Cook revint en Angleterre, le 30 juillet 1775, après une absence de trois ans et huit jours, son illustre protecteur, lord Sandwich, était encore à la tête de l'amirauté. — A peine eut-il connaissance des travaux de Cook, qu'il se hâta de demander pour lui un grade supérieur. Le roi, digne appréciateur du mérite, l'éleva, le 9 août, neuf jours seulement après son débarquement, au rang de capitaine de vaisseau, et trois jours plus tard, en cette qualité de capitaine, il fut attaché à l'observatoire de Greenwich, avec un traitement honorable, pour qu'il pût jouir agréablement du prix de ses travaux et de ses importants services.

Mais le repos n'était pas ce qu'il fallait à l'intrépide marin, et il devait bientôt entreprendre un troisième voyage autour du monde, dont nous allons faire connaître le motif et le but.

Celui qu'il venait d'accomplir avait fait évanouir les espérances qu'on avait conçues sur l'existence d'un continent austral ; mais il restait encore une grande question à résoudre :

on voulait savoir s'il se trouvait dans le nord de l'océan Pacifique un passage pour aller aux Indes. Ce passage, qui devait ouvrir une route plus commode et plus directe, avait été inutilement cherché sur les côtes ouest de l'Amérique septentrionale. — Cependant l'espoir de trouver une communication par le nord n'était pas perdu et on résolut de faire un nouveau voyage pour décider cette question.

Mais, pour conduire une entreprise aussi difficile, il fallait un chef d'une profonde expérience, d'un courage et d'un talent supérieurs. Cook possédait toutes ces qualités ; il était donc généralement désigné pour cette mission par tous ceux qui s'intéressaient au succès. Les fatigues et les dangers qu'il venait d'éprouver pendant son long voyage avaient affaibli sa santé ; on comprenait qu'il était impossible de lui demander de s'exposer à de nouveaux périls ; et, quoique tout le monde le désirât, personne n'osait lui en parler, pas même lord Sandwich, son digne protecteur et son ami. Cependant ce chef de l'amirauté voulut demander les conseils du marin expérimenté sur les moyens à employer, et avoir son avis sur le choix de celui à qui l'on pouvait confier un tel commandement.

Lord Sandwich invita Cook à une conférence avec sir Hugh Palliser et Stephens, et là on s'étendit sur l'influence que ce voyage allait exercer sur les connaissances géographiques, en complétant en quelque sorte toutes les découvertes maritimes. Le capitaine Cook, animé par ces puissantes considérations, s'élança de son siège en s'écriant qu'il se chargerait volontiers de cette expédition. La joie de lord Sandwich fut à son comble; car il pensait que Cook seul pouvait réussir ; il se hâta de prendre les ordres du roi, et Cook fut nommé commandant de l'expédition, en février 1776.

L'expédition fut composée de deux vaisseaux, *la Resolution*, dont Cook eut le commandement, et *la Discovery* (ou *Découverte*), qui fut confiée au capitaine Clerke. *La Resolution* eut le même nombre d'hommes qu'à son précédent voyage, et *la Discovery* fut armée comme l'avait été *l'Aventure*, à l'exception des soldats de marine.

Le roi, voulant donner aux habitants des îles Taïti et des autres îles de la mer du Sud des marques durables de sa bienveillance, ordonna qu'on leur porterait un assortiment d'animaux utiles; en conséquence on embarqua sur *la Resolution* un taureau, deux vaches, leurs veaux et plusieurs moutons, avec les objets nécessaires à leur nourriture. On devait prendre d'autres animaux au cap de Bonne-Espérance. Le capitaine reçut aussi une provision considérable de graines de jardinage. L'amirauté fit donner une foule d'outils en fer et une quantité d'articles curieux pour servir aux échanges et gagner l'amitié des sauvages; chaque matelot fut pourvu de vêtements chauds pour affronter les froids du nord; enfin, on mit à bord tout ce qu'on crut pouvoir contribuer à la santé et aux agréments des navigateurs.

Comme *la Resolution* devait séjourner à Taïti, on profita de cette occasion pour y renvoyer Omaï, jeune sauvage dont nous avons parlé et qui s'était embarqué avec le capitaine Furneaux sur *l'Aventure*. Il quitta Londres le 24 juin, avec un mélange de regret et de plaisir. — Le roi lui avait accordé une ample provision de toutes les choses que l'expérience avait appris à être estimées aux îles de la Société. Lord Sandwich, Banks et plusieurs autres personnes de distinction le comblèrent de présents. On ne négligea rien pour qu'il pût donner aux insulaires de Taïti la plus haute opinion de la grandeur et de la générosité des Anglais.

Le 8 juillet 1776, Cook reçut ses dernières instructions, en remit un double au capitaine Clerke, et, le 12, il quitta Plymouth, où il ne devait jamais rentrer. Nous ne le suivrons pas dans ses pérégrinations à travers les mers, sur les côtes de la Nouvelle-Zélande, aux îles Tanga, et au milieu de toutes les autres îles qu'il découvrit ou toucha sur sa route. Nous nous hâterons d'arriver avec lui à notre île de Taïti, où il aborda dans le courant du mois d'août 1777, un peu plus d'un an après son départ d'Angleterre.

II

L'effet des plumes rouges.

Quand *la Resolution* et *la Découverte* approchèrent de l'île, plusieurs pirogues, conduites chacune par deux ou trois hommes, prirent la route des vaisseaux. Omaï était sur le pont regardant arriver ses compatriotes; mais, comme les insulaires qui approchaient étaient tous des classes inférieures, fier des richesses qu'on lui avait prodiguées en Angleterre, il se détourna et ne fit point attention à eux. Les naturels de leur côté ne le regardèrent pas avec plus d'empressement, et ils ne semblèrent pas même s'apercevoir qu'il fût un de leurs compatriotes; ils lui parlèrent néanmoins quelque temps. Enfin, arriva un chef appelé *Ootée*. Ce chef était le beau-frère d'Omaï, et il se trouvait par hasard dans la petite péninsule de l'île où avaient abordé les vaisseaux. Trois ou quatre personnes, qui toutes avaient connu Omaï avant qu'il s'embarquât sur le bâtiment du capitaine. Furneaux, l'accompagnaient. Les Anglais s'attendaient à quelque scène de sensibilité entre ces gens de même famille et de connaissance qui se revoyaient après un si long temps ; mais leur entrevue fut presque froide et glacée. Les naturels montrèrent une indifférence parfaite, jusqu'à ce qu'Omaï, ayant conduit son beau-frère dans la grande chambre, ouvrît la caisse qui renfermait la provision de plumes rouges qu'il avait apportées de de Londres, et lui en donnât quelques-unes. — Les compatriotes qui étaient sur le pont apprirent cette grande nouvelle, et tout changea tout de suite de face. Ootée, qui auparavant daignait à peine parler à Omaï, le supplia de lui permettre qu'ils fussent tayos, et qu'ils changeassent de nom. Omaï accepta cet honneur ; et, pour témoigner sa reconnaissance, il fit un présent de plumes rouges à Ootée, qui envoya chercher à terre un cochon qu'il destinait à son nouvel ami. — Il était facile de voir que ce n'était pas Omaï, mais ses richesses qu'aimaient dès lors les insulaires.

C'est ainsi que se passa la première entrevue d'Omaï avec ses compatriotes. Cook s'y était attendu ; mais il espérait néanmoins qu'avec les trésors dont la libéralité de ses amis d'Angleterre l'avait chargé, il deviendrait un personnage important ; que les chefs les plus distingués des diverses îles de la Société le respecteraient et lui feraient leur cour. Cela serait sûrement arrivé, s'il avait mis quelque prudence dans sa conduite ; mais il fut loin de mériter cet éloge. Il fit trop peu d'attention aux avis multipliés de ceux qui lui voulaient du bien, et il se laissa duper par tous les fripons du pays.

III

Christus vincit.

Cook apprit des naturels que deux vaisseaux comme les siens avaient relâché à deux reprises différentes dans la baie d'Oheitepea, où il se trouvait, depuis son départ, et qu'ils en avaient reçu des animaux pareils à ceux qui se trouvaient sur son bord. Ils lui dirent que ces vaisseaux étaient venus d'un port appelé *Reema...* (*Lima, capitale du Pérou*), et que les bâtiments étaient espagnols. On l'informa aussi que les étrangers avaient construit une maison durant leur première relâche, et qu'ils avaient laissé dans l'île quatre hommes, savoir, deux prêtres, un domestique, et une quatrième personne, appelée *Mateema*; — qu'ils avaient emmené quatre des naturels; que les deux bâtiments étaient revenus environ dix mois après; qu'ils avaient ramené deux des Otaïtiens, les deux autres étant morts à Lima; qu'au bout d'un séjour de peu de durée ils avaient rembarqué leurs compatriotes, mais que la maison bâtie par eux subsistait encore.

Cook se hâta d'aller examiner cette maison qu'on l'assurait avoir été bâtie par les Espagnols. Il la trouva à peu de distance de la grève : les bois qui la composaient lui parurent avoir été amenés dans l'île tout préparés, car chacun d'eux portait un numéro. Elle était divisée en deux petites chambres : il remarqua, dans la seconde, un bois de lit, une table, un banc, de vieux chapeaux et d'autres bagatelles, que les naturels semblaient conserver soigneusement : ils ne prenaient pas moins de soin de la maison, qui était revêtue d'un hangar, et qui n'avait point été endommagée par le temps. Le pourtour était rempli d'écoutilles qui laissaient un passage à l'air; peut-être étaient-ce des meurtrières par où les Espagnols voulaient tirer des coups de fusil, si jamais on les attaquait. Il y avait assez près de la façade une croix de bois, dont la branche transversale présentait l'inscription suivante :

CHRISTUS VINCIT.

On lisait sur la branche verticale :

CAROLUS III, IMPERATOR, 1774.

Afin de conserver la mémoire des voyages antérieurs faits par les Anglais, Cook grava sur l'autre côté de la croix :

GEORGIUS III, REX,
ANNIS 1767,
1769, 1773, 1774 ET 1777.

Les naturels lui montrèrent, aux environs de la croix, le tombeau du commandant des deux vaisseaux, qui mourut dans la première relâche; ils l'appelaient *Oreede*. Quels qu'aient pu être les motifs des Espagnols en abordant sur cette île, Cook se convainquit qu'ils paraissaient s'être donné beaucoup de soins pour se rendre agréables, aux habitants qui lui en parlèrent dans toutes les occasions avec une estime et un regret extrême. Il apprit plus tard que les hommes de *Reema* (c'est-à-dire les Espagnols) avaient recommandé de ne pas le laisser entrer dans la baie d'Oheitepea, ce qui indiquait un dessein de prise de possession du pays.

IV

Révolte d'Éiméo.

D'Oheitepea, Cook avait gagné son mouillage ordinaire de Mataval, A peine arrivé, il reçut la visite d'Otoo, le roi de l'île entière. — Omaï se jeta aux pieds du monarque et embrassa ses genoux ; il avait eu soin de mettre son plus bel habit pour cette circonstance, et il se conduisit de la manière la plus respectueuse et la plus modeste. On fit cependant peu d'attention à lui : l'envie eut peut-être quelque part à ce froid accueil. Il offrit au roi une grosse touffe de plumes rouges et deux ou trois verges de drap d'or. De son côté, Cook donna au prince un vêtement de belle toile, un chapeau brodé d'or, des outils, et ce qui était encore plus précieux, des plumes rouges et un des bonnets que portaient les naturels des îles des Amis.

Dans cette entrevue avec le roi, le capitaine apprit que la célèbre Obéréa était morte, et il la regretta ainsi que tous ceux qui l'avaient connue.

Plusieurs jours s'écoulèrent dans l'intimité la plus parfaite avec Otoo et dans un commun échange de bons procédés et de présents ; mais bientôt des messagers de l'île d'Eiméo (ou *Morea*, comme disaient plus souvent les naturels) donnèrent au jeune roi et à ses sujets d'autres occupations.

Ils apprirent que les habitants de cette île étaient en armes, que les partisans d'Otoo avaient été battus et obligés de se retirer dans les montagnes. La querelle, qui avait commencé en 1774, n'avait jamais été complètement éteinte depuis. La flotte considérable que nous avons décrite dans le voyage précédent avait été armée contre Eiméo; mais les habitants de cette île firent une résistance si opiniâtre qu'elle dut revenir sans avoir eu de succès décisif, et une autre expédition était nécessaire.

Dès que la nouvelle de la révolte d'Eiméo fut répandue, tous les chefs qui se trouvaient à Matavaï s'assemblèrent à la maison d'Otoo, où Cook était alors, et il eut l'honneur d'être admis à leur conseil.

L'un des chefs exposa le sujet de la délibération et prononça un long discours... Après avoir fait le tableau des affaires à Eiméo, il invita les chefs de Taïti à se réunir et à prendre les armes. Cet avis fut combattu par d'autres orateurs qui voulaient attendre que l'ennemi commençât les hostilités; il régna d'abord beaucoup de décence dans le débat, et les conseillers ne parlèrent que l'un après l'autre. L'assemblée devint ensuite orageuse, et Cook crut qu'elle se terminerait par des violences comme les diètes de Pologne; mais les grands personnages qui s'étaient échauffés si brusquement se calmèrent de même, et le bon ordre se rétablit bientôt. La faction qui désirait la guerre l'emporta enfin, et il fut décidé qu'ils enverraient un armement considérable au secours de leurs amis d'Eiméo. Cette résolution fut loin d'obtenir l'unanimité des suffrages.

Otoo garda le silence durant tout le débat; il dit seulement par intervalles un mot ou deux aux orateurs. Les membres du conseil qui opinaient pour la guerre prièrent Cook de les aider avec les forces qui se trouvaient en sa puissance, et voulurent savoir le parti qu'il prendrait. Le capitaine envoya chercher Omaï, afin d'avoir un interprète; mais on ne le rencontra point, et il fut obligé de s'expliquer lui-même. Il leur dit le plus clairement qu'il put, que ne connaissant pas bien le sujet de la dispute, et les insulaires d'Eiméo ne l'ayant jamais offensé, il ne se croyait point en droit d'entreprendre des hostilités contre eux. Cette déclaration les satisfit ou parut les satisfaire. Les membres du conseil se dispersèrent. Otoo le pria de venir le revoir l'après-dîner, et d'amener Omaï.

Cook retourna en effet auprès du roi avec plusieurs de ses officiers. Le prince les conduisit dans la maison de son père, en présence duquel on parla de nouveau de l'injustice des insulaires d'Eiméo. — Cook désirait beaucoup trouver un moyen d'accommodement entre les deux puissances, et il sonda le vieux chef sur ce point; mais Whappaï, inaccessible à toute proposition de paix, le sollicita vivement, au contraire, d'aider les Taïtiens, auxquelles sollicitations il opposa un refus constant. Whappaï l'informa du sujet de la querelle, et il apprit que quelques années auparavant un frère de Wahéatua était parti de Tiaraboo pour aller occuper le trône d'Eiméo, sur l'invitation de Maheine, chef populaire de cette île ; que Maheine l'avait fait tuer peu de semaines après son arrivée, et avait réclamé la couronne au préjudice du fils de sa sœur, qui se trouvait le légitime héritier du sceptre, ou, selon une autre version, qui avait été chargé du gouvernement par les Taïtiens.

Towha, parent d'Otoo et chef du district de Tettaha, homme de beaucoup de crédit dans l'île, qui avait commandé en chef l'armement envoyé contre Eiméo, n'était pas à Mataval à cette époque, et par conséquent n'assista à aucune délibération. Il se mêlait beaucoup néanmoins de ce qui se passait, et montrait encore plus d'ardeur que les autres chefs, et, pour se rendre les dieux favorables, il résolut d'offrir un sacrifice humain à l'Eatoa (1).

---

(1) Nous donnerons les détails de ce sacrifice barbare, quand nous parlerons plus loin de la religion des Taïtiens.

Quelques jours après cet exécrable sacrifice, l'amiral Towha, Potatow et un troisième chef mirent à la voile avec l'escadre taïtienne. Un messager qui arriva le soir vint dire que l'armée avait débarqué à Eiméo, et qu'il y avait eu déjà des escarmouches, sans beaucoup de perte ou d'avantage de l'un ou l'autre côté.

La *Resolution* et la *Découverte* se tenaient alors en état de reprendre la mer, et Cook, voulant avoir assez de temps pour aborder aux îles des environs, songea à son départ et donna les ordres nécessaires.

Otoo vint l'avertir le 21 dès le grand matin que toutes les pirogues de guerre de Mataval et de trois districts du voisinage allaient partir pour Oparre, afin de se réunir aux pirogues de guerre de cette partie de l'île, et qu'il y avait une revue générale. Bientôt l'escadre de Mataval fut en mouvement; et, après avoir paradé autour de la baie, elle y rentra. Le capitaine monta son canot pour voir cette marine de plus près.

Il y avait environ soixante pirogues de guerre, munies de plates-formes sur lesquelles combattent les guerriers ; le nombre des pirogues moins grandes était à peu près aussi considérable... Cook voulait les accompagner à Oparrée ; mais les chefs décidèrent bientôt que l'escadre ne partirait pas avant le lendemain. Il fut bien aise de ce délai, qui lui offrait une occasion de connaître la manière de se battre des Taïtiens. Il pria Otoo d'enjoindre à quelques-unes des pirogues d'exécuter devant lui les manœuvres du combat. Le roi s'empressa d'ordonner à deux pirogues de sortir de la baie. Il monta sur un de ces bâtiments avec le capitaine et M. King, et Omaï se rendit à bord de la seconde pirogue. Lorsqu'elles eurent pris assez d'espace pour leurs évolutions, les deux pirogues se retournèrent en face ; elles s'avancèrent, elles reculèrent avec toute la vivacité que purent leur donner les rameurs. Sur ces entrefaites, les guerriers qui occupaient les plates-formes, brandissaient leurs armes et faisaient des mines et des contorsions qui semblaient n'avoir d'autre but que de les préparer à l'assaut.

Otoo se tenait à côté de la plate-forme, et il donnait le signal d'avancer ou de reculer. La sagacité et la promptitude du coup d'œil lui étaient nécessaires pour saisir les moments favorables et éviter ce qui devait offrir de l'avantage à l'ennemi. Enfin, lorsque les deux pirogues eurent avancé et reculé chacune au moins douze fois, elles s'abordèrent de l'avant ; après un combat de peu de durée, les guerriers de la plate-forme de la pirogue, que commandait le roi, parurent se laisser tuer jusqu'au dernier, et Omaï et ses camarades se rendirent maîtres du bâtiment. En ce moment, Otoo et ses rameurs se jetèrent à la mer, comme s'ils avaient été réduits à la nécessité de se sauver à la nage.

Après ce combat simulé, Omaï endossa une armure de chevalier qu'il avait apportée d'Angleterre. Il monta sur la plate-forme de l'une des pirogues, et les rameurs le menèrent en triomphe le long du rivage de la baie, en sorte que tous les naturels purent le contempler à loisir. Mais son armure de bataille fut loin d'obtenir tout le succès qu'il avait désiré.

Le lendemain, de grand matin, Otoo et son père arrivèrent à bord de la *Resolution* pour savoir quand le capitaine se proposait d'appareiller. Celui-ci, ayant appris qu'il y avait un bon havre à Eiméo, leur dit qu'il toucherait à cette île en allant à Huahiné. Ils lui demandèrent de partir avec lui et de mettre dans son escorte l'escadre de renfort qu'ils voulaient mener à Towha. Le capitaine y consentit, et il fut convenu qu'il prendrait sur son bord Otoo, son père, sa mère et toute sa famille. Le surlendemain, 24, fut désigné pour le départ.

Au moment où le roi se retirait, on vint lui apprendre que Towha avait fait un traité avec Maheiné, le chef populaire d'Eiméo, et ramené son escadre.

Cette nouvelle inattendue rendit inutiles les préparatifs de l'expédition ; et les pirogues de guerre, au lieu de marcher à Oparré, qu'on leur avait désigné pour le lieu du rendez-vous, eurent ordre de retourner dans leurs districts respectifs.

Bientôt un nouveau messager arriva d'Eiméo, et exposa au roi les articles de la paix, ou plutôt de la trêve, car la suspension d'armes n'était que pour un temps limité. Les conditions se trouvaient désavantageuses pour Taïti, et on blâma beaucoup Otoo, dont la lenteur à envoyer des renforts avait obligé Towha à se soumettre à un accommodement honteux. On disait même publiquement que Towha, indigné de la conduite du roi, avait juré de réunir ses forces à celles du roi de la péninsule sud, et d'attaquer Otoo à Mataval ou à Oparrée, lorsque Cook et ses vaisseaux n'y seraient plus.

Cook, informé de ce dessein, déclara solennellement qu'il défendrait les intérêts de son ami, et qu'il lui donnerait des secours contre une pareille ligue ; qu'il reviendrait dans l'île sans tarder, et qu'il se vengerait sans pitié de tous ceux qui auraient l'audace d'attaquer Otoo.

Les menaces eurent vraisemblablement l'effet qu'il en attendait, et, si Towha forma d'abord le projet dont nous venons de parler, il ne tarda pas à y renoncer, ou du moins il n'en fut plus question.

V

L'île d'Eimeo

Le 30 août, Cook partit de Taïti, et mit le cap sur l'extrémité septentrionale d'Eiméo, où se trouvait le havre qu'il voulait examiner. Omaï partit sur une pirogue que le roi Otoo lui avait donnée, et arriva longtemps avant les vaisseaux anglais. Cook, en approchant de terre, envoya deux canots pour reconnaître le havre ; on l'avertit par un signal que l'ancrage était bon : il y conduisit ses vaisseaux, et s'assura en effet qu'il n'y a guère, sur les terres de l'océan Pacifique, de rade plus sûre et de meilleure tenue. Tout vaisseau peut y entrer et en sortir, par les vents alisés qui règnent dans ces parages, et s'y procurer très facilement et du bois et de l'eau.

Dès qu'ils furent mouillés, les vaisseaux se remplirent d'insulaires que la curiosité seule amenait à bord. Le 2, dans la matinée, le célèbre Maheiné, chef de l'île, vint faire visite aux étrangers, accompagné de sa femme, qui était sœur d'Oamo, l'un des grands chefs de Taïti. Ils ne montèrent sur les vaisseaux qu'avec défiance, croyant Cook allié et ami des Taïtiens avec lesquels, nous l'avons vu, ils étaient encore en guerre ; mais ils furent bientôt rassurés.

Ce chef, qui, à l'aide d'un petit nombre de partisans, s'était rendu à quelques égards indépendant de Taïti, avait quarante à cinquante ans ; sa tête était chauve, ce qui n'arrive guère à cet âge dans les îles de la mer du Sud. Il portait un espèce de turban, et semblait honteux de n'avoir point de cheveux.

Le soir, Cook monta à cheval avec Omaï pour faire une

promenade le long de la côte. Son cortège ne fut pas nombreux. Omaï avait défendu aux naturels de les suivre, et la plupart d'entre eux obéirent: la crainte de déplaire l'emporta sur leur curiosité. Towha avait amené sa flotte dans ce havre; et, quoique les hostilités n'eussent duré que peu de jours, on apercevait partout les traces de leurs dévastations. Les arbres étaient dépouillés de leurs fruits, et toutes les maisons du voisinage avaient été abattues ou réduites en cendres.

Cook voulait appareiller le jour suivant; mais un accident qui lui donna beaucoup d'inquiétude ne le permit pas.

Nous avons vu qu'il avait envoyé un certain nombre d'animaux destinés à se reproduire dans les îles qu'il visitait. Il avait envoyé ses chèvres à terre pour les laisser paître pendant le jour. Deux marins les gardaient, et cependant les naturels parvinrent à en voler une. La perte n'eût pas été bien importante, si Cook n'eût pas eu le dessein d'enrichir d'autres îles de cette espèce de quadrupèdes; mais, comme il tenait beaucoup à ce projet, il était indispensable d'employer tous les moyens possibles pour en obtenir la restitution. Il ordonna à un détachement de monter en canot et d'aller dire à Maheiné qu'il se vengerait si on ne lui livrait pas tout de suite la chèvre et le voleur.

Mais, tandis qu'il prenait des mesures pour recouvrer la première, une seconde chèvre fut volée. — Le capitaine s'irrita. — Il ne pouvait pas laisser croire aux habitants des îles où il voulait aborder qu'on pouvait le voler impunément. — Il consulta Omaï sur ce qu'il devait faire. Celui-ci lui conseilla tout de suite de pénétrer avec un détachement dans l'intérieur du pays et de tuer tous les insulaires qu'il rencontrerait.

Cook ne s'avisa point d'adopter ce conseil sanguinaire;

mais il résolut de traverser Eiméo, à la tête d'une troupe assez nombreuse pour exercer une sorte de vengeance, et le lendemain, à la pointe du jour, il partit avec trente-cinq de ses gens, et Omaï. Il ordonna en même temps à un des lieutenants d'armer trois canots et de venir le trouver à la partie occidentale de l'île.

Dès l'instant où il débarqua avec son détachement, les insulaires qui se trouvaient encore dans le voisinage s'enfuirent devant lui. Le premier homme qu'il rencontra fut en danger de perdre la vie; car Omaï l'eut à peine aperçu qu'il lui tira un coup de fusil, tant il était persuadé que l'on descendait dans l'île pour faire ce qu'il avait conseillé. Heureusement qu'il était fort mauvais tireur, sans quoi c'en était fait de l'individu. Cook ordonna bien vite à Omaï, pour réparer sa vivacité, de déclarer aux insulaires que l'intention du capitaine n'était pas de les blesser, et beaucoup moins de les tuer. Cette heureuse nouvelle se répandit avec la rapidité de l'éclair; elle arrêta la fuite des habitants, et aucun d'eux ne quitta plus sa maison devant les Anglais.

Les chèvres néanmoins n'étaient pas rendues, et la satisfaction désirée manquait. Cook, ayant atteint inutilement la dernière des plantations qui se trouvent dans la partie supérieure des collines d'Eiméo, voyant que la poursuite sans représailles n'aboutissait à rien, chargea Omaï de déclarer aux Indiens que, si avant la nuit ses chèvres n'étaient pas rendues, il brûlerait leurs maisons et leurs pirogues. Cette menace n'eut encore aucun résultat. Il fallait bien en venir aux effets. Cook fit mettre le feu à six ou huit maisons, qui furent consumées par les flammes, ainsi que deux ou trois pirogues de guerre amarrées près de là. Il alla ensuite joindre les canots éloignés de lui d'environ sept ou huit milles. Chemin faisant, il fit brûler six autres pirogues de guerre sans que personne tentât de s'y opposer; au contraire, plusieurs gens du pays aidèrent les Anglais vraisemblablement par crainte plutôt que de bonne volonté.

Cependant, Omaï, qui marchait un peu en avant, vint dire au capitaine que les naturels s'assemblaient en foule afin d'attaquer le détachement. On se prépara à les recevoir; mais, au lieu de voir des ennemis rangés en bataille, Cook ne vit que des suppliants; ils déposèrent des bananiers à ses pieds et ils le conjurèrent d'épargner une grande pirogue qu'il allait trouver. Il leur accorda de bon cœur ce qu'ils demandaient.

Et pourtant les deux chèvres ne se retrouvaient pas.

Le lendemain, dès le grand matin, Cook envoya à Maheiné un des serviteurs d'Omaï; il fit dire à ce chef d'une manière positive que, s'il persistait à ne vouloir point lui rendre ses chèvres, il ne laisserait pas une seule pirogue dans l'île, et qu'il pouvait s'attendre à lui voir continuer les hostilités tant qu'il ne les aurait pas reçues. Afin que le messager sentît lui-même combien ces menaces étaient sérieuses, le charpentier détruisit, en sa présence, trois ou quatre pirogues amarrées sur la grève.

Maheiné comprit cette fois et ne crut pas devoir se moquer davantage du terrible capitaine. Il lui renvoya ses chèvres, quoique bien à regret.

Ainsi se termina cette pénible et malheureuse affaire; les suites qu'elle entraîna ne causèrent pas moins de chagrin à Cook qu'aux insulaires. Ne s'étant point rendu aux sollicitations d'Otoo, qui le pressait de prendre parti en sa faveur contre Eiméo, il fut bien douloureux pour lui d'être réduit si tôt à faire aux habitants de cette île une sorte de guerre, qui peut-être leur nuisit plus que l'expédition de Towha.

L'aspect général d'Eiméo ne ressemble point du tout à celui de Taïti ; la première, formant une seule masse de collines escarpées, n'a guère de terrains bas que quelques vallées profondes, et la bordure plate qui environne la plupart de ses cantons situés au bord de la mer. Eiméo, au contraire, a des collines qui se prolongent en différentes directions ; l'escarpement de ces collines est très inégal ; elles offrent, à leur pied, de très grandes vallées, et, sur leurs flancs, des terrains qui s'élèvent en pente douce. Quoique remplies de rochers, elles sont en général couvertes d'arbres jusqu'au sommet ; mais souvent on ne voit que de la fougère sur les parties inférieures de la croupe. Au fond du havre où nous mouillâmes, le terrain s'élève peu à peu jusqu'au pied des collines qui traversent l'île vers son centre ; mais la bordure plate dont elle est environnée devient absolument escarpée à peu de distance de la mer, ce qui forme un coup d'œil pittoresque, bien supérieur à tout ce qu'on voit à Taïti. Le sol des cantons bas est un terrain jaunâtre assez compact ; il est plus noir et plus friable sur les petites collines, et, lorsque l'on en brise la pierre, on la trouve bleuâtre, peu ferme et entremêlée de particules de mica.

Un détail légendaire pour terminer ce chapitre d'Eiméo :

« Nous trouvâmes, dit Cook, près de notre mouillage, deux grosses pierres, ou plutôt deux rochers, sur lesquels les naturels ont des idées superstitieuses ; ils les regardent comme des Eatoas, ou des divinités. Ces rochers, selon leur mythologie, sont frère et sœur, et ils sont venus de l'île d'Uliétéa d'une manière surnaturelle.

VI

L'île de Huaheiné.

Cook quitta Eiméo le 11 septembre, sur les neuf heures du matin, et le 12, à la pointe du jour, il découvrit Huaheiné; à midi, il mouilla à l'entrée septentrionale du havre de Owharre; l'après-dîner se passa à remorquer les vaisseaux dans un lieu convenable et à amarrer.

Le lendemain, tous les insulaires de quelque importance arrivèrent aux vaisseaux. Le capitaine en fut enchanté, car il voulait s'occuper de l'établissement d'Omaï dans cette île, et il crut que l'occasion était favorable.

Omaï était originaire d'Uliétéa, et aurait préféré s'y établir. Les naturels de Bolabola, conquérants de l'île, avaient dépouillé son père de quelques terres dont il espérait la restitution, grâce à ses amis, les Anglais; mais Cook, qui avait peu de confiance en sa modération, sentit qu'il se ferait bien vite des ennemis chez les siens, et que la supériorité que ses richesses d'Europe lui donnaient serait mieux acceptée à Huaheiné. Il se décida donc à tirer parti de la présence des chefs, et à solliciter en faveur d'Omaï la permission dont il avait besoin.

Pour se faire bien venir de ceux qui allaient décider de sa situation, Omaï offrit aux chefs plusieurs touffes de plumes rouges; il remit aussi à l'un des assistants, qui sans doute était prêtre, un présent assez considérable pour le *Moraï*.

Dès que ces offrandes furent terminées, Omaï s'assit près de Cook et les négociations commencèrent.

Sur l'invitation des chefs, Omaï prit la parole pour exposer sa demande. Il se leva et dit : « que les Anglais l'avaient conduit dans leur patrie d'au delà des mers, où il avait été fort bien accueilli du grand roi et de ses Earées ; qu'on l'avait traité avec beaucoup d'égard, et qu'on lui avait donné toutes les marques possibles d'attachement pendant son séjour en Angleterre ; qu'on avait eu la bonté de le ramener aux îles de la Société ; qu'il arrivait riche d'une foule de trésors qui seraient très utiles à ses compatriotes ; qu'outre les chevaux qu'il amenait et qu'il devait garder dans son habitation, ses amis, les Anglais, avaient laissé à Taïti plusieurs animaux précieux et d'une espèce nouvelle, qui se multiplieraient et se répandraient bientôt sur toutes les îles des environs. Il leur déclara que son protecteur, le capitaine Cook, demandait, pour prix de ses services, qu'on lui accordât un terrain, qu'on lui permît de bâtir une maison, et d'y cultiver les productions nécessaires à sa subsistance et à celle de ses domestiques. Il ajouta que, s'il n'obtenait pas à Huaheiné, gratuitement ou par échange, ce qu'il sollicitait, son ami Cook était disposé à le conduire à Uliétéa. »

Quand on défend ses intérêts on devient facilement éloquent. — Le capitaine, qui écoutait Omaï, dut reconnaître qu'il aurait peut-être fait lui-même un discours meilleur, quant aux règles oratoires ; mais qu'Omaï n'avait oublié aucun des points importants sur lesquels il lui avait recommandé d'insister. — Il remarqua seulement que les chefs, sur la fin du discours d'Omaï, s'étaient mépris sur ses intentions personnelles relativement à Uliétéa. Ils s'imaginèrent tout de suite qu'il se proposait d'attaquer cette île, et qu'il les aiderait à en chasser les naturels de Bolabola. Il était donc nécessaire de les détromper. « Il leur déclara d'une manière positive qu'il ne les aiderait pas dans une entreprise de cette espèce, que même il ne la souffrirait point, tant qu'il serait dans ces parages ; et que si Omaï se fixait à Uliétéa, au lieu de se fixer à Huaheiné, il l'y établirait d'une manière amicale, et sans faire la guerre à la peuplade de Bolabola. »

Cette déclaration du capitaine fit l'opinion du conseil. L'un des chefs lui répondit sur-le-champ « qu'il pouvait disposer de l'île entière de Huaheiné et de tout ce qu'elle renferme ; qu'il était le maître d'en donner à son ami tout ce qu'il voudrait ». Cette réponse fit un grand plaisir à Omaï, qui crut que le capitaine allait user largement de la permission en sa faveur et lui accorder une vaste étendue de terrain. Mais Cook réfléchit qu'en lui offrant ce qu'il ne convenait pas d'accepter, en réalité on ne lui offrait rien du tout ; et il voulut non seulement que les chefs désignassent le local, mais la quantité précise de terrain dont jouirait son ami. — Après une délibération qui fut courte, les chefs souscrivirent à la demande de Cook d'une voix unanime ; ils lui cédèrent à l'instant un terrain contigu à la maison où se tenait le conseil : son étendue, le long de la côte du havre, était d'environ deux cents verges, et sa profondeur, qui allait jusqu'au pied de la colline, qui en renfermait même une partie, se trouvait un peu plus considérable.

Après cet arrangement, qui satisfit tout le monde, Cook ordonna de dresser une tente où il établit un poste. Les charpentiers des deux vaisseaux construisirent une petite maison dans laquelle Omaï devait renfermer ses trésors. On lui créa de plus un jardin où l'on planta des ceps de vigne, des pommes de pin, des melons, et les graines de plusieurs autres végétaux.

Tandis que l'on construisait la petite maison d'Omaï, un

voleur, qui avait été signalé au capitaine comme un coquin de la pire espèce, s'empara d'un sextant. Cook crut devoir le punir d'une manière plus rigoureuse que les autres voleurs auxquels il avait infligé des châtiments. Il lui fit raser les cheveux et la barbe, et couper les deux oreilles. — Cette correction ne le corrigea pourtant pas, car peu après il s'introduisit dans le jardin d'Omaï et détruisit ou emporta les ceps de vigne et les choux qu'on y avait plantés. Cook le fit arrêter de nouveau et tenir en prison pour l'expatrier dans une autre île et en délivrer celle-ci.

La maison d'Omaï achevée, on y déposa la plupart de ses trésors. Parmi la foule de choses inutiles qu'il avait reçues en Angleterre, il y avait une caisse de joujoux. Il eut soin de montrer aux naturels les bagatelles qu'elle contenait, et la multitude étonnée parut les contempler avec un grand plaisir. Quant à ses pots, ses chaudrons, ses plats, ses assiettes, ses bouteilles, ses verres, enfin les divers meubles dont on se sert dans les ménages d'Europe, il y eut à peine un seul de ces articles qui attirât les regard des insulaires ; il commençait lui-même à juger tout cet attirail inutile. Il vendit aux équipages des vaisseaux tous les meubles de cuisine qu'ils voulurent lui acheter et il eut raison ; il reçut en échange des haches et d'autres outils en fer, qui avaient plus de valeur intrinsèque dans cette partie du monde, et qui devaient ajouter davantage à sa supériorité sur les individus avec lesquels il allait passer le reste de ses jours.

Dès qu'Omaï fut établi dans son habitation, Cook songea à partir ; il fit reconduire à bord tout ce qu'on avait débarqué, excepté un cheval, une jument et une chèvre qu'il laissa à cet ami dont il allait se séparer pour jamais. Il lui laissa aussi une truie et deux cochons de race anglaise. Avant d'appareiller, il grava l'inscription suivante en dehors de sa maison.

GEORGIUS III, REX,

2 NOVEMBRIS 1777,

Naves { *Resolution*... Jac... Cook, pr.
{ *Discovery*... Car... Clerke, pr.

Le 2 novembre, à quatre heures du soir, les deux navires sortirent du havre. Un grand nombre d'Indiens étaient à bord et, afin de satisfaire leur curiosité, Cook ordonna de tirer cinq coups de canon. — Omaï accompagna en mer ses amis pendant quelque temps, ne pouvant se résoudre à leur faire des adieux. Il s'en alla ensuite dans le canot, après avoir embrassé tendrement chacun des officiers. Il montra assez de courage jusqu'à l'instant où il s'approcha de Cook; mais alors il essaya en vain de se contenir; il versa un torrent de larmes et M. King, qui commandait le canot, le vit pleurer pendant toute la route

VII

L'île d'Uliétéa.

Lorsque le canot qui conduisait à terre Omaï eut rallié les vaisseaux, ils prirent tout de suite la route d'Uliétéa. Ils y arrivèrent le lendemain vers midi. — Oréo, chef de l'île, prit le large dès qu'il aperçut les arrivants, et vint leur faire visite avec son fils et Potooé, son gendre. Cook offrit au chef une robe de toile, une chemise, un chapeau de plumes rouges, et d'autres choses de moindre valeur dont il fut extrêmement satisfait.

Il n'arriva rien de remarquable jusqu'à la nuit du 12 au 13. Cette nuit, Jean Harrison, soldat de marine, déserta, emportant son fusil et son équipement. Cook sut de quel côté il avait tourné ses pas et envoya un détachement à sa poursuite. Ses gens revinrent le soir sans avoir rien appris. — Le lendemain, Cook s'adressa au chef Oréo, et le pria de mettre tous ses moyens en usage. Oréo promit d'envoyer quelques insulaires après le déserteur, et fit espérer qu'on le ramènerait le même jour. — Mais le jour passa et le soldat n'arriva point. Pensant qu'Oréo n'avait fait aucune démarche, Cook résolut de chercher son homme lui-même. Il fit armer deux canots et se rendit à Hamaa, de l'autre côté de l'île, accompagné d'un naturel qui l'avait informé qu'on avait conduit Harrison dans ce lieu. Il l'y trouva, en effet, assis au milieu d'une foule d'Indiens qui se levèrent pour demander sa grâce. Comme il était important de prévenir de pareilles désertions, Cook les accueillit fort mal et leur ordonna de se retirer. Pacha, chef de district, arriva ; il offrit un bananier et un cochon de lait en signe de paix. Cook refusa son cadeau et lui enjoignit de sortir de sa présence. Après avoir embarqué le déserteur sur un de ses canots, il retourna aux vaisseaux. Le déserteur fut puni, mais avec beaucoup moins de rigueur qu'il ne l'avait mérité.

Cette désertion fut suivie d'une seconde qui donna beaucoup plus de mal au capitaine. Il apprit, le 24, au matin, l'évasion d'un midshipman et un matelot de *la Découverte*. Les naturels lui dirent bientôt après que les déserteurs s'étaient enfuis sur une pirogue la veille, à l'entrée de la mer, et qu'ils étaient à l'autre extrémité de l'île. Le midshipman ayant témoigné souvent le désir de passer sa vie sur ces terres, il paraissait clair que lui et son camarade formèrent le projet de ne pas revenir, et le capitaine Clerke alla à leur poursuite avec deux canots armés et un détachement de soldats de marine. Sa démarche n'eut point de succès, car il fut de retour le soir, sans avoir appris aucune nouvelle sûre des deux déserteurs : il jugea que les naturels cachaient le midshipman et le matelot; qu'ils l'avaient amusé toute la journée avec des mensonges, et lui avaient indiqué malignement des endroits où il ne devait pas retrouver ces deux hommes. — On apprit, en effet, le lendemain que les déserteurs étaient à Otaha. Ces deux hommes n'étaient pas les seuls des équipages qui eussent envie de s'établir sur ces îles fortunées; et, afin d'empêcher de semblables désertions, il devenait indispensable d'employer les plus puissants moyens. — Voulant montrer aux naturels l'intérêt qu'il mettait au retour de ses hommes, le capitaine résolut d'aller les chercher lui-même. Il avait observé en bien des circonstances que les insulaires s'avisaient rarement de le tromper.

Il partit en effet le 22 au matin avec deux canots armés. Le chef de l'île lui servit de guide et il marcha sur ses pas. Ils ne s'arrêtèrent qu'au moment où ils eurent atteint le milieu du côté oriental de Otaha, ils débarquèrent alors, et Oréo détacha en avant un homme, auquel il enjoignit de saisir les déserteurs et de les tenir aux arrêts jusqu'à ce que les canots fussent arrivés.

Quand Cook fut parvenu à l'endroit où il comptait les trouver, on lui dit qu'ils avaient quitté l'île, et passé la veille à Bolabola. Il ne crut pas devoir les y suivre, et retourna aux vaisseaux, bien décidé à faire usage d'un expédient qui lui parut propre à contraindre les naturels à ramener eux-mêmes le midshipman et le matelot.

Oréo, le roi, son fils, sa fille et son gendre étant venus à bord de *la Resolution*, Cook ordonna de tenir aux arrêts les trois derniers jusqu'à ce qu'on ramenât les deux déserteurs.

— Oréo était auprès du capitaine, lorsqu'il apprit la nouvelle de l'arrestation de sa famille. Croyant que cela s'était fait sans l'aveu de Cook, il l'en avertit tout de suite. Cook lui répondit qu'il avait ordonné lui-même cet emprisonnement. Le pauvre roi commença à craindre pour lui, et ses regards annoncèrent le plus grand trouble. Mais Cook ne tarda pas à le tranquilliser sur ce point ; il lui dit qu'il pourrait quitter le vaisseau quand il le voudrait et prendre les mesures les plus propres à rendre les déserteurs ; que s'il réussissait on mettrait en liberté ses amis ; et que, s'il ne réussissait pas, on les garderait prisonniers et on les emmènerait sur les vaisseaux.

Oréo partit en se lamentant sur le sort de ses amis ; mais il s'occupa tout de suite des moyens de faire rendre les déserteurs. Il expédia une pirogue à Bolabola, avertit Opoony, souverain de cette île, de ce qui était arrivé, le pria d'arrêter les deux fugitifs et de les renvoyer. Le messager, qui n'était rien moins que le père de Pootoë, gendre d'Oréo, vint prendre les ordres de Cook avant de partir. Celui-ci lui enjoignit expressément de ne pas revenir sans les déserteurs, et de dire de sa part à Opoony d'envoyer des pirogues à leur suite s'ils avaient quitté Bolabola, car il présumait qu'ils ne demeureraient pas longtemps dans le même endroit.

Les insulaires s'intéressaient si vivement à la liberté du fils, de la fille et du gendre d'Oréo, qu'ils ne voulurent pas la faire dépendre du retour des fugitifs ; et leur impatience fut si vive qu'ils méditèrent un complot dont les suites auraient pu devenir excessivement funestes pour eux.

Cook observa sur les cinq ou six heures du soir que toutes les pirogues qui se trouvaient dans le havre, aux environs, commençaient à s'enfuir, comme si la frayeur se fût répandue dans le pays. Il était à terre, et fit vainement des recherches pour découvrir la cause de cette alarme.

Bientôt l'équipage de *la Découverte* l'avertit par des cris que des naturels avaient arrêté le capitaine Clerke et M. Gore, qui se promenaient à quelque distance des vaisseaux. Etonné de la hardiesse de ces représailles qui semblaient détruire l'effet de ses combinaisons, il n'eut pas le loisir de délibérer. Il ordonna de prendre les armes, et en moins de cinq minutes, un gros détachement, commandé par M. King, partit, avec ordre de délivrer M. Clerke et M. Gore. Deux canots armés et un second détachement poursuivirent en même temps les pirogues. M. Williamson, qui le commandait, reçut l'ordre d'empêcher les embarcations des insulaires d'aborder à la côte. Dès qu'on eut perdu de vue les détachements, Cook apprit qu'on lui avait donné une fausse nouvelle, et leur envoya un ordre de retour.

Il était clair, néanmoins, d'après plusieurs circonstances, que les naturels avaient véritablement formé le projet d'arrêter M. Clerke. Ils n'en firent pas un secret le lendemain. Ils méditaient bien autre chose, car ils voulaient arrêter aussi le commandant en chef.

Cook prenait tous les soirs un bain d'eau douce ; il allait souvent au bain seul, et toujours sans armes. Ils avaient résolu de l'attendre ce jour-là et de s'assurer de sa personne et de celle du capitaine Clerke, s'ils le trouvaient avec lui. Mais, depuis que la famille d'Oréo était tenue aux arrêts, Cook n'avait pas cru devoir exposer sa personne, et avait recommandé au capitaine Clerke et aux officiers de ne pas s'éloigner du vaisseau. — Dans le cours de l'après-midi, le chef lui demanda à trois reprises différentes s'il n'irait pas se baigner ; et, s'apercevant qu'il avait résolu de ne pas se rendre au bain, il s'en alla mécontent avec ses gens, malgré tout ce qu'il put dire et faire pour les retenir. — N'ayant point alors de soupçons de leur dessein, Cook imagina qu'une frayeur subite s'était emparée d'eux, et que cette terreur, selon leur usage, ne tarderait pas à se dissiper. Comme il ne leur restait plus d'espoir de l'attirer dans le piège, ils essayèrent d'arrêter ceux des officiers qui s'éloigneraient un peu de la côte. Heureusement pour eux et pour les Anglais, ils ne réussirent pas. Par un autre hasard également heureux, tout ceci se passa sans effusion de sang ; on ne tira que deux ou trois coups de fusil, afin d'arrêter les pirogues. M. Clerke et M. Gore durent peut-être leur sûreté à ces deux ou trois coups de fusil, car, dans ce même instant, une troupe d'insulaires armés de massues s'avançaient vers eux, et elle se dispersa dès qu'elle entendit l'explosion.

Après cet insuccès, Oréo, aussi affligé que Cook de ne point recevoir des nouvelles de Bolabola, partit pour cette île, et pria le capitaine de l'y suivre le lendemain avec les vaisseaux. C'était aussi son projet ; mais le vent ne lui permit pas d'appareiller. Ce vent, qui les retenait dans le havre, ramena Oréo de Bolabola avec les deux déserteurs. Ils avaient atteint Otaha la nuit de leur désertion ; mais la tranquillité de l'atmosphère les ayant mis dans l'impossibilité de gagner aucune des îles situées à l'est, où ils voulaient se réfugier, ils s'étaient rendus à Bolabola, et de là à la petite île Toobaëe, où ils furent arrêtés par le père de Potooë, conformément au

L'Ile de Borabora (p. 217)

premier message envoyé à Opoony. Dès qu'ils furent à bord, on relachâ le fils, la fille et le gendre du chef. Ainsi on termina une affaire qui avait donné à Cook beaucoup de peines et d'inquiétudes. Les raisons exposées plus haut, et le désir de conserver à l'Angleterre le fils d'un de ses camarades dans la marine du roi, le déterminèrent à prendre des mesures si violentes.

Le matin du 7 décembre, les deux vaisseaux mirent en mer à l'aide de leurs canots et prirent la route de Bolabola. Le 8, à la pointe du jour, ils arrivaient à la pointe du havre qui gît au côté occidental de l'île.

VIII

L'île de Bolabola (ou Borabora).

Bolabola n'a que huit lieues de tour; et, lorsqu'on songe à ce peu d'étendue, on est étonné que ses habitants aient entrepris et achevé la conquête d'Uliétéa et d'Otaha, car la grandeur de la première de ces deux îles est au moins le double de la sienne.

Une montagne élevée et à double pic se dresse au milieu de l'île. Elle paraît stérile du côté oriental; mais, du côté occidental, elle offre des arbres et des arbrisseaux, même dans les endroits les plus escarpés. Les terrains bas, qui l'environnent près de la mer, sont couverts de cocotiers et de fruits à pain, ainsi que les autres îles de cet océan ; et les nombreux îlots qui la bordent en dedans des récifs ajoutent à ses productions végétales et à sa population.

Cette petite île a joué un rôle considérable dans l'archipel de la Société. Sa guerre contre Uliétéa y a produit une révolution mémorable. Pendant son séjour dans cette île, Cook fit des recherches dont le résultat peut intéresser le lecteur ; nous allons l'insérer ici comme une esquisse de l'histoire de nos amis de cette partie du monde.

Les îles contiguës d'Uliétéa et d'Otaha vécurent longtemps amies, ou, selon l'expression des naturels, elles se regardèrent longtemps comme deux sœurs que des vues d'intérêt ne pouvaient désunir. Elles formèrent aussi avec Huaheiné des liaisons d'amitié qui furent moins intimes ; Otaha cependant eut la perfidie de se liguer avec Bolabola pour attaquer Uliétéa. Les habitants d'Uliétéa appelèrent à leur secours les habitants de Huaheiné. Les guerriers de Bolabola étaient encouragés par une prêtresse, ou plutôt par une prophétesse qui leur annonçait la victoire ; pour ne pas leur laisser des doutes sur la certitude de sa prédiction, elle dit que si on envoyait un d'entre eux dans un endroit de la mer qu'elle désigna, il verrait s'élever une pierre du sein des flots. L'un d'eux prit en effet une pirogue et se rendit au lieu indiqué. Il essaya de plonger dans la mer pour reconnaître où était la pierre ; mais il fut à peine sous l'eau qu'il fut rejeté brusquement à la surface avec la pierre à sa main. Les naturels, étonnés de ce prodige, déposèrent religieusement la pierre dans la maison de l'Éatooa, et on la conserve à Bolabola, afin d'attester que la femme était inspirée par le Dieu. Ne doutant plus du succès, l'escadre de Bolabola alla chercher les pirogues d'Uliétéa et de Huaheiné. Celles-ci, se trouvant jointes ensemble par de grosses cordes, le combat fut long, et, malgré la prédiction et le miracle, les insulaires de Bolabola auraient probablement été battus, si la marine d'Otaha n'était pas arrivée au moment de la crise. Ce renfort décida du sort de la journée. Les naturels de Bolabola défirent l'ennemi et tuèrent beaucoup de monde. Profitant de la victoire, ils envahirent Huaheiné, qu'ils savaient mal défendue, et dont la plupart des guerriers étaient absents. Ils se rendirent maîtres de l'île, et un grand nombre des habitants se réfugièrent à Taïti, où ils racontèrent leurs désastres. Ceux de leurs compatriotes ou des naturels d'Uliétéa qu'ils rencontrèrent, attendris par le récit des cruautés des vainqueurs, leur donnèrent quelques secours; mais ils ne purent équiper que dix pirogues de guerre. Quoique leur force fût si peu considérable, ils concertèrent leur plan d'une manière sage ; ils débarquèrent à Huaheiné pendant une nuit obscure ; et, tombant à l'improviste sur les vainqueurs, ils en tuèrent la plupart et obligèrent le reste à se sauver. Ils reprirent ainsi l'île de Huaheiné, qui, depuis cette époque, ne reconnaît pour souverains que ses propres chefs. Immédiatement après la défaite des escadres réunies d'Uliétéa et de Huaheiné, les habitants d'Otaha demandèrent aux naturels de Bolabola, leurs alliés, à être admis au partage de la conquête; ils essuyèrent un refus et ils rompirent l'alliance. Il y eut une guerre, et l'île d'Otaha, ainsi que celle d'Uliétéa furent subjuguées. L'une et l'autre se trouvaient au temps de Cook soumises à Bolabola; les chefs qui y commandaient étaient des députés d'Opoony. Pour réduire les deux îles, les députés de Bolabola avaient livré cinq batailles, dans lesquelles il y eut une multitude d'hommes tués.

Tels sont les détails qui furent donnés à Cook par les gens

du pays ; et nous terminerons par ces détails ce que nous avons à dire des voyages de cet illustre marin.

On sait qu'en s'éloignant de l'archipel de la Société et de cette chère île de Taïti, que lui et ses marins regardaient comme une terre promise, il monta vers le nord, à la recherche du passage du pôle. — Arrivé aux îles Sandwich, découvertes par lui et auxquelles il avait donné le nom de son protecteur, le lord de l'amirauté qui lui avait confié sa mission, il fut attaqué par les naturels, qui longtemps l'avaient considéré comme un Dieu, et périt sous leurs coups.

VI

TAÏTI IL Y A CENT ANS.

Mœurs. — Usages. — Religion. — Arts. — Gouvernement. — etc.

CHAPITRE I

Les deux races taïtiennes. — Habillement. — Coiffure. — Maisons. — Description de l'une d'elles. — Tatouage. — Opération du tatouage sur une enfant...

Nous dirons dans ce chapitre et quelques-uns de ceux qui vont suivre ce qu'étaient à l'époque où Wallis, Bougainville et Cook abordèrent à Taïti, les mœurs, les coutumes et les arts des habitants de cette île, dont les descendants aujourd'hui sont Français. Le progrès ne tardera pas à passer chez eux, et à effacer les antiques institutions et les antiques usages ; espérons que ce sera pour leur bien, et que ce peuple encore neuf n'aura qu'à se féliciter de l'abandon qu'il fait de soi au peuple le plus civilisé du vieux monde ; en attendant, rappelons et pour lui et pour nous ce qu'il était quand les trois illustres marins firent flotter pour la première fois le drapeau de l'Europe sur ses bords.

« Le peuple de Taïti, dit Bougainville, est composé de deux races d'hommes très différentes, qui cependant ont la même langue, les mêmes mœurs, et qui paraissent se mêler ensemble sans distinction. La première, et c'est la plus nombreuse, produit des hommes de la plus grande taille : il est ordinaire d'en voir de six pieds et plus. Je n'ai jamais rencontré d'hommes mieux faits ni mieux proportionnés. Pour peindre Hercule et Mars, on ne trouverait nulle part d'aussi beaux modèles. Rien ne distingue leurs traits de ceux des Européens ; et, s'ils étaient vêtus, s'ils vivaient moins à l'air et au grand soleil, ils seraient aussi blancs que nous. En général, leurs cheveux sont noirs. — La seconde race est d'une taille médiocre, a les cheveux crépus et durs comme du crin ; sa couleur et ses traits diffèrent peu de ceux des mulâtres. »

Wallis et Cook ne parlent pas de cette différence de races signalée par Bougainville, mais ils s'accordent avec lui pour dire que les Taïtiens sont grands, bien faits, agiles et dispos.

« La taille des hommes, dit Wallis, est en général de cinq pieds sept pouces à cinq pieds dix pouces, et il y en a peu qui soient plus petits ou d'une taille plus haute. Celle des femmes est de cinq pieds six pouces. Le teint des hommes est basané, et ceux qui vont sur l'eau l'ont beaucoup plus bronzé que ceux qui vivent toujours à terre. Leurs cheveux sont ordinairement noirs, mais quelquefois bruns, rouges ou blonds ; ce qui est digne de remarque, parce que les cheveux de tous les naturels d'Asie, d'Afrique et d'Amérique sont noirs sans exception. Ils les nouent dans une seule touffe sur le milieu de la tête, ou en deux parties, une de chaque côté ; d'autres pourtant les laissent flottants, et alors ils bouclent avec beaucoup de raideur ; les enfants des deux sexes les ont ordinairement blonds. Leurs cheveux sont arrangés très proprement, quoiqu'ils ne connaissent point l'usage des peignes ; toutefois ceux à qui nous en avions donné savaient fort bien s'en servir. C'est un usage universel parmi eux de s'oindre la tête avec une huile de cocos dans laquelle ils infusent la poudre d'une racine qui a une odeur approchant de celle de la rose. »

Comme on voit, les Taïtiens n'avaient pas attendu l'arrivée des étrangers pour connaître l'usage de la pommade. Ils se laissaient croître la partie inférieure de la barbe ; mais ils avaient tous les moustaches et le haut des joues rasés. De quel instrument se servaient-ils pour cela ? — Probablement de quelque coquillage finement aiguisé, car ils n'avaient pas alors d'autres instruments tranchants. Ils laissaient aussi toute leur longueur aux ongles, excepté à celui du milieu de la main droite.

Leur habillement est composé d'étoffe et de nattes de différentes espèces que nous décrirons en parlant de leurs manufactures. Le peuple de la classe inférieure, qui n'a d'étoffe que la petite quantité que lui en donnent les tribus et les familles dont il dépend, est obligé d'être habillé à la légère ; mais les grands et les chefs, comme marque de richesse et de puissance, portent souvent sur leurs hanches plus d'étoffe qu'il n'en faudrait pour habiller douze hommes. Dans les temps secs, ils ont un habit d'étoffe qui ne résiste pas à l'eau, et, dans les temps de pluie, ils en prennent un fait de natte. Ils arrangent leur vêtement de diverses manières, suivant leurs caprices, car il n'est point taillé en forme régulière, et il n'y a jamais deux morceaux cousus ensemble. L'habillement des femmes les plus distinguées est composé de trois ou quatre pièces, l'une d'environ deux verges de largeur et onze de haut, qu'elles enveloppent plusieurs fois autour des reins, de manière qu'elle pend en forme de jupon jusqu'au milieu de la jambe ; on l'appelle *parou*. Les deux ou trois autres pièces d'environ deux verges et demie de long et d'une de large ont chacune un trou dans le milieu : elles les mettent l'une sur l'autre, et passant la tête à travers l'ouverture, les deux bouts retombent devant et derrière en scapulaires qui, étant ouverts par les côtés, laissent le mouvement des bras en liberté. Les Taïtiens donnent à ces pièces le nom de *tebuta* et il les rassemblent autour des reins, et les serrent avec une ceinture d'une étoffe plus légère, qui est assez longue pour faire plusieurs fois le tour du corps. Tel est le vêtement des Taïtiens de toutes les classes. — Il est de bonne grâce, et leur sied bien, et, comme il est universellement le même quant à la forme, les hommes et les femmes d'un rang supérieur ne se distinguent, nous l'avons dit, que par la quantité d'étoffes qu'ils portent.

Leurs jambes et leurs pieds ne sont point couverts, mais ils garantissent leur visage du soleil, au moyen de petits bonnets de natte, ou de feuilles de noix de cocos qu'ils font en quelques minutes lorsqu'ils en ont besoin. Ce n'est pourtant pas là toute leur coiffure ; les femmes, en outre, portent quelquefois de petits turbans, ou bien une autre parure qu'elles appellent tomou. Le tomou est composé de cheveux tressés en fils qui ne sont guère plus gros que de la soie à coudre. Elles entortillent en très grande quantité ces cheveux autour de la tête et d'une manière qui produit un effet agréable, et elles placent parmi ces cheveux des fleurs de différentes espèces, et en particulier du jasmin du cap, dont l'on voit toujours une grande quantité près de leurs maisons.

Parlons de leurs maisons, puisque le mot s'en trouve sous notre plume.

Les maisons ou plutôt les huttes des Taïtiens sont toutes bâties dans les bois, entre la mer et les montagnes. Pour former l'emplacement de leurs cases, ils ne coupent des arbres qu'autant qu'il en faut pour empêcher que le chaume dont elles sont couvertes ne pourrisse par l'eau qui dégoutterait des branches, de manière qu'en sortant de sa cabane le Taïtien se trouve sous l'ombrage le plus agréable qu'il soit possible d'imaginer. Ce sont partout des bocages de fruits à pain et de noix de cocos sans broussailles, et entrelacés de chaque côté par des sentiers qui conduisent d'une habitation à l'autre. Rien n'est plus délicieux que ces ombrages dans un climat si chaud, et il est impossible de trouver de plus belles promenades. Comme il n'y a point de broussailles, on y goûte la fraîcheur; un air pur y circule librement, et les maisons, n'ayant point de murailles, reçoivent les zéphyrs et les vents du côté qu'ils soufflent.

Voici, d'après Cook, la description particulière d'une de ces habitations d'une moyenne grandeur; comme la structure était partout la même, on pourra par celle-ci se former une idée des autres.

« Le terrain qu'elle occupe est un parallélogramme de vingt-quatre pieds de longueur et de onze de large; il y a un toit dressé sur trois rangées de colonnes ou de poteaux parallèles entre eux, un de chaque côté, et l'autre au milieu. Cette ouverture est composée de deux côtés plats inclinés l'un vers l'autre, et qui se terminent en faîte comme les maisons d'Angleterre couvertes de chaume. Sa plus haute élévation dans l'intérieur est de neuf pieds, et les bords de chaque côté du toit retombent en bas à environ trois pieds de terre; au dessous la cabane est entièrement ouverte ainsi qu'aux deux extrémités, jusqu'au sommet du faîte. Le toit est couvert de feuilles de palmier ; du foin répandu sur la surface de la terre à quelques pouces de profondeur forme le plancher ; et par-dessus ils étendent des nattes sur lesquelles ils s'asseoient pendant le jour et dorment pendant la nuit. Dans quelques habitations pourtant, il y a un siège qui sert seulement au maître de la famille. A l'exception de quelques petits billots creusés dans la partie supérieure, et qui leur servent d'oreillers, ils n'ont point d'autres meubles.

« La hutte est destinée principalement à y passer la nuit, car, à moins qu'il ne pleuve, ils mangent en plein air, à l'ombre de quelque arbre voisin. Les habillements qu'ils portent pendant le jour leur servent de couverture pendant la nuit ; la planche est le lit de tout le ménage..... Les serviteurs ou *toutous*, comme les appellent les Otahitiens, dorment à la belle étoile lorsqu'il ne tombe point de pluie, et quand il pleut, ils se réfugient sur les bords de l'habitation.

« Il y a des huttes d'une autre espèce appartenant aux chefs et moins ouvertes ; elles sont plus petites que les autres, et construites de manière qu'ils les transportent sur leurs pirogues d'un endroit à l'autre, et les dressent comme des tentes dans l'occasion. Elles sont fermées par les côtés avec des feuilles de cocos, qui ne les bouchent pas assez exactement pour empêcher l'air d'y entrer.

« Les Otahitiens ont d'autres maisons beaucoup plus grandes, qui ne sont pas bâties pour un seul chef, ou une seule famille, mais pour servir d'assemblée ou de retraite à tous les habitants d'un canton. Quelques-unes de celles-ci ont deux cents pieds de long, trente de large, et vingt d'élévation jusqu'au faîte ; elles sont construites et entretenues aux frais du district pour lequel on les destine, et elles ont à un des côtés une vaste place environnée de petites palissades. »

Ces maisons, ainsi que celles des familles particulières, n'avaient point de murailles, ce qui paraît assez extraordinaire avec la propension naturelle des insulaires de s'approprier le bien d'autrui. Peut-être n'étaient-ils cependant pillards et voleurs qu'à l'égard des étrangers, dont les nouveautés et les richesses plus ou moins réelles apportées sur leurs vaisseaux avaient réveillé des instincts cupides que rien n'excitait chez eux. C'est du reste l'avis de Bougainville qui dit :

« Le caractère de la nation nous a paru être doux et bienfaisant. Il ne semble pas qu'il y ait dans l'île aucune guerre civile, aucune haine particulière, quoique le pays soit divisé en petits cantons qui ont chacun leur seigneur indépendant. Il est probable que les Taïtiens pratiquent entre eux une bonne foi dont ils ne doutent point. Qu'ils soient chez eux ou non, jour ou nuit, leurs maisons sont ouvertes. Chacun cueille des fruits sur le premier arbre qu'il rencontre, et en prend dans la maison où il entre. Il paraîtrait que, pour les choses absolument nécessaires à la vie, il n'y a point de propriété et que tout est à tous. Avec nous, ils étaient filous habiles, mais d'une timidité qui les faisait fuir à la moindre menace. »

Nous avons déjà parlé du costume et de l'habillement des Taïtiens, disons un mot d'une singulière coutume qui se trouvait alors établie chez eux, comme on la trouve d'ailleurs encore chez presque toutes les nations sauvages ; c'est la coutume du *tatouage*.

C'était alors l'usage universel parmi les hommes et les femmes de se peindre les parties du corps le plus en vue, avec des lignes noires très serrées, et qui représentaient différentes figures. Pour pratiquer cette peinture, ils opéraient ainsi :

« Ils piquent la peau, aussi profondément qu'il leur est possible, sans en tirer de sang, avec un petit instrument qui a la forme d'une houe. La partie qui répond à la lame est composée d'un os ou d'une coquille, qu'on a ratissée pour l'amincir et qui a d'un quart de pouce à un pouce et demi de largeur. Le tranchant est partagé en dents ou pointes aiguës, qui sont depuis le nombre de trois jusqu'à vingt, suivant la grandeur de l'instrument. Lorsqu'ils veulent s'en servir, ils plongent la dent dans une espèce de poudre faite avec le noir de fumée qui provient de l'huile de noix de cocos, qu'ils brûlent au lieu de chandelles, et qui est délayée avec de l'eau. On place sur la peau la dent ainsi préparée, et en frappant à petits coups sur le manche qui porte la lame, avec un bâton, ils percent la peau, et impriment dans le trou un noir qui y laisse une tâche ineffaçable. L'opération est douloureuse, et il s'écoule quelques jours avant que les blessures soient guéries.

Un des compagnons du capitaine Cook, M. Banks, vit faire l'opération du tatouage sur le dos d'une jeune fille de treize ans ; nous lui emprunterons le récit qu'il en fait et qui nous montrera qu'à Taïti comme à Paris et partout la mode impose parfois des souffrances et des nécessités cruelles.

« L'instrument dont se servirent les Indiens dans cette occasion avait trente dents. Ils firent plus de cent piqûres dans une minute, et chacune entraînait après soi une goutte de sérosité un peu teinte de sang. La petite fille souffrit la douleur pendant un quart d'heure avec le plus grand courage (à cent piqûres par minute, cela faisait 1,500 piqûres) ; mais bientôt accablée par de nouvelles piqûres qu'on renouvelait à chaque instant, elle ne put plus les supporter ; elle éclata d'abord en plaintes, pleura ensuite, et enfin poussa de grands cris, en conjurant ardemment l'homme qui faisait l'opération de la suspendre. Il fut pourtant inexorable, et lorsqu'elle commença à se débattre, il la fit tenir par deux femmes, qui tantôt l'apaisaient en la flattant, et d'autres fois la grondaient et la battaient même, lorsqu'elle redoublait ses efforts pour échapper. M. Banks resta une heure dans une maison voisine, pour examiner l'opération, qui n'était pas finie lorsqu'il s'en alla ; cependant on ne la fit que d'un côté, l'autre avait déjà été gravé quelque temps auparavant, et il restait à imprimer sur les reins ces arcs dont les Taïtiens sont plus fiers que de toutes les autres figures qu'ils portent sur leur corps, et dont l'opération est la plus douloureuse. »

Il est étrange, ajoute Cook à ce récit de son compagnon, que ce peuple soit si jaloux d'avoir des marques qui ne sont pas des signes de distinction ; je n'ai vu aucun Otahitien, homme ou femme, qui, dans un âge mûr, n'eût le corps ainsi peint. Peut-être cet usage a-t-il sa source dans la superstition. Cette conjecture est d'autant plus probable qu'il ne produit aucun avantage visible, et que l'on éprouve de grandes douleurs pour s'y conformer. Quoique nous en ayons demandé la raison à plusieurs centaines d'Indiens, nous n'avons jamais pu nous procurer aucune lumière sur ce point.

CHAPITRE II

Nourriture des Taïtiens. — Four à griller le fruit à pain. — Boisson. — Le Mahie. — Manière de prendre leurs repas.

Au temps dont nous parlons, les végétaux et le poisson étaient la principale nourriture des Taïtiens ; ils mangeaient rarement de la viande, les enfants et les jeunes filles n'en mangeaient jamais, et ce régime sans doute contribuait beaucoup à les tenir exempts de presque toutes nos maladies. Il en était de même des boissons ; ils n'en connaissaient d'autres que l'eau : l'odeur seule du vin et de l'eau-de-vie leur donnait de la répugnance ; ils en témoignaient aussi pour le tabac, les épiceries et en général pour toutes choses fortes.

Voici du reste des détails plus circonstanciés sur la nourriture des Taïtiens et leur manière de la préparer. Nous les emprunterons à Cook.

« Les végétaux forment la plus grande partie de leur nourriture. Excepté les cochons, les chiens et la volaille, il n'ont point d'animaux apprivoisés, et ceux-là mêmes n'y sont pas en grande quantité. Lorsqu'un chef tue un cochon, il le partage presqu'également entre ses sujets, et, comme ils sont très nombreux, la portion qui revient à chaque individu dans ces festins, qui n'ont pas lieu souvent, est nécessairement très petite. Les Otahitiens du commun, quand ils se régalent, le font avec du chien et de la volaille. Je ne puis pas vanter beaucoup, dit Cook, la saveur de leur volaille, mais nous convînmes tous qu'un chien de la mer du Sud était presqu'aussi bon qu'un agneau d'Angleterre. Ils ont probablement cet excellent goût, parce qu'ils se nourrissaient uniquement de végétaux.

La mer fournit aux insulaires beaucoup de poissons de toute espèce ; ils mangeaient crus les plus petits qu'ils attrapaient, comme nous mengeons les huîtres, et ils tiraient parti de toutes les productions de la mer. Ils aimaient passionnément les écrevisses de mer, les cancres et les autres coquillages, qu'ils trouvaient sur la côte. Ils ne mangeaient pas seulement les insectes de mer, mais encore ce que les marins anglais appellent *blubbery*, quoiqu'ils soient si durs qu'il faut les laisser pourrir avant de pouvoir les mâcher Parmi les végétaux qui leur servent d'aliments, le fruit à pain est le principal, et, pour s'en procurer, ils n'ont d'autre peine que celle de grimper sur un arbre. Cet arbre n'est pas une production tout à fait spontanée de la nature ; mais l'O-tahitien, qui dans sa vie en plante une dizaine, ce qui exige un travail d'une heure, remplit ses obligations à l'égard de ses compatriotes et de la génération à venir, aussi parfaitement que l'habitant de nos climats moins tempérés, qui laboure pendant le froid de l'hiver, moissonne à la chaleur de l'été, toutes les fois que reviennent les saisons, pour que, après avoir nourri sa famille, il trouve moyen de laisser à ses enfants de l'argent et du bien.

Il est vrai qu'ils n'ont pas toute l'année du fruit à pain; mais les noix de cocos, les bananes, les planes et beaucoup d'autres fruits y suppléent.

On imagine bien que la cuisine n'était pas un art bien perfectionné. Les Taïtiens n'avaient que deux manières de faire cuire les aliments : l'une de les griller et l'autre de les faire cuire au four.

L'opération de griller quelque chose est si simple qu'il n'est pas besoin de la détailler ici. Voici comment on opère pour la cuisson au four.

« Ils allument du feu en frottant un morceau de bois sec sur le côté d'un autre, à peu près comme nos charpentiers aiguisent leurs ciseaux ; ils font ensuite un creux d'un demi-pied de profondeur et de deux ou trois verges de circonférence ; ils en pavent le fond avec de gros cailloux unis, et ils font du feu avec du bois sec, des feuilles et des coques de noix de cocos. Lorsque les pierres sont assez chaudes, ils séparent les charbons et retirent les cendres sur les côtés ; ils couvrent le foyer d'une couche de feuilles vertes de cocotiers, et ils y placent l'animal qu'ils veulent cuire, après l'avoir enveloppé de feuilles de plane ; si c'est un petit cochon, ils l'apprêtent ainsi, sans le dépecer, et ils le coupent en morceaux, s'il est gros. Lorsqu'il est dans le foyer, ils le recouvrent de charbons, et ils mettent par-dessus une autre couche de fruits à pain et d'ignames, également enveloppés dans des feuilles de plane ; ils y répandent ensuite le reste des cendres, des pierres chaudes, et beaucoup de feuilles de cocos ; ils revêtent le tout de terre, afin d'y concentrer la chaleur. Ils ouvrent le trou, après un certain temps, proportionné au volume de ce qu'on y fait cuire ; ils en tirent les aliments qui sont tendres, pleins de suc, et suivant l'avis de beaucoup, bien meilleurs que si on les avait apprêtés de toute autre manière : le jus des fruits et l'eau salée forment toutes leurs sauces. Ils n'ont pas d'autres couteaux que des coquilles, avec lesquelles ils découpent très adroitement, et dont ils se servent toujours. »

Lorsque les compagnons de Wallis descendirent dans l'île, il n'est pas possible de décrire l'étonnement et la surprise des naturels, lorsqu'ils les virent faire leur cuisine dans une marmite. Ils n'avaient point de vases en poterie qui allassent au feu, et n'avaient aucune idée de l'eau chaude ou de ses effets. On se rappelle sans doute l'histoire du chef échaudé à bord du vaisseau.

Dès que le vieillard à qui un pot de fer avait été donné, en fut en possession, lui et ses amis y firent bouillir leurs aliments. La reine et plusieurs des chefs qui avaient reçu des étrangers des marmites s'en servaient constamment; et les Otahitiens allaient en foule voir ces instruments, comme la populace va contempler un spectacle de monstres et de marionnettes dans nos foires de l'Europe.

Le fruit à pain s'apprêtait dans un four pareil à celui que nous avons décrit ; il s'adoucit alors et devient assez semblable à une pomme de terre bouillie, sans être pourtant aussi farineux qu'une pomme de terre de la meilleure espèce. Les naturels préparaient le fruit à pain de trois manières ; ils y mettaient quelquefois de l'eau ou du lait de noix de cocos, et le réduisaient en pâte avec un caillou ; d'autres fois ils le mêlaient avec des fruits de plane mûrs ou des bananes; ils faisaient aussi une pâte aigrelette qu'ils appelaient mahie.

Le mahie supplée au fruit à pain, lorsque la saison ne leur permet pas d'en avoir du frais. Voici comment ils le font.

Ils cueillent le fruit avant qu'il soit parfaitement mûr, et après l'avoir mis en tas, ils le couvrent avec des feuilles. Dans cet état, il subit une fermentation et devient d'une douceur désagréable; ils en ôtent tout le trognon, et jettent ensuite le reste dans un trou qui ordinairement est creusé pour cet effet dans les habitations. Ce creux est garni proprement d'herbe au fond et sur les côtés; ils couvrent le tout de feuilles et de grosses pierres ; il éprouve alors une seconde fermentation ; il prend un goût aigrelet, et se conserve ensuite pendant plusieurs mois. Ils le tirent du trou à mesure qu'ils en ont besoin. Après l'avoir mis en boule et bien enveloppé de feuilles, ils le font cuire dans leur espèce de four ; ainsi apprêté, il se conserve pendant cinq à six semaines ; les naturels du pays le mangent froid et chaud ; c'est communément un des mets de tous leurs repas. Il est pour celui qui n'y est pas accoutumé d'un goût aussi désagréable qu'une olive fraîche quand on en mange pour la première fois.

Le mahie se fait comme la bière, par fermentation, et quelquefois, ainsi que dans nos brasseries, l'opération manque sans qu'on puisse en déterminer la cause ; il est donc très naturel que ce peuple, grossier joigne des idées et des cérémonies superstitieuses à ce travail. — Les vieilles femmes en sont chargées le plus souvent ; excepté ceux qui les aident, elles ne souffrent pas que quelqu'autre touche rien de ce qu'elles emploient, et même ne permettent point d'entrer dans cette partie de la maison où elles apprêtent ce fruit. Il arriva un jour que M. Banks toucha par inadvertance une des feuilles qui étaient sur la pâte. La vieille femme qui présidait à ces mystères lui dit que l'opération manquerait, et, dans son transport de douleur et de désespoir, elle découvrit le trou sur-le-champ. M. Banks regretta le malheur qu'il avait causé, mais il se consola, parce qu'il eut occasion d'examiner par là la manière dont les Otahitiens procèdent à cette grande œuvre, qu'il n'aurait peut-être pas pu connaître autrement.

Tels étaient leurs aliments, auxquels l'eau salée, qu'ils employaient dans tous leurs repas, servait de sauce universelle. Ceux qui vivent près de la mer vont en puiser lorsqu'ils en ont besoin, et ceux qui habitent à quelque distance la conservent dans des vases de bambous qu'ils dressent pour cet usage dans leur habitation. Ils ont pourtant une autre sauce que l'eau salée, ils en font une seconde avec l'amande de la noix de cocos qu'ils laissent fermenter jusqu'à ce qu'elle se dissolve en pâte assez semblable à du beurre, et qu'ils pétrissent ensuite avec de l'eau salée. La saveur de cette sauce est très forte, et parut très désagréable aux Européens lorsqu'ils en goûtèrent pour la première fois ; quelques-uns d'entre eux cependant ne la trouvèrent pas, dans la suite, si mauvaise, et même ils la préféraient à celle qu'ils employaient dans leurs repas, surtout quand elle était mêlée avec le poisson. Les Otahitiens semblaient la regarder comme une friandise, et ils ne s'en servaient pas dans leurs repas ordinaires, soit parce qu'ils imaginaient que c'est prodiguer mal à propos la noix de cocos ou qu'ils fussent assez sages pour éviter l'abus de ce qu'ils aimaient.

Ils n'ont point de tables, mais leurs repas se font avec beaucoup de propreté ; leurs mets sont trop simples et en trop petit nombre pour qu'il y règne de l'ostentation. Ils mangent ordinairement seuls ; cependant, lorsqu'un étranger leur rend visite, ils l'admettent quelquefois à partager leur repas.

Nous allons donner une description particulière du repas d'un de leurs principaux personnages.

Il s'assied sous un arbre voisin, ou au côté de sa maison, qui est à l'ombre, et on étend proprement sur la terre, en forme de nappe, une grande quantité de feuilles de fruits à pain ou de bananes. On met près de lui un panier qui contient sa provision, et deux coques de noix de cocos, l'une remplie d'eau salée, et l'autre d'eau douce ; la chair ou le poisson sont tout apprêtés et enveloppés de feuilles. Les gens de sa suite, en très petit nombre, s'asseoient autour de lui, et lorsque tout est prêt, il commence par laver ses mains et sa bouche avec de l'eau douce, ce qu'il répète presque constamment pendant le repas. Il tire ensuite du panier une partie de sa provision, qui est composée ordinairement d'un ou de deux petits poissons, de deux ou trois fruits à pain, de quatorze ou quinze bananes mûres, ou de six à sept pommes. Il prend d'abord la moitié d'un fruit à pain, qu'il pile et dont il arrache la chair avec ses ongles; il en met dans sa bouche autant qu'elle en peut contenir, et pendant qu'il la mâche, il prend un de ses poissons qu'il morcelle dans de l'eau salée, et il place l'autre, ainsi que le reste du fruit à pain, sur les feuilles qui sont étendues devant lui; il empoigne ensuite, avec tous les doigts d'une main, un petit morceau de poisson qui a été mis dans l'eau salée, et il le suce dans sa bouche de manière à en exprimer autant d'eau qu'il est possible. Il en fait de même sur les autres morceaux, et entre chacun d'eux, au moins ordinairement, il hume un peu d'eau salée, qu'il puise dans une coque de noix de cocos ou dans le creux de sa main. Sur ces entrefaites, un de ses gens prépare une noix de coco verte, en détachant l'écorce extérieure avec ses dents, opération qui paraît très surprenante à un Européen; mais elle est si peu difficile, que plusieurs des compagnons de Cook qui la virent pratiquer, en vinrent à bout avant leur départ de l'île, quoiqu'auparavant ils pussent à peine casser une noisette. Lorsque le maître veut boire, il prend la noix de coco ainsi préparée, et en y faisant un trou avec son doigt ou avec une pierre, il suce la liqueur qu'elle contient. Dès qu'il a mangé son fruit à pain et ses poissons, il passe aux fruits du plane, dont il ne fait de chacun qu'une bouchée, quoiqu'il soit aussi gros qu'un pudding noir; s'il a des pommes au lieu de fruits du plane, il ne les goûte jamais, à moins qu'elles ne soient pelées ; pour cela un de ses domestiques ramasse à terre une des coquilles qui y sont toujours en quantité, et la lui porte. Il commence à couper ou racler la pelure, mais si maladroitement, qu'il emporte une partie du fruit. Si, au lieu de poisson, son repas est composé de viande, il doit avoir pour la couper quelque instrument qui lui tienne lieu de couteau ; dans ce cas, on lui présente un morceau de bambou qu'il partage transversalement avec ses ongles, et il découpe sa viande avec ces morceaux de bois. Pendant tout cet intervalle quelques personnes de sa suite sont occupées à piler du fruit à pain avec un caillou sur un tronçon de bois. Lorsque le fruit à pain est pilé de cette manière et arrosé d'eau de temps en temps, il se réduit à la consistance d'une pâte molle ; on le met alors dans un vase assez ressemblant à un baquet de boucher ; on y mêle quelquefois de la banane ou du mahie, suivant le goût du maître, en y versant de l'eau de temps en temps et en l'exprimant ensuite avec la main. Le fruit à pain, ainsi préparé, ressemble assez à un flan épais ; on en remplit une grande noix de coco qu'on met devant lui ; il l'hume, comme nous sucerions une gelée, si nous n'avions point de cuiller pour la porter à la bouche. Le repas finit alors, et le maître se lave encore les mains et la bouche. On replace ensuite dans le panier ce qu'il a laissé, et on nettoie les noix de cocos.

Les Otahitiens d'un moyen âge et d'un rang distingué dorment ordinairement après le repas et dans la chaleur du jour : ils sont extrêmement indolents, et ils n'ont pas d'autre occupation que de dormir et de manger. Ceux qui sont plus âgés sont moins paresseux, et les jeunes garçons et les petites filles restent éveillés pendant tout le jour, par l'activité et l'effervescence naturelle de leur âge.

CHAPITRE III.

Religion des Taïtiens. — Opinion de Wallis contraire à celles de Bougainville et de Cook. — Le roi du soleil. — Sacrifices humains. — Culte des morts. — Le moraï d'Oméo et d'Obéréa.

Le capitaine Wallis se trompe étrangement quand il dit : « Je me suis appliqué avec une attention particulière à découvrir si les Otahitiens avaient un culte religieux, mais je n'ai pas pu en reconnaître la moindre trace. »

Ainsi ce peuple, si favorisé par la nature sous tant d'autres rapports, aurait été d'après lui un des rares peuples privés de toute notion de la divinité, et chez lequel toute relation avec elle, par l'intermédiaire de la religion, aurait totalement manqué. — C'est une erreur, les Taïtiens avaient une religion quand Wallis aborda dans leur île, et n'auraient-ils eu que le culte des morts, que le marin anglais constate dans les lignes qui précèdent immédiatement celles que nous avons citées, qu'il aurait dû reconnaître que par là même ils croyaient à une religion quelconque et sans doute à l'immortalité.

Mais, sur ce sujet, Bougainville et Cook sont d'une autre opinion que lui, et nous donnent des notions assez étendues sur la religion des Taïtiens, sans toutefois que leur ignorance de la langue, et leurs rapides séjours leur aient permis de se prononcer sur la nature de leur croyance, et la signification de leurs cérémonies sacrées.

« Il est assez difficile, dit Bougainville, de donner des éclaircissements sur leur religion. Nous avons vu chez eux des statues de bois, que nous avons prises pour des idoles : mais quel culte leur rendent-ils ?... La seule cérémonie religieuse dont nous ayons été témoins regarde les morts. Ils en conservent longtemps les cadavres étendus sur une espèce d'échafaud que couvre un hangar. L'infection qu'ils répandent n'empêche pas les femmes d'aller pleurer auprès des corps une partie du jour, et d'oindre d'huile de cocos les froides reliques de leur affection. Celles dont nous étions connus nous ont laissés quelquefois approcher de ce lieu consacré aux mânes : *Emoë*, il dort, nous disaient-elles. Lorsqu'il ne reste plus que les squelettes, on les transporte dans la maison, et j'ignore combien de temps on les y consacre. Je sais seulement, parce que je l'ai vu, qu'alors un homme considéré dans la nation vient y exercer son ministère sacré, et que, dans ces lugubres cérémonies, il porte des vêtements assez recherchés.

« Nous avons fait sur sa religion beaucoup de questions à Aotourou (1) et nous avons cru comprendre qu'en général ses compatriotes sont fort superstitieux, que les prêtres ont chez eux la plus redoutable autorité; qu'indépendamment d'un être supérieur nommé *Eri-t-Era*, *le roi du soleil ou de la lumière*, être qu'ils ne représentent par aucune image matérielle, ils admettent plusieurs divinités, les unes bienfaisantes, les autres malfaisantes ; que le nom de ces divinités ou génies est *Eatoua*; qu'ils attachent à chaque action importante de la vie un bon et un mauvais génie, lesquels y président et décident du succès ou du malheur. Ce que nous avons compris avec certitude, c'est que, quand la lune présente un certain aspect qu'ils nomment *Malama Tamaï*, *Lune en état de guerre*, aspect qui ne nous a pas montré de caractère distinctif qui

(1) Jeune Taïtien que Bougainville avait amené en France.

puisse nous servir à le définir, ils sacrifient des victimes humaines. De tous leurs usages, un de ceux qui me surprend le plus, c'est l'habitude qu'ils ont de saluer ceux qui éternuent, en leur disant, *Evaroua-t-Eatoua, que le bon Eatoua te réveille!* ou bien, *que le mauvais Eatoua ne t'endorme pas!* — C'est là une trace d'une origine commune avec les nations de l'ancien continent. »

Les Taïtiens reconnaissaient un Être suprême qu'aucune image factice ne saurait représenter, et des divinités subalternes de deux métiers, comme dit Amyot, représentées par des figures de bois. Ils priaient au lever et au coucher du soleil, et avaient en détail un grand nombre de pratiques superstitueuses pour conjurer l'influence des mauvais génies. Ils nommaient les comètes *Evetou eave,* et n'attachaient à leur apparition aucune idée sinistre, comme cela avait lieu chez beaucoup d'autres peuples incivilisés comme eux. Il n'en était pas de même de ces espèces de météores que les ignorants appellent chez nous des étoiles filantes. Les Taïtiens, qui les nommaient Epao, les croyaient un génie malfaisant, *Eatoua toa.*

Bougainville, nous l'avons vu, parle de l'existence de sacrifices humains dans l'île. Cette coutume barbare, en effet, malheureusement existait alors ; Cook le confirme, et nous allons donner d'après lui le récit d'un de ces sacrifices dont il fut témoin.

« Towha, parent d'Otoo, et chef du district de Tettaha, homme de beaucoup de crédit dans l'île, fit dire un jour à O-Too, par un message, qu'il venait de tuer un homme pour l'offrir en sacrifice à l'Eatooa et implorer l'assistance de Dieu contre Eiméo, qu'il voulait combattre. Ce sacrifice devait avoir lieu dans le grand moraï d'Attahooroo.

Otoo se trouvait alors près de Cook. « Je jugeai, dit-il, que sa présence était absolument nécessaire en cette occasion. »

Les recherches dont je m'étais occupé, et mes conversations avec Omaï, ne me donnaient que trop lieu de penser qu'un usage si contraire à l'humanité était établi dans l'île ; mais, comme on veut toujours douter d'une coutume si atroce, à moins qu'un voyageur n'en ait été le témoin oculaire, je résolus de profiter de l'occasion, et, afin de dissiper toutes les incertitudes, d'assister moi-même à cette barbare cérémonie. Je priai donc Otoo de me permettre de l'accompagner ; il y consentit volontiers, et nous embarquâmes tout de suite dans mon canot avec mon vieil ami Potatow, M. Anderson, et M. Webber ; Omaï nous suivait sur une pirogue.

Nous descendîmes pendant la route sur une petite île qui gît en travers de Tettaha, où nous rencontrâmes Towha et les gens de sa suite ; lorsque les deux chefs eurent causé quelque temps sur la guerre, Towha m'adressa la parole, et il réclama encore mes secours ; je fis pour la troisième fois une réponse négative, et il parut fâché ; il lui semblait étrange que m'étant toujours déclaré l'ami d'Otaïti, je ne voulusse pas combattre ses ennemis. Il donna à Otoo deux ou trois plumes rouges liées ensemble, et un chien très maigre fut mis dans nos pirogues. Nous nous rembarquâmes, et nous prîmes à bord un prêtre qui devait assister à la cérémonie.

Nous arrivâmes à Attahooroo sur les deux heures de l'après-dîner. Otoo me pria d'ordonner aux matelots de rester dans le canot, et il recommanda à M. Andersen, à M. Webber et à moi d'ôter nos chapeaux, dès que nous serions au moraï. Nous en prîmes à l'instant même le chemin ; une multitude d'hommes et quelques petits garçons nous escortèrent. Quatre prêtres et leurs acolytes ou assistants nous attendaient au moraï ; le corps de l'infortuné qu'on allait offrir aux dieux était déjà sur la grève et exposé en partie à l'action des vagues ; deux prêtres et plusieurs acolytes étaient assis près de la pirogue, les autres se trouvaient au moraï.

Nous nous arrêtâmes à vingt ou trente pas des prêtres ; Otoo se plaça en cet endroit, et nous nous tînmes debout près de lui, avec quelques habitants du pays ; le gros du peuple se tint plus éloigné.

Les cérémonies commencèrent alors. L'un des acolytes apporta un jeune bananier, qu'il mit devant le roi ; un autre apporta une touffe de plumes rouges, montées sur des fibres de cocos ; il toucha le pied du prince avec une de ces plumes, et il se retira vers ses camarades. L'un des prêtres, assis au moraï en face de ceux qui se trouvaient sur la grève, fit une longue prière, et il envoya de temps en temps de jeunes bananiers qu'on déposa sur la victime. Durant cette prière, un homme qui était debout près du prêtre officiant, tenait dans ses mains deux paquets qui nous parurent être des étoffes ; nous reconnûmes ensuite que l'un d'eux contenait le *Maro royal*, et l'autre, *l'arche de l'Eatooa*, si je puis me servir de cette expression.

Dès que la prière fut terminée, les prêtres du moraï et leurs acolytes vinrent s'asseoir sur la grève, et ils apportèrent les deux paquets dont je parlais tout à l'heure.

Ils recommencèrent leurs prières, pendant lesquelles les bananiers furent ôtés un à un et à différents intervalles de dessus la victime, couverte en partie de feuilles de cocotier et de petites branches d'arbres ; on la tira alors de la pirogue, et on l'étendit sur le rivage, les pieds tournés vers la mer. Les prêtres se placèrent autour d'elle, les uns assis, les autres debout ; et l'un ou plusieurs d'entre eux répétèrent quelques phrases l'espace d'environ dix minutes, on la découvrit en écartant les feuilles et les branchages qui la cachaient, et on la mit dans une direction parallèle à la côte.

L'un des prêtres qui se tenait debout aux pieds du corps, fit une longue prière à laquelle se joignirent quelquefois les autres ; chacun d'eux avaient à la main une touffe de plumes rouges. Vers le milieu de la prière, on enleva quelques cheveux de la tête de la victime, et on lui arracha l'œil gauche ; les cheveux et l'œil furent enveloppés dans une feuille verte, et présentés à Otoo. Le roi n'y toucha point ; mais il donna à l'homme qui les lui offrit la touffe de plumes rouges qu'il avait reçue de Towha. Les cheveux et l'œil de la victime furent reportés aux prêtres avec les plumes.

Otoo leur envoya bientôt après d'autres plumes, qu'il avait mises le matin dans ma poche, en me recommandant de les garder. Tandis qu'on procédait à cette dernière cérémonie, on entendit un martin-pêcheur qui voltigeait sur les arbres. Otoo, se tournant vers moi, me dit : « C'est l'Eatooa ! » — Et il parut enchanté d'un si bon présage.

Le corps fut porté quelque peu plus loin, et on le déposa, la tête tournée vers le moraï, sous un arbre, près duquel étaient trois morceaux de bois minces et larges, chargés de sculptures grossières, mais différentes les unes des autres. On plaça les paquets d'étoffe dans le moraï, et on mit les touffes de plumes rouges aux pieds de la victime ; les prêtres se rangèrent autour du corps, et on nous permit d'en approcher autant que nous le voulûmes. Celui qui paraissait exercer les fonctions de grand prêtre était assis à peu de distance ; il parla environ un quart d'heure en variant les gestes et les inflexions de sa voix ; il s'adressa toujours à la victime, et il parut souvent lui faire des reproches ; il lui proposa différentes questions ; il me sembla qu'il lui demandait si on n'avait pas eu raison de le sacrifier ; d'autres fois il lui adressa des prières, comme si le mort avait eu assez de pouvoir ou de crédit sur la divinité pour en obtenir ce qu'il solliciterait. Nous comprîmes surtout qu'il le suppliait de livrer aux mains du peuple d'Otaïti Eiméo, le chef de Maheiné, les cochons et tout ce qui se trouvait dans cette île. Le sacrifice n'avait pas, en effet, d'autre but. Il chanta d'un ton plaintif une prière qui dura près d'une demi-heure ; deux autres prêtres, Potatow et une partie de l'assemblée l'accompagnèrent durant cette prière; l'un des prêtres arracha encore de la tête de la victime quelques cheveux qu'il mit sur un des paquets d'étoffes. Ensuite le grand prêtre pria seul, tenant à la main les plumes dont Towha avait fait présent à Otoo. Lorsqu'il eut fini, il donna ces plumes à un second prêtre qui pria de la même manière. Les touffes de plumes furent déposées sur les paquets d'étoffes, et le lieu de la scène changea.

On porta le corps dans la partie la plus visible du moraï; on y porta aussi les plumes, les deux paquets d'étoffes et des tambours ; les plumes et les étoffes furent placées sur les murs du moraï, et on posa le victime au-dessous, les prêtres l'entourèrent de nouveau, et, après s'être assis, ils recommencèrent leurs prières, tandis que quelques-uns de leurs acolytes creusèrent un trou de deux pieds de profondeur, où ils jetèrent l'infortunée victime, qu'ils couvrirent de terreau et de pierres. Au moment où on mettait le corps dans la fosse, un petit garçon poussa des cris, et Omaï me dit que c'était l'Eatoa.

—Sur ces entrefaites, on avait préparé un feu ; on amena le chien dont j'ai parlé plus haut, et on lui tordit le cou jusqu'à ce qu'il fût étouffé ; on enleva ses poils en le passant sur la flamme, et on lui arracha les entrailles, qu'on jeta au feu, où on les laissa brûler..... Les prêtres et leurs acolytes terminèrent la cérémonie par une acclamation.

On ne peut trop regretter qu'une coutume si atroce et si destructive du droit sacré dont tous les hommes sont revêtus en naissant ait subsisté dans cette île si belle, et dans toutes les autres îles de la mer du Sud ; et on est effrayé de la puissance de la superstition qui étouffe les premiers sentiments de l'humanité. — Les Otahitiens ne sacrifiaient jamais plus d'une personne à la fois ; mais il est probable que ces sacrifices revenaient souvent, et qu'ils enlevaient un nombre assez considérable d'individus. Cook affirme que dans le moraï où il fut introduit pour assister au sacrifice que nous avons raconté d'après lui, il compta jusqu'à quarante-neuf crânes exposés. Ces crânes n'avaient encore éprouvé qu'une légère altération, et il était clair qu'on avait immolé depuis peu de temps quarante-neuf personnes sur cet autel de sang.

Nous terminerons ce chapitre de la religion des Taïtiens par quelques détails sur le culte qu'ils rendaient aux morts.

A Taïti, on portait régulièrement le deuil des défunts. Toute la nation portait le deuil des rois. Le deuil des pères par les enfants était fort long ; les femmes portaient celui des maris sans que ceux-ci leur rendissent la pareille.

Les marques de deuil étaient de porter sur la tête une coiffure de plumes, dont la couleur est consacrée à la mort, et de se couvrir le visage d'un voile. Quand les gens en deuil sortaient de leurs maisons, ils étaient précédés de plusieurs esclaves qui battaient des castagnettes d'une certaine manière ; leur son lugubre avertissait tout le monde de se ranger, soit qu'on respectât la douleur des gens en deuil, soit qu'on craignît leur approche comme sinistre et malencontreuse.

Les Otahitiens avaient deux endroits pour déposer leurs

morts ; l'un était un vaste hangar où ils laissaient pourrir la chair du cadavre, et l'autre un lieu enclos par des murs où ils enterraient les ossements. Au premier ils donnaient le nom de *Tupapaw*, et à leur cimetière enclos celui de *moraï*; les moraïs étaient aussi des lieux destinés à leur culte.

Nous donnerons, d'après Cook, la description du moraï d'Omao et de la reine Obéréa.

« Un jour, dans une excursion près du district de *Paparra*, qui appartenait à Omao et à Obéréa, nos amis, voulant profiter du peu de jours qui restaient, nous allâmes à une pointe de terre sur laquelle nous avions vu de loin des arbres appelés *Etoa*, et qui distinguent ordinairement les lieux où sont enterrés des morts.... Nous fûmes bientôt frappés de la vue d'un énorme bâtiment qu'on nous dit être le moraï d'Omao et d'Obéréa, et le principal morceau d'architecture qui fût dans l'île. C'était une fabrique de pierre élevée en pyramide, sur une base en carré long de deuxcent soixante-sept pieds, et de quatre-vingt-sept de large ; elle était construite comme les petites élévations pyramidales sur lesquelles nous plaçons quelquefois la colonne d'un cadran solaire, et dont chaque côté est en forme d'escalier ; les marches, des deux côtés, étaient plus larges que celles des bouts, de sorte que l'édifice ne se terminait pas en parallélogramme comme la base, mais en un faîte ressemblant au toit de nos maisons. Nous comptâmes onze rampes élevées chacune de quatre pieds pour la hauteur du bâtiment. Chaque marche était composée d'un rang de morceaux de corail blanc, taillés et polis proprement. Le reste de la masse (car il n'y avait point de cavité dans l'intérieur) consistait en cailloux ronds qui, par la régularité de leur forme, semblaient avoir été travaillés. Quelques-unes des pierres de corail étaient très grandes ; nous en mesurâmes une qui avait trois pieds et demi de long, et deux et demi de large. La base était de pierres de roche taillées aussi en carré ; une d'elles avait à peu près quatre pieds sept pouces de long, et deux pieds quatre pouces de largeur. Nous fûmes étonnés de voir une pareille masse construite sans instruments de fer pour tailler les pierres, et sans mortier pour les joindre. La structure en était aussi compacte et aussi solide qu'aurait pu la faire un maçon d'Europe; seulement les marches du côté le plus long n'étaient pas parfaitement droites; elles formaient au milieu une espèce de creux, de sorte que toute la surface, d'une extrémité à l'autre, ne présentait point une ligne droite, mais une ligne courbe. Comme nous n'avions point vu de carrières dans le voisinage, les Otahitiens avaient dû apporter les pierres de fort loin, et ils n'ont pour transporter les fardeaux que le secours de leurs bras. Ils avaient sans doute aussi tiré le corail de dessous l'eau; quoi qu'il y en ait dans la mer en grande abondance, il est toujours à la profondeur de trois pieds. Ils n'étaient parvenus à tailler les pierres de roche et le corail qu'avec des instruments de même matière, ce qui nécessite un travail incroyable ; il leur était plus facile de les polir : ils se servaient pour cela d'un sable de corail dur, qu'on trouve partout sur les côtes de la mer.

Il y avait au milieu de cette masse une figure d'oiseau sculptée en bois, et près de celle-ci une autre figure brisée de poisson sculptée en pierre. Toute cette pyramide faisait partie d'une place spacieuse presque carrée, dont les grands côtés avaient trois cent soixante-sept pieds de long, et les deux autres trois cent soixante-quatre ; la place était environnée de murailles et pavée de pierres plates dans toute son étendue ; il y croissait, malgré le pavé, plusieurs des arbres qu'ils appellent Etoa, et des planes. A environ cent verges à l'ouest de ce bâtiment, il y avait une espèce de cour pavée, où l'on trouvait plusieurs petites plates-formes élevées sur des colonnes de bois de sept pieds de hauteur. Il nous parut que c'étaient des espèces d'autels, parce qu'ils y plaçaient des provisions de toutes sortes en offrande aux dieux. Nous avons vu depuis sur ces autels des cochons tout entiers, et nous y avons trouvé des crânes de plus de cinquante de ces animaux, outre ceux d'un grand nombre de chiens.

L'objet principal de l'ambition de ces peuples est d'avoir un magnifique moraï ; celui-ci était un monument remarquable du rang et du pouvoir d'Obéréa.

Nous bornerons à ces indications ce que nous tenions à dire de la religion des Taïtiens et du culte qu'ils rendent à leurs morts ; nous parlerons de leur industrie dans le chapitre suivant.

CHAPITRE IV.

L'art de la navigation. — L'ivahah de guerre, l'ivahah de pêche, l'ivahah de voyage. — Le pahie. — Manière de construire les pirogues. — Prévisions météorologiques. — Division du temps.

« Si la nécessité est mère de l'invention, dit Cook, on ne peut pas supposer que l'industrie ait fait beaucoup de progrès dans un pays où la prodigalité de la nature a rendu ses secours presque superflus. — On retrouve cependant chez les Otahitiens quelques exemples qui font d'autant plus d'honneur à leur activité et à leur adresse, qu'ils ne connaissent point l'usage des métaux pour faire des instruments. »

Et Bougainville dit aussi : « Je ne les accuserai certes pas de manquer d'intelligence. Leur adresse et leur industrie, dans le peu d'ouvrages nécessaires dont ne sauraient les dispenser l'abondance du pays et la beauté du climat, démentiraient ce témoignage. On est étonné de l'art avec lequel sont faits les instruments pour la pêche ; leurs hameçons sont de nacre, aussi délicatement travaillés que s'ils avaient le secours de nos outils ; leurs filets sont absolument semblables aux nôtres, et tissus avec du fil de pite. Nous avons admiré la charpente de leurs vastes maisons, et la disposition des feuilles de latanier qui en font la couverture. »

Où l'industrie et l'adresse des Taïtiens brillaient le plus, selon nous, il y a cent ans, c'était dans la manière dont ils s'y prenaient pour construire leurs pirogues, et façonner les étoffes qui servaient à leurs vêtements. Nous la rappellerons ici.

On peut diviser en deux classes générales, les pirogues ou canots dont se servaient les habitants d'Otahiti et des îles voisines ; ils appelaient les unes *ivahahs* et les autres *pahies*.

L'ivahah, qu'ils emploient dans les petites excursions, a les côtés perpendiculaires et le fond plat ; et la pahie, qu'ils montent dans les voyages plus longs, a les côtés bombés et le fond en forme de quille. Les ivahahs sont tous de la même forme, mais d'une grandeur différente, et servent à divers usages. Leur longueur est de dix à soixante-douze pieds ; mais la largeur ne suit pas cette proportion. Les ivahahs, longs de dix pieds, ont à peu près un pied de large, et ceux qui ont plus de soixante-dix pieds de longueur n'en ont guère que deux de largeur : ils distinguent l'*ivahah* de combat, l'*ivahah* de pêche et l'*ivahah* de voyage, car quelques-uns de ces derniers vont d'une île à l'autre.

L'ivahah de combat est le plus long de tous ; la poupe et la proue sont fort élevées au-dessus du corps de bâtiment, dans la forme d'un demi-cercle ; la poupe en particulier a quelquefois dix-sept à dix-huit pieds de haut, quoique la pirogue en elle-même n'en ait guère que trois. Ces derniers ivahahs ne vont jamais seuls à la mer : on les attache ensemble par les côtés, à la distance d'environ trois pieds, avec de grosses cordes de fibres ligneuses, qu'on passe à travers les bâtiments et qu'on amarre sur les plats-bords. Ils dressent sur l'avant de ces ivahahs un échafaud ou plate-forme, d'environ dix ou douze pieds de long, un peu plus large que les pirogues, et qui est soutenu par des poteaux de six pieds d'élévation. Les combattants, qui ont pour armes de trait les frondes et les javelines, se placent sur cette plate-forme ; ils ne se servent de leurs arcs et de leurs flèches que pour se divertir, comme on s'amuse chez nous au disque et au palet, ce qui doit être rangé dans les singularités qu'on remarque dans les mœurs de ce peuple. Les rameurs sont assis au-dessous de ces plates-formes ; ils reçoivent les blessés et font monter de nouveaux hommes à leur place. Quelques-unes de ces pirogues ont dans toute leur longueur une plate-forme de bambous ou d'autres bois légers beaucoup plus larges que tout le bâtiment, qui porte alors un bien plus grand nombre de combattants ; mais nous n'en avons vu qu'une seule équipée de cette manière.

Les ivahahs de pêche ont de six à quarante pieds de longueur ; tous ceux qui ont vingt-cinq pieds de long et plus, de quelque espèce qu'ils soient, portent des voiles dans l'occasion.

L'ivahah de voyage est toujours double et garni d'un petit pavillon propre, d'environ cinq ou six pieds de large, et de six ou sept de long, attaché sur l'avant du bâtiment, pour la commodité des principaux personnages qui s'y asseyent pendant le jour et y dorment pendant la nuit. Les ivahahs de pêche sont quelquefois joints ensemble et ont une cabane à bord ; mais cela n'est pas commun.

Les ivahahs, qui ont moins de vingt-cinq pieds de long, portent rarement ou presque jamais de voiles. Quoique la poupe s'élève de quatre ou cinq pieds, l'avant du bâtiment est plat, et il y a une planche qui s'avance en saillie sur le bord, d'environ quatre pieds.

La longueur du *pahie* varie aussi depuis trente à soixante pieds ; mais ce bâtiment, comme l'ivahah, est très étroit : l'un d'eux, mesuré par Cook, avait cinquante et un pieds de long, et seulement un pied et demi de largeur à l'un des bouts ; il n'avait qu'environ trois pieds dans sa plus grande largeur. — Telle est la proportion générale qu'ils suivent dans leur construction. — Le pahie ne s'élargit pourtant pas par degrés ; mais ses côtés étant droits et parallèles, pendant un petit espace, au-dessous du plat-bord, ils s'élargissent tout à coup, et se terminent en angles vers le fond, de sorte qu'en coupant transversalement cette partie du bâtiment, elle présente à peu près la forme d'un as de pique, et l'ensemble est beaucoup trop large pour sa longueur. Les Otahitiens emploient ces pahies dans les combats, ainsi que les plus grands ivahahs, mais plus particulièrement pour les longs voyages. Le *pahie* de combat, qui est le plus grand de tous, est garni d'une plateforme qui est proportionnellement plus large que celle de l'ivahah, parce que sa forme le met en état de soutenir un plus grand poids. Les pahies de voyage sont ordinairement doubles, et leur grandeur moyenne est celle de nos grands bateaux de mer ; ils font quelquefois d'une île à l'autre des voyages d'un mois, et sont quinze ou vingt jours en mer. Ils pourraient y rester plus longtemps s'ils avaient plus de moyens d'y garder des provisions et de l'eau douce.

Lorsque ces pirogues portent une seule voile, elles font usage d'un morceau de bois, attaché au bout de deux bâtons, mis en travers du bâtiment, et qui s'avance sur le côté du pahie de six à dix pieds, suivant la grandeur de la pirogue. Il ressemble à celui qu'emploient les canots volants des îles des Larrons, et auquel le voyage de Lord Anson donne le nom de balancier. Les haubans sont attachés à ce balancier, qui est absolument nécessaire pour mettre le bateau en estuie, lorsque le vent est un peu fort.

Quelques-uns de ces pahies ont un seul mât, et d'autres deux ; ces mâts sont composés d'une seule perche, et quand la longueur de la pirogue est de trente pieds, celle du mât est d'un peu moins de vingt-cinq. Il est attaché sur un châssis, au pied de la pirogue, et reçoit une voile de natte qui est un tiers plus longue que lui-même. La voile est aiguë au sommet, carrée dans le fond, et courbe dans les côtés ; elle ressemble un peu à celle qu'on appelle sur les vaisseaux *épaule de mouton :* elle est placée dans un châssis de bois qui l'environne de chaque côté, de manière qu'on ne peut ni la riser ni la ferler, et si l'une ou l'autre de ces deux manœuvres devient nécessaire, il faut la couper, ce qui pourtant arrive rarement dans ces climats, où le temps est si uniforme. Les Indiens attachent au sommet du mât, pour l'orner, des plumes qui ont une inclinaison oblique en avant. Les rames ou pagayes, dont on se sert dans ces pirogues, ont un long manche et une pale plate, et sont assez ressemblantes à la pelle d'un boulanger. Chaque personne à bord, excepté celles qui sont assises sous le pavillon, manient une de ces rames, et font marcher le bâtiment assez vite : ces pirogues cependant font tant d'eau par les coutures, qu'il y a toujours un Indien occupé à les vider. Ces bâtiments sont très propres pour le débarquement, et pour s'éloigner de la côte, lorsqu'il y a de la houle ; au moyen de leurs grandes longueurs et de leurs poupes élevées, ils débarquent à sec, quand les bateaux européens pourraient à peine venir à bout d'aborder, et l'élévation de leur avant leur donne le même avantage pour s'éloigner du rivage.

Les ivahahs sont les seules pirogues employées par les Tahïtiens, les pahies viennent des autres îles. Nous allons donner une description particulière de la manière dont ils les construisent.

La partie d'en bas, ou la quille, est faite d'un arbre creusé en forme d'auge ; ils choisissent pour cela les arbres les plus longs qu'ils peuvent trouver, de manière qu'il n'y en a jamais plus de trois dans toute la longueur des bâtiments. Le second étage est formé d'une planche étroite d'environ quatre pieds de long, quinze pouces de large, et deux pouces d'épaisseur, le troisième étage, comme la quille, de troncs d'arbres creusés dans les proportions de la carène. Le dernier est aussi fait de troncs d'arbres creusés, de manière que la partie recourbée et la partie perpendiculaire sont d'une seule pièce. On imagine bien que ce n'est pas un travail facile que de fabriquer ces différentes parties de la pirogue, sans avoir ni scies, ni rabots, ni ciseaux ; mais la grande difficulté est de les joindre ensemble.

Lorsque toutes les parties du bâtiment sont préparées, ils mettent la quille sur des billots, et les planches étant soutenues par des étais, ils les cousent et les amarrent avec de fortes liures de cordage tressé, qu'ils passent plusieurs fois dans des trous percés avec une gouge ou tarière d'os. On peut juger de l'adresse de ce travail, puisque les coutures sont si bien serrées, qu'elles vont à l'eau sans être calfatées. Comme les cordages mouillés se pourrissent bientôt, on les rechange au moins une fois tous les ans, et il faut pour cela détacher toutes les pièces du bâtiment. Le dessin de l'avant et de la poupe est grossièrement tracé, mais il est très bien travaillé et parfaitement poli.

A l'occasion de la navigation de ces peuples, nous parlerons de leur sagacité étonnante à prévoir le temps qu'il arrivera ou du moins le côté d'où soufflera le vent. Ils ont plusieurs manières de pronostiquer ces événements. Voici la principale dont nous ne garantissons pas l'exactitude scientifique. — Ils disent que la voie lactée est toujours courbée latéralement, mais tantôt dans une direction et tantôt dans une autre, et que cette courbure est un effet de l'action que le vent exerce sur elle, de manière que, si la même courbure continue pendant une nuit, le vent correspondant soufflera sûrement le lendemain. Dans leurs plus grands voyages ils se dirigent sur le soleil pendant le jour, et sur les étoiles pendant la nuit, pour gouverner. Ils distinguent toutes les étoiles séparément par des noms ; ils connaissent dans quelle partie du ciel elles paraîtront, à chacun des mois où elles sont visibles sur l'horizon ; ils savent aussi avec plus de précision que ne le croira peut-être un astronome d'Europe le temps de l'année où elles commencent à paraître ou à disparaître.

Quant à leur manière de diviser le temps, nous n'avons pas pu acquérir une connaissance parfaite de celle dont les Taïtiens se servaient alors ; nous avons cependant observé que lorsqu'ils parlaient du temps passé ou à venir, ils n'employaient jamais d'autre mot que *Malama*, qui signifie *Lune* chez eux.

Ils comptent treize de ces lunes, et recommencent ensuite par la première de cette révolution, ce qui démontre qu'ils ont une notion de l'année solaire. Il nous a été impossible de découvrir comment ils calculent leurs mois, de façon que treize de ces mois répondent à l'année ; car ils disent que chaque mois a vingt-neuf jours, en y comprenant un de ces jours dans lesquels la lune n'est pas visible. Ils donnent un nom général à tous les mois pris ensemble, quoiqu'ils ne s'en servent que lorsqu'ils parlent des mystères de leur religion.

Ils divisent le jour en douze parties, six pour le jour et six pour la nuit, et chaque partie est de deux heures ; ils déterminent cette division avec assez de précision par l'élévation du soleil, lorsqu'il est au-dessus de l'horizon, mais peu d'entre eux, pendant la nuit, peuvent dire l'heure à l'inspection des étoiles.

CHAPITRE V

Etoffe. — Trois espèces. — Manière de la manufacturer. — Couleurs pour la teindre. — Fabrication des nattes. — Engins de pêche. — Cordes, lignes, hameçons. — Outils des Taïtiens.

Dans les épisodes du second voyage de Cook, nous avons déjà montré comment on s'y prenait pour fabriquer l'étoffe à Taïti ; nous croyons nécessaire de donner encore quelques explications à ce sujet.

L'étoffe qui servait d'habillement aux Taïtiens était de

trois sortes, et composée de l'écorce de trois différents arbres, le mûrier dont on fait le papier chinois, le fruit à pain, et un arbre qui ressemble au figuier sauvage des îles d'Amérique.

La plus belle et la plus blanche était faite avec le mûrier qu'ils appelaient *aouta;* elle servait de vêtement aux principaux personnages de l'île, et la couleur rouge était celle qu'elle prenait le mieux ; la seconde étoffe, fabriquée avec l'écorce de fruit à pain, nommée *oo-roo,* était inférieure à la première en blancheur et en douceur, et c'étaient surtout les Taïtiens de la dernière classe qui en faisaient usage ; la troisième sorte, manufacturée avec l'écorce de figuier, était grossière et rude, et de la couleur du papier gris le plus foncé. Elle était moins agréable à l'œil et au toucher que les deux autres, et pourtant plus utile, parce qu'elle résistait à l'eau, avantage que n'avaient pas les deux premières. La plus grande partie de cette troisième étoffe était parfumée; les chefs de Taïti la portaient pour les habits de deuil.

Les Taïtiens avaient grand soin de multiplier tous les arbres qui fournissaient la matière première de ces étoffes et donnaient surtout une attention particulière au mûrier, qui couvrait la plus grande partie des terres cultivées. Ils ne s'en servaient que lorsqu'il avait deux ou trois ans, et qu'il s'élevait à 6 ou 8 pieds, et était devenu un peu plus gros que le pouce. Pour eux la meilleure qualité qu'il pouvait avoir était d'être mince, droit, élevé et sans branches : lorsque la tige portait quelques feuilles basses, dont le germe pouvait produire une branche, ils les arrachaient soigneusement.

Quoique les étoffes composées de l'écorce de ces trois arbres fussent différentes, elles étaient cependant fabriquées de la même manière. Nous nous contenterons donc de décrire les procédés qu'ils employaient pour manufacturer la plus fine.

Lorsque les arbres étaient d'une grandeur convenable, les Taïtiens les arrachaient, les dépouillaient de leurs branches et en coupaient ensuite les racines et les sommets. L'écorce de ces arbrisseaux étant fendue longitudinalement se détachait avec facilité. Lorsqu'ils en avaient amassé une assez grande quantité, ils la portaient à quelque ruisseau et l'y laissaient tremper, après l'avoir chargée de pierres pesantes pour qu'elle ne fût point entraînée par le courant. Quand ils jugeaient qu'elle était suffisamment macérée, les servantes allaient au ruisseau, s'asseyaient dans l'eau pour séparer l'écorce intérieure et fibreuse de l'écorce verte qui servait d'enveloppe à l'arbre; elles plaçaient pour cela le morceau de bois sur une planche polie et aplatie, et elles le ratissaient très soigneusement avec la coquille que nous appelons *langue de tigre* (*tellina gargadia*), ensuite elles le plongeaient continuellement dans l'eau jusqu'à ce qu'il ne restât rien que les plus belles fibres de l'écorce intérieure. L'écorce, ainsi préparée dans l'après-midi, était étendue le soir sur des feuilles de plane. Il paraît qu'il y avait quelques difficultés dans cette partie de l'ouvrage, puisque la maîtresse de la famille était toujours chargée de surveiller cette opération. Ils plaçaient les écorces l'une à côté de l'autre, jusqu'à la longueur de 11 ou 12 verges, et à la largeur d'environ un pied. Ils en mettaient deux ou trois couches l'une sur l'autre, et ils avaient grand soin que l'étoffe fût pourtant d'une égale épaisseur. S'il arrivait que l'écorce ainsi couchée fût plus mince dans un endroit que dans un autre, on en prenait un morceau un peu plus épais pour le placer dans le vide. L'écorce restait dans cet état jusqu'au lendemain matin; alors la plus grande partie de l'eau qu'elle contenait étant imbibée ou évaporée, les fibres adhéraient si bien ensemble, que toutes les couches se levaient de terre en une seule pièce.

Quand on avait ainsi levé la pièce, on la déposait sur le côté poli d'une grande planche de bois préparée pour cet effet, et les servantes la battaient avec de petits maillets d'environ un pied de long et de trois pouces d'épaisseur, faits d'un bois dur que les insulaires appelaient *etoa*. La forme de cet instrument ressemblait assez à un cuir carré de rasoir, excepté seulement que le manche était un peu plus long, et que chacune des quatre faces était sillonnée de rainures et de lignes proéminentes plus ou moins hautes ou profondes ; celles d'un côté étaient de la grosseur d'une petite ficelle ; les plus petites de celle d'un fil de soie ; et, dans cette intervalle, les autres diminuaient par degrés.

Ils battaient d'abord l'écorce avec le côté du maillet où étaient les plus grosses rainures, et frappaient en cadence comme nos forgerons sur leur enclume. L'écorce s'étendait très promptement sous les coups, et les rainures de l'instrument y laissaient l'empreinte d'un tissu. On la battait successivement avec les autres côtés du maillet, et l'on finissait par le plus uni. Alors l'étoffe sortait achevée de la main de l'ouvrier. Quelquefois on appliquait plusieurs doubles de cette étoffe, qu'on battait avec le côté le plus uni du maillet : dans ce cas elle s'amincissait, devenait presque aussi légère qu'une mousseline et ils lui donnaient le nom d'*hoboo*, l'étoffe se blanchissait très bien à l'air ; mais elle acquérait plus de blancheur et de douceur lorsqu'on la lavait et qu'on la battait de rechef après qu'on l'avait portée.

Il y avait plusieurs sortes de cette étoffe, de différents degrés de finesse, suivant qu'elle était plus ou moins battue sans être doublée. Les autres étoffes étaient aussi plus ou moins belles, suivant qu'elles avaient été battues; mais elles différaient en même temps les unes des autres par les différents matériaux dont elles étaient composées. On ne prenait l'écorce de l'arbre à pain que lorsque les tiges étaient beaucoup plus longues et plus épaisses que celles du figuier qu'on employait quand elles étaient plus jeunes.

Quand les Taïtiens voulaient laver cette étoffe après qu'elle avait été portée, ils la faisaient tremper dans une eau courante, où ils la laissaient pendant quelque temps, après l'avoir fixée au fond avec une pierre; ils la tordaient ensuite légèrement pour en exprimer l'eau. Quelquefois ils lui donnaient alors une nouvelle fabrication; ils en mettaient plusieurs pièces l'une sur l'autre, et les battaient ensemble, avec le côté le plus raboteux du maillet : elles devenaient d'une épaisseur égale au drap d'Angleterre, et plus douces et plus unies que ces draps, après qu'elles avaient un peu servi, quoiqu'en sortant de dessous le maillet elles parussent avoir été empesées.

Cette étoffe se déchirait quelquefois lorsqu'on la battait; mais ils la raccommodaient aisément, en y joignant un morceau avec une colle composée de la racine du *Tea*, et ils faisaient cette opération avec tant d'adresse qu'on ne s'en apercevait pas. Les femmes s'occupaient aussi à enlever les taches comme nos dames à faire de la broderie ou des nœuds. La fraîcheur et la douceur étaient les principales qualités de cette étoffe, et son défaut était d'être spongieuse comme le papier, et de se déchirer presque aussi facilement.

Ils teignaient surtout cette étoffe en rouge et en jaune. Leur rouge est très beau et plus fin et plus brillant qu'aucun de ceux que nous avons en Europe. Celui de notre véritable écarlate s'en rapproche un peu, et le peintre d'histoire naturelle qu'avait amené M. Banks ne put l'imiter imparfaitement qu'en mêlant ensemble du vermillon et du carmin. Il est composé des sucs de deux végétaux mêlés et qui, séparément pris, n'ont aucune tendance à cette couleur. L'un est le fruit d'une espèce de figuier appelé *Matte* à Taïti, et l'autre les feuilles du *Cordia sebastina*.

Le fruit du figuier est à peu près aussi gros qu'un pois de ronceaux ou qu'une très petite groseille; et lorsqu'on en rompt la tige, il sort une liqueur laiteuse qui ressemble au jus de nos figues, dont ce fruit est en effet une espèce. Les femmes reçoivent cette liqueur dans une petite quantité d'eau de cocos, et il faut trois ou quatre de ces petites figues pour en préparer ainsi une roquille. Dès qu'ils en ont tiré une quantité suffisante, on y trempe les feuilles du *Cordia* et on les met ensuite sur une feuille de plane : on les y retourne jusqu'à ce qu'elles soient plus flasques; et, quand elles sont parvenues à ce point, on les serre doucement, en augmentant la pression par degrés, de manière à ne pas rompre les feuilles. A mesure qu'elles deviennent plus molles et plus spongieuses, elles imbibent plus de liqueur ; dans l'espace d'environ cinq minutes, la couleur commence à paraître sur les veines des feuilles, et dans dix minutes ou un peu plus, elles en sont parfaitement saturées. Les insulaires les pressent aussi fortement qu'il leur est possible. Les jeunes garçons préparent pour cela une grande quantité de *Moo*, en l'épluchant avec leurs dents, ou entre deux petits bâtons, jusqu'à ce qu'il soit dépouillé de son écorce verte et de la substance farineuse qui est au-dessous, et qu'il n'y reste plus qu'un réseau clair de fibres : ils y enveloppent les feuilles du *Cordia* qui distillent alors la liqueur qu'elles contiennent à mesure qu'on les presse. Comme ces feuilles ont peu de suc par elles-mêmes, elles ne donnent guère que celui dont elles étaient imbibées. Lorsque ce premier suc est entièrement exprimé, ils imprègnent de nouveau les feuilles, et on continue la même opération, jusqu'à ce que la liqueur qui passe à travers en soit plus teinte : les feuilles du *Cordia* sont jetées de côté ; mais on conserve le *moo*, qui, étant profondément imbibé de la couleur, sert de brosse pour étendre la teinture sur l'étoffe. Ils reçoivent toujours la liqueur exprimée dans de petits vases faits de feuilles de plane. — Ils ne teignent ordinairement leur étoffe légère que dans les bords, et ils répandent des couleurs sur toute la surface de celle qui est plus épaisse : ils ne les appliquent que d'un côté comme la peinture, et c'est la meilleure manière de leur donner du lustré et du brillant.

La fabrication des nattes était autrefois une manufacture considérable des Taïtiens ; ils excellent encore dans ce genre de travail. Il y en a quelques-unes qui sont meilleures et plus belles que celles que nous avons en Europe ; les plus grossières leur servent de lits, et ils portent les plus fines dans les temps humides. Les insulaires prennent bien des peines et emploient beoucoup de soins à faire ces dernières dont il y a deux espèces. Les unes se font avec l'écorce du *poërou*, *l'hibiscus tiliacéus* de Linné ; et il y en a quelques-unes qui sont aussi fines qu'un drap grossier. Ils appellent *Wanne* l'autre espèce, qui est encore plus belle ; elle est blanche, lustrée et brillante. — Ils ont d'autres nattes qui leur servent de sièges et de lits ; elles sont composées de joncs et d'herbes ; et ils les fabriquent, ainsi que tous leurs ouvrages tressés, avec une facilité et une promptitude étonnantes.

Ils sont aussi très adroits à faire des paniers et des ouvrages d'osier. Leur paniers sont de mille formes différentes, et il y en a quelques-uns très artistement travaillés ; ils s'occupent tous, hommes et femmes, à ce travail. Ils en fabriquent avec des feuilles de noix de cocos dans l'espace de quelques minutes, et les femmes ont coutume, dès que le soleil est élevé sur l'horizon, d'envoyer chercher quelques feuilles, dont elles forment de petits chapeaux pour mettre leur visage à l'ombre; cette opération leur coûtait si peu de travail et de temps que, lorsque le soleil baissait sur le soir, elles les jetaient là. Ces chapeaux cependant ne leur couvraient pas la tête; ils ne consistaient qu'en une bande élégante qui en faisait le tour et une corne avancée qui ombrageait le front.

Avec l'écorce du *poërou*, les Taïtiens faisaient des cordes et des lignes dont les plus grosses avaient un pouce d'épaisseur, et les plus minces étaient de la grosseur d'une petite ficelle; ils formaient avec ces dernières des filets pour la pêche. Ils composaient, avec les fils de cocos, un cordage pour joindre ensemble les différentes parties de leurs pirogues et d'autres courroies tordues ou tressées; et ils fabriquaient avec l'écorce d'une espèce d'ortie qui croît dans les montagnes les meilleures lignes pour la pêche qu'il soit possible de trouver. Ils attrapent avec ces lignes les poissons les plus forts et les plus frétillants, tels que les bonites et les albicores, qui rompaient dans un instant nos lignes de soie les plus fortes, quoiqu'elles soient deux fois aussi épaisses que celles des Taïtiens.

Ils faisaient aussi une espèce de seine d'une herbe qui a les feuilles larges et grossières, et dont la tige ressemble au glaïeul. Ils entortillaient et joignaient ensemble ces herbes, jusqu'à ce que le filet, qui était à peu près aussi large qu'un grand sac, eût soixante à quatre-vingts brasses de long. Ils la tiraient dans les bas-fonds; et le propre poids de la seine la tenait si bien au fond de la mer qu'un seul poisson pouvait difficilement s'échapper.

Les Taïtiens montraient une sagacité et une industrie extrêmes dans tous les expédients qu'ils employaient pour prendre des poissons. Ils avaient des harpons, des bambous dont la pointe était d'un bois dur, et ils frappaient le poisson plus sûrement avec cet instrument que nous ne pouvons le faire avec nos harpons de fer, quoique les nôtres aient d'ailleurs l'avantage d'être attachés à une ligne, de manière que si le croc atteint le poisson, nous sommes sûrs de l'attraper quand même il ne serait pas mortellement blessé.

Ils avaient deux sortes d'hameçons construits avec un art admirable, et qui répondaient très bien au but qu'ils se proposaient dans ces ouvrages. La tige de l'un d'eux était faite de nacre de perles, la plus brillante qu'ils pouvaient trouver, et l'intérieur, qui est ordinairement la partie la plus éclatante, se mettait par derrière. Ils attachaient à ces hameçons une touffe blanche de poil de chien ou de soie de cochon, de manière qu'elle ressemblât un peu à la queue d'un poisson. L'hameçon et l'amorce étaient mis au bout d'une ligne que portait une verge de bambou. Le pêcheur, afin de réussir dans son entreprise, faisait attention au vol des oiseaux qui suivent toujours les bonites lorsqu'elles nagent dans les bas-fonds ; il dirigeait sa pirogue sur leur marche, et lorsqu'il avait l'avantage d'être conduit par ses guides, il revenait rarement sans avoir fait une bonne pêche.

La seconde espèce d'hameçons était aussi faite de nacre de perles ou de quelque autre coquillage dur ; ils ne pouvaient pas les barbeler comme les nôtres ; mais, pour suppléer à ces défauts, ils recourbaient la pointe en dedans. Ces hameçons étaient de différentes grandeurs, et ils s'en servaient avec beaucoup de succès pour attraper toute sorte de poissons. La manière de les fabriquer était très simple, et chaque pêcheur les travaillait lui-même. Ils coupaient d'abord la coquille en morceaux carrés avec le taillant d'un autre coquillage ; et, avec un corail assez raboteux pour servir de lime, ils leur donnaient la forme d'un hameçon ; ils faisaient ensuite un trou au milieu, et ils n'avaient pour cela d'autre villebrequin que la première pierre qu'ils trouvaient ayant une pointe aiguë ; ils attachaient cette pierre au bout d'un petit bâton de bambou, et ils tournaient cet instrument dans leurs mains de la même manière que nous tournons un moussoir à chocolat. Lorsque la coquille était percée et que le trou était assez large, on y introduisait une petite lime de corail, au moyen de laquelle l'hameçon était fini en très peu de temps, car l'ouvrier n'employait guère plus d'un quart d'heure à ce travail.

Pour tous leurs travaux, les Taïtiens avaient une hache de de pierre et un ciseau fait avec un os humain, ordinairement l'os de l'avant-bras, une rape de corail, et la peau d'une espèce de raie, qui, avec du sable de corail, leur servent de lime ou de pierre à aiguiser. Avec ce petit nombre d'outils, ils bâtissaient des maisons, construisaient des pirogues, taillaient des pierres, abattaient, fendaient, sculptaient et polissaient du bois.

La pierre dont ils formaient le taillant de leurs haches est une espèce de basalte d'une couleur noirâtre ou grise, qui n'est pas très dure, mais qui ne s'égrène point facilement. Ces haches étaient de différentes grandeurs : celles qui leur servaient à abattre du bois pesaient de six à huit livres ; d'autres qu'ils employaient pour sculpter étaient du poids de sept ou huit onces. Comme il était nécessaire de les aiguiser presque qu'à chaque instant, l'ouvrier avait toujours près de lui pour cela une pierre et une noix de coco remplie d'eau.

Le travail le plus difficile pour les Taïtiens était d'abattre un arbre ; c'était aussi celui où ils s'apercevaient davantage de l'insuffisance de leurs instruments. Cette besogne exigeait un certain nombre d'ouvriers et le travail constant de plusieurs jours. Lorsque l'arbre était à bas, ils le fendaient par les veines dans sa longueur et toute sa largeur en planches de trois à quatre pouces d'épaisseur. Il faut remarquer que la plupart de ces arbres ont huit pied de circonférence dans le tronc et quarante dans les branches, et que l'épaisseur est à peu près la même dans toute leur longueur. ils aplanissaient les planches avec leurs haches très promptement, et ils étaient si adroits qu'ils pouvaient enlever une légère écorce sans donner un seul coup mal à propos.

Comme ils ne connaissaient point la manière de plier une planche, toutes les parties creusées ou courbées étaient taillées à la main.

CHAPITRE VI

Gouvernement. — Castes et dignités. — Guerre. — Armes. — Blessures. — Médecine et chirurgie. — Musique et spectacles.

Nous n'osons pas assurer qu'à l'époque où Wallis, Bougainville et Cook les visitèrent, les Taïtiens, qui ignoraient absoment l'art d'écrire et qui par conséquent ne pouvaient avoir des lois fixées par un code permanent, vécussent sous une forme régulière de gouvernement. Il régnait cependant parmi eux une subordination qui ressemblait beaucoup au premier état de toutes les nations de l'Europe lors du gouvernement féodal, qui accordait une liberté illimitée à un petit nombre d'hommes et soumettait tout le reste à une sorte d'esclavage.

Voici les différents ordres qu'il y avait dans l'île : l'*Earée-rahie* ou roi; l'*Earée* ou baron; le *Manahouni* ou vassal et le *Toutou* ou paysan. L'île de Taïti, nous l'avons dit plusieurs fois, est divisée en deux péninsules; il existait dans chacune un *Earée-rahie* qui en avait la souveraineté. Ces deux espèces de rois étaient traités avec beaucoup de respect par les Taïtiens de toutes les classes; mais ils ne paraissaient pas exercer autant d'autorité que les Earées dans leurs propres districts. — Alors Taïti était divisée en différents districts, qui étaient à peu près au nombre de cent; les Earées étaient seigneurs d'un ou plusieurs de ces cantons; ils partageaient leur territoire entre les *Manahounis*, qui cultivaient le terrain qu'ils tenaient sous le baron. — Les Taïtiens de la dernière classe, ou *toutous*, semblaient être dans une situation approchante de celle des vilains dans les gouvernements féodaux; ils faisaient tous les travaux pénibles, et cultivaient la terre sous les manahounis, qui n'étaient que les cultivateurs de nom; ils allaient chercher le bois et l'eau, et, placés sous l'inspection de la maîtresse de la famille, ils apprêtaient les aliments. C'étaient aussi eux qui pêchaient le poisson.

Chacun des Earées tenait une espèce de cour et avait une suite nombreuse composée principalement de fils cadets de sa tribu. Quelques-uns de ceux-ci exerçaient dans la maison de l'éarée des emplois particuliers; mais nous ne pouvons pas dire exactement de quelle nature ils étaient. Les barons envoyaient souvent leurs messages par ces officiers. De toutes les cours des Earées, celle de Toutahah était la plus brillante qui ait été vue par Cook, et il ne faut pas s'en étonner, puisqu'il administrait au nom d'O-Too, son neveu, qui était Earée-rahie de la grande péninsule, et vivait sur ses terres. L'enfant du baron ou Earée, ainsi que celui du souverain ou Earée-rahie, succédait dès le moment de sa naissance au titre et aux honneurs de son père. Un baron qui était un jour appelé Earée, et dont on n'approchait qu'en faisant la cérémonie d'ôter une partie de ses vêtements et de découvrir la partie supérieure de son corps, était réduit le lendemain à l'état de simple particulier, si sa femme lui avait donné un fils la nuit précédente, tous les témoignages de respect qu'on rendait à son autorité passaient à son enfant, s'il ne le massacrait pas en naissant; mais le père restait toujours possesseur et administrateur des biens.

S'il arrivait que les insulaires voisins attaquassent l'île, chaque district, sous le commandement de son Earée, était obligé de fournir son contingent de soldats pour la défense commune. — Dans ces occasions, les forces réunies de toute l'île étaient commandées en chef par l'Earée-rahie. Les démêlés particuliers qui naissaient entre deux Earées se décidaient par leurs propres sujets, sans troubler la tranquillité générale.

Ils avaient pour armes des frondes qu'ils maniaient avec beaucoup de dextérité, des piques pointues et garnies d'un os de raie, et de gros bâtons d'un bois très dur, de 6 ou 7 pieds de long. On dit, qu'ainsi armés, ils combattaient avec beaucoup d'opiniâtreté; cela est d'autant plus probable, qu'il est sûr qu'ils ne faisaient point de quartier aux hommes, ou aux femmes, ou aux enfants qui tombaient malheureusement dans leurs mains pendant la bataille ou quelques heures après, c'est-à-dire avant que leur colère, qui était toujours violente sans être durable, fût calmée.

On ne peut pas espérer que sous un gouvernement si imparfait et si grossier la justice distributive fût rendue fort équitablement; mais il ne devait se commettre que peu de crimes dans un pays où il était si facile de satisfaire tous ses goûts et où par conséquent les intérêts des hommes n'étaient pas souvent opposés les uns aux autres. Dans nos contrées d'Europe, un homme qui n'a point d'argent voit qu'il pourrait avec ce métal satisfaire tous ses désirs; les Taïtiens n'avaient ni monnaie, ni aucun signe fictif qui lui ressemblât. Il n'y avait, à ce qu'il paraît, dans l'île aucun bien permanent dont la fraude ou la violence pussent s'emparer; et effectivement si on retranche tous les crimes auxquels la cupidité donne naissance il n'en restera pas beaucoup. Et cependant nous avons vu maintes fois que ces insulaires de toutes les classes étaient enclins au vol. Cela venait sans doute de ce que les objets nouveaux apportés par les navires qui touchaient à leur île excitaient leur envie jusqu'à un point irrésistible ; mais comme chez eux personne ne pouvait tirer de grandes pertes, ou tirer de grands profits du vol, il n'avait pas été nécessaire de réprimer ce délit par des châtiments, qui, dans d'autres nations, étaient absolument indispensables, pour maintenir l'existence de la société.

Les Taïtiens avaient une médecine et une chirurgie à eux. Bougainville dit : « Dans les maladies un peu graves, tous les proches parents se rassemblent chez le malade. Ils y mangent et y couchent tant que le danger subsiste; chacun le soigne et le veille à son tour. Ils ont aussi l'usage de saigner; mais ce n'est ni au bras ni au pied. Un *taoua*, c'est-à-dire un médecin ou un prêtre inférieur, frappe avec un bois tranchant sur le crâne du malade ; il ouvre par ce moyen la veine que nous nommons *sagittale;* et lorsqu'il en a coulé suffisamment de sang, il ceint la tête d'un bandeau qui assujettit l'ouverture ; le lendemain, il lave la plaie avec de l'eau. »

Wallis dit de son côté : « Nous jugeâmes par les armes des Taïtiens et les cicatrices que portaient plusieurs d'entre eux qu'ils sont quelquefois en guerre ; nous vîmes, par la grandeur des cicatrices, qu'elles étaient les suites des blessures considérables que leur avaient faites des pierres, des massues, et d'autres armes obtuses ; nous reconnûmes aussi par là qu'ils avaient fait des progrès dans la chirurgie, et nous en eûmes bientôt des preuves plus certaines. Un de nos matelots étant à terre se mit une écharde dans le pied ; comme notre chirurgien était à bord, un de ses camarades s'efforça de la tirer avec un canif ; mais, après avoir fait beaucoup souffrir le patient, il fut obligé d'abandonner l'entreprise. Un vieil Otahïtien, présent à cette scène, appela alors un de ses compatriotes qui était de l'autre côté de la rivière. Celui-ci examina le pied du matelot et courut sur-le-champ au rivage. Il prit une coquille qu'il rompit avec ses dents ; et, au moyen de cet instrument, il ouvrit la plaie et en arracha l'écharde dans l'espace d'une minute. Sur ces entrefaites, le vieillard, qui était allé à quelques pas dans le bois, rapporta une espèce de gomme qu'il appliqua sur la blessure ; il l'enveloppa d'un morceau d'étoffe, et en deux jours le matelot fut parfaitement guéri. Nous apprîmes ensuite que cette gomme distille d'un prunier ; notre chirurgien s'en procura, et l'employa avec beaucoup de succès comme baume vulnéraire. »

Et Cook, auquel il faut toujours revenir en ce qui concerne les anciennes connaissances et les anciens usages des Taïtiens, dit aussi : « Leurs arts sont en petit nombre et bien simples ; néanmoins, si on doit les en croire, il font avec succès des opérations de chirurgie que nous n'avons pas encore pu imiter, malgré nos connaissances étendues sur ces matières. Ils environnent d'éclisses les os fracturés, et si une partie de l'os s'est détachée, ils insèrent dans le vide un morceau de bois taillé comme la partie de l'os qui manque : cinq ou six jours après, le *rapaoo* ou chirurgien examine la blessure, et il trouve le bois qui commence à se recouvrir de de chair ; ils assurent qu'en général ce bois est entièrement couvert le douzième jour, qu'alors le malade a repris des forces, qu'il se baigne et ne tarde pas à guérir. — Leurs connaissances en médecine paraissent plus bornées, sans doute parce qu'il leur arrive plus d'accidents qu'ils n'ont de maladies. Les prêtres néanmoins administrent des sucs d'herbes en quelques occasions, et pour certaines maladies ils emploient un remède qui semblerait inutile sous un climat chaud. Ils chauffent des pierres, les couvrent ensuite d'une étoffe épaisse par dessus laquelle ils posent une certaine quantité d'une petite plante de l'espèce de la moutarde, et après avoir couvert le tout d'une seconde étoffe, ils font asseoir le malade dessus. Celui-ci a des sueurs abondantes et quelquefois guérit. »

Les Taïtiens pratiquaient aussi le massage, et Cook lui-même devait en expérimenter les effets. Il avait été invité par le roi Otoo à une cérémonie, mais il s'excusa d'y assister parce qu'il était malade. Alors le roi vint le voir accompagné d'une demi-douzaine de naturels qu'il lui présenta comme capables d'entreprendre la guérison de la maladie dont il se plaignait. — Il avait une sciatique, et la douleur se faisait sentir de la hanche aux pieds. Il accepta les soins bienfaisants qu'on lui proposait. — Les six hommes se rangèrent autour de lui et se mirent à le presser des deux mains de la tête aux pieds. Ils le pétrirent jusqu'à faire craquer ses os et à le fatiguer comme si on l'avait roué de coups ; lorsqu'il eut subi un quart d'heure cette espèce de discipline, il fut bien aise de s'y soustraire. L'opération néanmoins le soulagea sur-le-champ, et il se décida à permettre qu'on la recommençât. Elle eut tant de succès la seconde fois qu'il passa une très bonne nuit ; après une troisième il se sentit totalement guéri.

―

Terminons ce retour sur le passé par quelques mots sur les anciens amusements et en particulier sur la musique et les spectacles des Taïtiens.

Ils aimaient à se disputer pour savoir qui jetterait le mieux une javeline. Ils aimaient aussi à s'exercer au tir des flèches. — En lançant une flèche ils ne cherchaient point à atteindre le but, mais simplement à lui faire parcourir la plus grande distance possible ; en décochant la javeline, au contraire, ils visaient à frapper une marque fixée. La javeline dont ils se servaient était de neuf pieds de long ; le tronc d'un plane placé à environ vingt verges de distance servait de but.

Les flûtes et les tambours étaient les seuls instruments de musique qu'ils connussent ; les flûtes étaient faites d'un bambou creux d'environ un pied de long ; elles n'avaient que deux trous, et par conséquent que quatre notes, avec lesquelles ils ne pouvaient jouer beaucoup d'airs. Ils appliquaient à ces trous l'index de la main gauche et le doigt du milieu de la droite.

Le tambour était composé d'un tronc de bois de forme cylindrique, creusé, solide à l'un des bouts, et recouvert à l'autre avec la peau d'un goulu de mer. Ils n'avaient d'autres baguettes que leurs mains, et ne connaissaient point la manière d'accorder ensemble deux tambours de tons différents. Ils avaient un expédient pour mettre à l'unisson deux flûtes qui jouaient ensemble ; ils prenaient une feuille qu'ils roulaient et qu'ils appliquaient à l'extrémité de la flûte la plus courte, ils la raccourcissaient ou l'allongeaient, comme on tire les tuyaux des télescopes, jusqu'à ce qu'ils eussent trouvé le ton qu'ils cherchaient, et dont leur oreille paraissait juger avec beaucoup de délicatesse.

Ils joignaient leurs voix à celle de ces instruments, et improvisaient en chantant. Ils appelaient pehaï ou chanson chaque distique ou couplet. Ces couplets étaient ordinairement rimés, et lorsqu'ils étaient prononcés par les naturels du pays, on y reconnaissait un mètre.

Dans le premier voyage de Cook, M. Banks, se promenant un matin, rencontra des Taïtiens qu'il reconnut, après quelques questions qu'il leur adressa, pour des musiciens ambulants. Dès qu'il eut appris dans quel endroit ils devaient passer la nuit, il s'y rendit avec quelques-uns de ses compagnons. Ils avaient deux flûtes, trois tambours, et un grand nombre d'Indiens s'étaient assemblés autour d'eux. Ceux qui battaient du tambour accompagnaient la musique avec leurs voix. Les Anglais furent très surpris de découvrir qu'ils étaient l'objet des chansons de ces singuliers trouvères, preuve qu'ils n'avaient rien préparé, et se livraient à l'improvisation du moment. Ils ne s'attendaient pas à rencontrer, parmi les habitants sauvages de cette île solitaire, une profession pour qui les nations les plus distinguées par leur esprit et leurs connaissances ont toujours eu de l'estime et de la vénération. Tels étaient pourtant les bardes et les ménestrels de Taïti : ils improvisaient, et, mariant la musique de leurs instruments au son de leurs voix, ils allaient continuellement d'un lieu à un autre. Le maître de la maison et l'assemblée leur donnaient en récompense les choses dont ils pouvaient avoir besoin.

Indépendamment de la musique et des concerts en plein air, les Taïtiens avaient leurs drames et leurs spectacles qu'ils appelaient héivas.

« En quittant Towha, dit Cook, nous prîmes le chemin d'Oparre, où le roi Otoo nous détermina à passer la nuit. Nous débarquâmes le soir, et tandis que nous nous rendions à sa maison, nous eûmes occasion d'observer en quoi consistent leurs *héivas* particuliers. Nous trouvâmes une habitation remplie d'un certain nombre de naturels ; il y avait, au milieu du cercle, deux femmes, derrière chacune desquelles était un vieillard, qui frappait doucement sur un tambour ; les femmes chantaient par intervalles, et je n'avais jamais entendu de chant si doux. L'assemblée les écoutait avec une attention extrême ; elle paraissait absorbée dans le plaisir que lui faisait la musique, car nous attirâmes peu les regards, et les acteurs ne s'arrêtèrent pas une seule fois.

La nuit était déjà obscure lorsque nous arrivâmes à la maison d'Otoo, où il nous donna un héiva public, dans lequel ses trois sœurs jouèrent les principaux rôles. Ce fut un de ces spectacles qu'ils appellent *heevaraa*, durant lequel personne ne peut entrer dans l'habitation ou sur la prairie où il se passe. Cette prohibition a toujours lieu quand les sœurs du roi jouent elles-mêmes. Leur habit était vraiment pittoresque et avait de l'élégance ; elles remplirent leurs rôles d'une manière distinguée ; cependant, les farces exécutées par quatre hommes parurent causer plus de plaisir à l'auditoire qui était nombreux. Cette soirée nous intéressa beaucoup et nous eûmes occasion de la renouveler plusieurs fois pendant notre séjour.

Mais nous croyons être agréable au lecteur en le faisant assister à une de ces soirées taïtiennes; et c'est pourquoi nous allons consacrer un chapitre entier à la mettre en action.

VII

UNE SOIRÉE TAÏTIENNE

I

Au temps d'Obéréa, la grande reine dont le peuple de Taïti a gardé la mémoire, la femme au cœur vaillant qui ne s'intimida pas des forts vaisseaux et des fortes armes de l'étranger; au temps d'Obéréa, ainsi, sous le ciel étoilé, par la nuit fraîche et belle, souvent l'on s'ébattait près d'elle et par ses soins dans l'île fortunée.

Écoutez! Écoutez! c'est le récit d'une fête d'un peuple heureux!

*
* *

Après avoir traversé de riches plantations d'ignames et de bananes renfermées par des clôtures de bambou ou des haies vives de la belle fleur de corail, on arrive par un petit sentier courant entre deux enclos sur le seuil d'une vaste plaine couverte de bosquets riants et de verts gazons. A l'une de ses extrémités s'étend une promenade délicieuse, d'environ un mille de long, formée de quatre rangs de cocotiers; plusieurs chemins venant de l'intérieur se croisent et aboutissent en ce lieu. A l'extrémité opposée se dresse une petite colline que des bambous plantés en terre à la distance d'un pied l'un de l'autre environnent. Un arbre extraordinaire dont les racines partant de la tige s'élèvent à près de huit pieds au-dessus du terrain et donnent naissance à de nombreux rejetons autour de lui, croît au sommet de la colline et étend au-dessus d'elle ses immenses rameaux chargés de longues grappes de fleurs embaumées. — Tout autour de cette promenade de cocotiers, et de cette colline close, s'étend un cercle d'ombre formé par des bocages d'arbres à pain et de goyaviers. — Rien n'est joli, rien n'est charmant comme l'ensemble de ce paysage qui s'étale aux regards. Il donne l'idée réelle des bosquets enchantés sur lesquels les poètes ont répandu toutes les beautés imaginables, et il serait peut-être difficile de rencontrer ailleurs un coin de terre plus riant et plus beau.

Il est nuit, mais la lune monte au ciel, et, ceinte d'une couronne d'étoiles, elle éclaire de ses pâles rayons les cocotiers alignés, la colline et la plaine. Et cependant, au soir que nous voulons décrire, sa clarté et celle des astres ne suffisent pas, et tout autour de la plaine, et sous l'arbre géant de la colline, et sous les cocotiers de la promenade, de nombreuses torches de noix huileuses brûlent et répandent en brûlant une vive flamme et une odeur parfumée.

Et pourquoi donc cette illumination dans ce lieu? et pourquoi donc l'animation extraordinaire qui s'y déploie? et pourquoi donc la foule qui de tous côtés l'envahit et remplace par le mouvement et le bruit son calme et son silence habituels.

C'est que la reine Oberéa, ce soir, a convoqué son peuple pour une fête. Elle est heureuse, la bonne et belle reine, quand elle voit ses sujets l'entourer, et montrer auprès d'elle leurs visages contents ; et, pour se donner à elle-même ce spectacle de ses sujets heureux, elle se plaît à multiplier pour eux les jeux et les spectacles qu'ils aiment. Or, le matin et la veille, des messagers ont parcouru de sa part tous les villages environnants et ont annoncé un grand et superbe *héiva* (pièce théâtrale). Ce mot prestigieux a couru de bouche en bouche. « Un héiva ! un grand héiva présidé par la reine ; avec accompagnement des chants, des jeux, de la musique et des danses accoutumées !... » Tous se sont empressés de faire les préparatifs nécessaires pour ne pas manquer la soirée où la reine les convie ; et le peuple taïtien aime si passionnément ces spectacles que des cantons les plus éloignés il accourt en foule pour avoir le plaisir d'y assister.

L'impatience a fait devancer l'heure. Bien longtemps avant l'arrivée de la reine et de tous ceux qui doivent jouer un rôle actif et important dans cette bienheureuse soirée, la pelouse, la promenade, les bosquets sont remplis de groupes épars dont les uns causent et devisent en repos et assis, dont les autres se promènent, ou assistent avec curiosité à des jeux et à des ébats d'enfants, qui, moins préoccupés que les grands par la pensée de l'*héiva* principal, ont profité de l'occasion pour se réjouir et s'amuser entre eux.

Là, ce sont de jeunes garçons qui ont organisé des courses et s'exercent à qui ira plus vite d'un bout à l'autre de la longue rangée de cocotiers dont nous avons parlé. — Des spectateurs nombreux se sont espacés pour les voir. Ils les excitent, les encouragent, applaudissent les vainqueurs, quelques-uns parient des noix de cocos, des bananes ou des plumes rouges en faveur de tel ou tel coureur, ou contre tel ou tel autre dont un voisin vante l'agilité ; et ces paris gagnés ou perdus donnent à ces courses, intéressantes par elles-mêmes, un charme et un intérêt de plus. Là, d'autres enfants s'amusent à chercher dans un bosquet un objet caché par l'un d'eux, et plus la recherche est longue, plus les joyeux chercheurs trouvent d'attrait et de piquant à leur jeu. Là encore de tout petits enfants se livrent à un exercice qui les occupe beaucoup, et qui est déjà un indice de ce que sera plus tard leur dextérité ; ils ont en main un bâton court, garni d'une cheville épointée au deux bouts, qui le traverse à une des extrémités, et déborde de chaque côté à peu près d'un pouce : ils jettent en l'air une boule de feuilles vertes, assujetties par des fils, et la saisissant avec la pointe de la cheville, ils la rejettent tout de suite en donnant un soubresaut, et, après avoir fait tourner leur bâton, ils la rattrapent avec l'autre bout ; de cette manière, ils la ressaisissent tour à tour par les bouts pendant un temps considérable, et sans jamais la manquer. — Ils ne montrent pas moins d'adresse dans un second jeu de la même espèce : ils jettent en l'air un certain nombre de boules, et ils les ressaisissent successivement ; quelques-uns d'eux s'exercent ainsi avec cinq ou six boules à la fois (1).

*
* *

(1) Jeux d'enfants des îles de la Société et des îles des Amis, décrits par Cook. Premier et troisième voyages.

Mais tout à coup les enfants cessent leurs jeux, les groupes épars se réunissent et se rangent avec un empressement joyeux tout le long de l'immense allée de cocotiers qui bordent l'un des côtés de la plaine.

Le son des flûtes et des tambours venait de se faire entendre à l'une de ses extrémités. C'était le signal attendu, il annonçait l'arrivée de la reine; et, avant d'assister au spectacle qu'elle offrait à son peuple, ce peuple, qui l'aimait et qui était fier d'elle, était avide de la voir, de la contempler, de l'admirer et de l'applaudir.

La reine Obéréa s'avançait au milieu d'un cortège nombreux, formé de ses parents et de ses familiers, et des jeunes filles taïtiennes dont elle se plaisait à composer sa cour. Elle avait alors un peu plus de quarante-cinq ans d'âge; elle était grande et forte, et dominait de la taille toutes les femmes et la plupart des hommes qui lui faisaient cortège; et, malgré ses quarante-cinq ans, elle était belle encore d'une splendide et majestueuse beauté. Pleine d'assurance dans sa marche, se tenant droite et le front haut, en regardant de droite et de gauche ses sujets au visage riant, son air d'autorité et d'aisance naturelle qui distingue les personnes accoutumées à commander et qu'elle portait si bien, n'empêchait pas le sourire sur ses lèvres et les saluts de la main simples et familiers. Des gardes et des domestiques allaient devant elle pour écarter la foule; mais c'était une précaution inutile; les rangs qui s'étaient resserrés à mesure qu'elle approchait, pour la voir un instant plus tôt, s'écartaient d'eux-même avec un respect cordial, au signe de son doigt, de sa main, et pas n'était besoin ni des cris ni des coups, pour établir l'ordre et le silence devant elle, ni dans la foule qui se pressait sur ses pas pour la suivre dès qu'elle avait passé.

Elle était vêtue d'étoffes taïtiennes qui se roulaient et se drapaient harmonieusement sur son corps. Une pièce d'étoffe fine et légère, d'une belle couleur verte, faisait plusieurs fois le tour des reins et tombait sur ses jambes qu'elle couvrait jusqu'aux genoux. Des sandales de fibres de cocos étaient attachées à ses pieds par des lanières entrelacées. Des colliers de baies luisantes s'étageaient de sa ceinture à son cou, et dessinaient sur sa poitrine des arcs brillants et gracieux. Des bracelets ornaient ses poignets et ses bras. Ses cheveux relevés et tressés sur sa tête étaient artistement retenus par des guirlandes de fleurs et d'élégants colliers de perles et de corail. — Un ample manteau d'une étoffe écarlate attaché par une agrafe de nacre tombait de ses épaules et traînait derrière elle sur l'herbe de l'allée.

Quand elle eut traversé dans toute sa longueur la promenade des cocotiers, elle revint sur ses pas jusque vers le milieu, et s'assit sur une estrade couverte de nattes préparée sous les arbres, aux quatre coins de laquelle brûlaient des torches réunies en faisceau, qui jetaient sur toute la foule et au loin sur les bosquets et la plaine une vive et odorante clarté (1). Les jeunes filles de son cortège, les hommes et les

---

(1) Ces torches dont les Taïtiens éclairaient autrefois leurs nuits de fête et de plaisir méritent une description particulière. Voici celle qui nous est donnée par Cook (premier voyage).

« Quoique les Taïtiens n'aient pas besoin de feu pour se réchauffer, ils se servent souvent d'une lumière artificielle après le coucher du soleil, et lorsqu'ils se réunissent en plein air pour chanter des couplets, ou assister à un spectacle... leurs chandelles sont faites d'une espèce de noix huileuse; ils en embrochent plusieurs dans une baguette. Après avoir allumé celle qui est à un des bouts, le feu prend ensuite à la seconde, en brûlant en même temps la partie de la brochette qui la traverse comme la mèche de nos bougies. Lorsque la seconde est consumée, le feu se communique à la troisième, et ainsi de suite;

femmes qui étaient venus avec elle, les musiciens et les personnages les plus distingués se placèrent immédiatement à ses côtés, et toute la foule indistinctement se rangea sur l'herbe tout autour.

A peine fut-elle assise, deux de ses femmes lui présentèrent avec leurs doigts quelques mets préparés ; elle n'avait qu'à ouvrir la bouche pour les recevoir, et ne touchait de ses mains de reine aucun des mets qu'on lui offrait. En même temps des serviteurs passaient parmi les rangs et distribuaient par son ordre aux guerriers et aux chefs de l'ava contenu dans des noix de cocos, ou des jattes rondes et polies ornées de figures humaines élégamment dessinées et sculptées.

Cette distribution d'ava, la boisson favorite, la liqueur réservée aux fortunés et aux puissants, quoiqu'elle ne pût s'étendre à tous et fût restreinte à un certain nombre de personnages de marque, n'excita aucune jalousie ni envie ; elle fit battre des mains à la foule qui se promit pour elle-même, dans l'héiva attendu, un plaisir proportionné à la générosité que la reine montrait pour les guerriers de choix.

Tous ces préliminaires qui avaient bien duré une heure et peut-être un peu plus, se terminèrent enfin. La reine se leva, frappa trois fois ses mains l'une dans l'autre, et le silence s'établit sur cette foule nombreuse d'hommes, de femmes et d'enfants, assis en cercle, les yeux et les oreilles attentifs au spectacle qui allait commencer.

L'ouverture en fut faite par un concert de flûtes et de tambours accompagné de voix humaines.

Ces flûtes, dont les musiciens se servaient, étaient des ins-

---

quelques-unes de ces chandelles brûlent pendant un temps assez considérable et donnent une lumière assez forte.

truments semblables à ceux que nous avons décrits au chapitre précédent. Un bambou creux, d'environ un pied de long, en avait fait les frais. Elles n'avaient que deux trous, et ne pouvaient par conséquent donner que quatre notes. Pour s'en servir, on soufflait avec les narines dans le tuyau ; l'index de la main gauche s'appliquait sur un trou, le doigt du milieu de la main droite sur l'autre trou, et l'on obtenait ainsi des airs peu compliqués, peu variés et cependant mélodieux.

Les tambours étaient composés d'un tronc de bois de forme cylindrique, creusé sur l'un de ses bouts, mais solide de l'autre. Le côté creux était couvert avec la peau d'un goulu de mer. Pour faire rendre à cet instrument l'harmonie dont il était susceptible, le musicien n'avait pas d'autres baguettes que ses mains.

Le premier morceau fut exécuté avec un entrain qui réjouit fort l'assistance. Et de fait ce mélange des sons légers des flûtes, du bruit assourdissant des tambours, des airs sans paroles chantés par des voix d'hommes et de femmes produisait un ensemble dont une oreille de *dilettante* eût pu se montrer offusquée, mais qui ne manquait ni d'accord ni de charme, et dont la saveur originale était beaucoup plus accessible aux oreilles de ceux pour qui elle était faite que les morceaux raffinés du grand art.

La reine donna le signal des applaudissements, puis, désignant parmi les personnages qui se trouvaient près d'elle, quatre hommes jeunes et beaux, munis chacun d'une flûte dont ils n'avaient point mêlé les accords à ceux du morceau précédent,

— « Allons, mes joyeux ménestrels ! chantez-nous, leur dit-elle, chantez-nous le *Pehaï* des Dieux (1) et l'origine de Taïti ! »

(1) *Pehaï*, chant, hymne, cantique.

— « Oui! oui! cria la foule; le *Pehai* des Dieux! le *Pehai* des Dieux, et l'origine de Taïti! »

Ceux qu'elle venait de désigner sous le nom de « joyeux ménestrels » et dont la fonction, l'occupation, était en effet quelque chose de semblable à celle de nos troubadours d'autrefois, car ils allaient parcourant les villages en improvisant des chansons qu'on écoutait avec plaisir et qui leur assuraient partout et la table et l'abri, se levèrent aussitôt, et, après avoir préludé sur leurs instruments, ils chantèrent ensemble et tour à tour les couplets et le refrain du Pehaï suivant. — Nous le reproduirons dans sa simplicité charmante pour donner une idée de la cosmogonie du peuple taïtien.

LE PÉHAÏ DES DIEUX

ENSEMBLE

Peuple d'O-Taïti,
Prête! prête l'oreille!
C'est l'histoire des Eatoas (Dieux),
Des Eatoas qui créèrent le monde,
Et qui créèrent Taïti!.....

PREMIER CHANTEUR

Au-dessus de tous les Eatoas,
il y avait à l'origine l'Eatoa-Rahie.....
C'est lui, le Dieu suprême!.....
Le Dieu suprême est la première cause
De tous les êtres animés et inanimés, et divins et humains.
Voici comment les Eatoas inférieurs, et les hommes, et le monde, sont sortis de l'Eatoa-Rahie :

ENSEMBLE

Peuple d'O-Taïti,
Prête! prête l'oreille!.....
C'est l'histoire des Eatoas,
Des Eatoas qui créèrent le monde,
Et qui créèrent Taïti!

DEUXIÈME CHANTEUR

L'Eatoa-Rahie, le Dieu des Dieux,
Habitait le soleil.
Mais il s'y trouvait seul.....
Il anima la roche Otepapa et la prit pour compagne.
De leur union naquirent
Ohëna, la déesse de la lune, qui réside dans le nuage noir qu'on voit en son milieu,
Tewethoo, le Dieu qui créa les étoiles,
Omarrëo, le créateur des mers,
et Orëorrë, le conducteur des vents.....

ENSEMBLE

Peuple d'O-Taïti,
Prête! prête l'oreille!
C'est l'histoire des Eatoas,
Des Eatoas qui créèrent le monde,
Et qui créèrent Taïti!

TROISIÈME CHANTEUR

L'Eatoa-Rahie était grand et superbe,
Et il avait de beaux cheveux dorés qui tombaient du soleil dans la mer.

*Pour n'avoir pas toujours à les secouer, à les tordre,
Il résolut de semer des îles et des terres dans cette vaste étendue d'eau.*

Il saisit l'immense roche Otepapa, sa compagne,

Et il la traîna, de l'ouest à l'est, à travers les flots de la mer.

Alors des blocs nombreux se détachèrent de la grande masse.

Les uns firent des îles, d'autres simplement des montagnes,

Et le plus beau fit Taïti.

ENSEMBLE

*Peuple d'O-Taïti,
Prête ! prête l'oreille !
C'est l'histoire des Eatoas,
Des Eatoas qui créèrent le monde,
Et qui créèrent Taïti.*

QUATRIÈME CHANTEUR

Quand Taïti montra ses pics étincelants au-dessus des flots bleus,

L'Eatoa-Rahie et sa compagne s'arrêtèrent sur elle.....

Ils plantèrent des cocotiers dans ses vallées, et des arbres à pain aux versants des collines.

Et ils se dirent l'un à l'autre : « Taïti est le plus beau lieu du monde, il nous faut peupler Taïti.

*Par l'ordre de l'Eatoa suprême les Eatoas inférieurs
Vinrent habiter la belle île...*

Ils engendrèrent le premier homme.....

A sa naissance, ce premier père de l'humanité

Ressemblait à une boule ronde!
Mais les Eatoas prirent soin de façonner ses membres..
Ils l'appelèrent Tanë.....
De Tanë *le genre humain ensuite est sorti tout entier.*

ENSEMBLE

Peuple d'O-Taïti,
Prête! Prête l'oreille!
C'est l'histoire des Eatoas,
Des Eatoas qui créèrent le monde,
Et qui créèrent Taïti!.....

Tout le monde avait écouté avec délices ce chant que tout le monde connaissait, mais ne se lassait jamais d'écouter. C'était comme un chant national qui faisait aimer Taïti, et aucune fête n'eût été complète sans lui.

La reine appela les chanteurs, et de ses mains royales elle leur offrit à chacun une ration d'ava ; puis, détachant un des colliers brillants qui paraient sa poitrine, elle leur en fit présent en signe de son contentement.

« Vous avez bien chanté, mes gentils ménestrels ; recevez-en le gage, mais ce n'est pas assez, dit-elle. Mon peuple attend de vous, j'attends aussi, moi, que vous vouliez bien nous conter un de ces beaux récits que vous contez si bien ! »

Le premier chanteur dit : « Puisqu'il plaît au peuple et à vous, je vais vous conter, grand reine, la lutte d'Éiméo contre Bolabola, et la grande victoire que cette dernière remporta. »

— « Non ! répondit la reine, le sujet est trop vaste et prendrait sur notre hëiva... je veux un sujet plus léger ! »

— « Alors, dit le second chanteur, puisqu'il plaît au peuple et à vous, je vous conterai, grande reine, l'*Oiseau du Morai*, le beau martin-pêcheur qui prend les âmes sur ses ailes pour les porter à l'île du repos. »

— « Non, répondit la reine, nous ne sommes pas rassemblés pour des récits de deuil. Il faut rire, jouer et s'amuser cette nuit. Trouvez un sujet plus plaisant... »

Mais un murmure léger qui courut dans la foule et arriva jusqu'à elle attira son attention. Elle promena son regard sur l'assistance, elle comprit ce que signifiait son murmure, qui n'était autre chose que l'expression d'un désir, et elle dit en souriant :

— « Ah! mon peuple le veut; mon peuple aime cette histoire. Raconte à mon peuple l'*Oiseau du Moraï*.

Le chanteur qui l'avait proposé salua la reine et le peuple, et sa voix s'éleva pour conter :

L'OISEAU DU MORAÏ

L'*Earée* de Tiarrabou était mort.

C'était un bon *Earée* qui aimait bien son peuple et qui était aimé de lui. Aussi sa mort fut-elle regrettée et pleurée.

Mais à quoi servent les larmes? Elles ne réveillent pas celui qui est endormi pour toujours. A celui que la mort conduit dans le lointain voyage, il faut préparer les sentiers qui aboutissent au séjour des Eatoas, sans quoi son âme errante restera pour se plaindre autour de son tombeau; il faut l'accompagner au Moraï avec les offrandes qui apaisent les génies malfaisants et rendent favorables les Dieux.

De son vivant, l'Earée mort s'était fait construire un Moraï digne de sa naissance et de sa grandeur. Trente gradins de pierre s'échelonnaient de sa base au sommet. Ce monceau funéraire s'élevait sur la plage et commandait la mer.

Les parents, les amis du défunt s'étaient donné rendez-vous autour de son cadavre. Tous déploraient sa perte et vantaient ses vertus, les uns par des lamentations qui se faisaient entendre au loin, d'autres par des cris et des gémissements moins forts, mais qui ne marquaient pas moins leur douleur.

Un jour et une nuit entière furent consacrés à la désolation dans la maison du mort.

Le lendemain, dès le matin, le corps enveloppé d'étoffes est conduit au Moraï sur une bière que des amis portaient sur leurs épaules, et que les prêtres devançaient, sautant et chantant selon l'usage, et écartant de leurs baguettes tous ceux qui se trouvaient sur la route du convoi.

Mais tout à coup, voici une chose admirable !

Un oiseau qu'on n'avait jamais vu sur ces bords, un bel oiseau portant dans son plumage toutes les couleurs les plus brillantes de l'arc-en-ciel, plus bleu que l'azur, plus vert que les algues des mers, au plastron rouge comme le feu, un bel oiseau qui volait droit et rapide comme les flèches, s'élance du rivage ou des flots, fait le tour de la bière en poussant un grand cri, et vole d'un trait se percher sur une branche basse qui penchait au-dessus de l'eau.

Le convoi continue sa marche, et les amis du mort, étonnés et saisis, ne quittent pas des yeux le bel oiseau.

Cent pas plus loin, il reprend sa volée, il vient comme la première fois tourner rapidement autour de la bière, et puis, à tire-d'aile, va se percher encore à cent pas en avant ; et ainsi, de cent pas en cent pas, volant, tournoyant, se perchant et chantant, il sert de guide au convoi de l'Earée jusqu'au grand Moraï.

Pendant les jours qui suivirent, jours consacrés au deuil et à l'exposition du mort, sentinelle attentive, l'oiseau resta perché sur un arbre voisin, et d'heure en heure il venait en criant couvrir de l'ombre de ses ailes le corps du trépassé.

Et quand les cérémonies d'usage furent achevées, quand le cadavre eut été porté au faîte du moraï superbe; que le prêtre, après avoir entrelacé les feuilles de cocotiers autour et placé près de lui les provisions de bouche pour le dernier voyage, eut poussé son grand cri à la Divinité, l'oiseau, le bel oiseau, trois fois tourna d'un vol rapide autour du Moraï, une fois au sommet, une fois au milieu, une fois à son pied; puis, remontant au sommet d'un coup d'aile, on vit une fumée sortir de l'endroit où était le corps; cette fumée enveloppa l'oiseau et le cacha aux yeux, et l'on entendit une voix qui disait:

— « Je suis l'oiseau du Moraï! L'Earée n'est pas mort! j'ai recueilli son âme, et je l'emporte à l'île des Eatoas! »

—

Ce bon peuple taïtien, ce peuple encore enfant, avait écouté ce récit, moitié conte et moitié ballade, moitié raconté et moitié chanté, comme les Arabes du désert entendent les récits du soir, comme les enfants d'Europe entendent les féeries qui les préparent au sommeil. — Le ménestrel avait fini qu'on l'écoutait encore, et la reine vit à l'attitude de l'assemblée entière qu'elle ne serait pas fâchée d'entendre un autre récit merveilleux. Sur un signe d'elle, le quatrième chanteur prit la place de son devancier et dit:

— « Grande reine et vous, peuple, je vais vous raconter la punition des deux frères méchants qui se nourrissaient de chair d'homme ! »

Les applaudissements de la foule et l'empressement à se

grouper autour de lui montrèrent au narrateur qu'il avait bien choisi et qu'il se pouvait tenir assuré du succès.

Il commença, continua et acheva ainsi :

LES DEUX TAHEEAÏ ou LES DEUX MANGEURS D'HOMMES

Il y a longtemps, très longtemps de cela ; c'était au temps où la déesse *Oroö* ayant épousé le Dieu *Terrēaa* ; ils peuplèrent les îles et les grandes terres des animaux de toute espèce, et enlevèrent de Taïti les beaux arbres dont ils se sont servis pour planter les bocages que l'on aperçoit dans la lune.

En ce temps-là, deux hommes méchants appelés *Tahēeai* vivaient à Taïti. On ne savait pas d'où ils sortaient ni comment ils étaient venus dans cette île.

Ils avaient avec eux une femme à l'aspect farouche, et qui avait deux dents d'une prodigieuse grosseur.

Les deux *Tahëeaï* avaient établi leur demeure dans les montagnes qu'ils avaient coutume de quitter chaque nuit pour venir attaquer et tuer les habitants du pays. Ils mangeaient ensuite les hommes qu'ils massacraient ; et leur férocité et leur voracité étaient telles qu'elles suffisaient à arrêter les progrès de la population.

Ce que voyant, deux frères résolurent de se dévouer au salut de tous. Ils se promirent l'un à l'autre de détruire ces monstres formidables, et ils imaginèrent un stratagème pour en venir à bout, car de les attaquer à force ouverte, malgré leur dévouement et leur courage, ils n'y pouvaient songer.

Ils habitaient aussi les montagnes, et leur habitation était située un peu au-dessus de celle des deux *Tahëeaï*. Ils occupaient un poste bien protégé, ce qui expliquait comme quoi les mangeurs d'hommes n'avaient encore rien entrepris contre eux, et de ce poste ils pouvaient parler aux hommes de proie sans trop exposer leurs jours.

Un soir d'été ils crièrent : « Tahëaï! Tahëaï! venez donc dîner avec nous! »

Les deux Tahëaï répondirent : « Volontiers! volontiers! — chez vous nous dînerons ce soir, et chez nous vous dînerez à votre tour demain! » Et les deux méchants riaient en répondant cela, car la même pensée leur était venue à tous deux : « Une fois que nous serons dans leur retraite si bien protégée contre nous, nous les tuerons et nous les apporterons ici où ils feront les frais du repas qu'ils prendront avec nous! »

Ils montèrent donc sans plus tarder au logis des deux frères, et se croyant tout le temps voulu pour mettre à exécution leur projet, ils s'assirent sur l'herbe, désireux de goûter la cuisine qu'on avait préparée pour eux.

C'était du *Mahëe*, du fruit à pain fraîchement fermenté, et à côté des coquillages et des fruits, et des noix de cocos pleines d'une eau limpide et de lait savoureux.

Le Mahëe était préparé en boule, il fumait et répandait un parfum qui excitait l'appétit en réjouissant l'odorat. Les deux frères en avaient enveloppé des pierres rougies au feu, et pour ne pas les laisser refroidir, dès qu'ils virent les Tahëaï assis, ils dirent à l'un d'eux d'ouvrir la bouche, et ils la remplirent de Mahëe.

Alors prenant une noix de coco remplie d'eau fraîche, ils la vidèrent sur le Mahëe. L'eau, en se mettant en contact avec la pierre chaude dans le palais du monstre, produisit un bouillonnement qui le fit entrer en transports, crier, sauter et tomber inanimé sur le sol quelque temps après.

— « C'est l'effet du Mahëe! c'est l'effet du Mahëe! disaient les frères au second *Tahëaï;* il sommeille à présent, mais vous avez vu comme il sautait et bondissait avant. A votre tour de goûter ce mets délicieux avant qu'il ne s'éveille. »

Le second Tahëaï les regardait avec soupçon. Le bouillonnement qu'il entendait dans l'estomac de son camarade l'inquiétait. Il remercia ses hôtes, et secoua son compagnon pour le réveiller et partir.

Les deux frères se moquèrent de sa peur, et continuèrent à lui offrir du Mahëe, en lui disant qu'il valait mieux que la meilleure chair humaine, et en mangeant eux-mêmes devant lui de celui qu'ils avaient réservé pour eux.

Le Tahëaï fut assez crédule pour les croire; il ouvrit la bouche, et il subit le sort du premier.

La nouvelle de la mort des deux monstres se répandit dans Taïti. Tous les habitants accoururent. Ils coupèrent en morceaux les cadavres des mangeurs d'hommes et ils les enterrèrent sur l'enceinte même du lieu qu'ils habitaient; et par reconnaissance pour les deux frères qui les avaient délivrés ils partagèrent entre eux le gouvernement de l'île; ils firent l'aîné Earëe de la grande Taïti, et le plus jeune, Earëe de la presqu'île de Tiarrabou.

Quant à la femme aux longues dents, comme elle ne mangeait pas de chair humaine, on lui laissa la vie, et on lui permit d'aller s'établir à Otaha, où elle finit ses jours sans être importunée.

—

Ce récit achevé, la reine se leva, fit écarter la foule, et laisser devant elle un grand cercle vide, et d'une voix joyeuse elle cria trois fois de suite :

Timorodée! Timorodée! Timorodée!

Les flûtes et les tambours aussitôt recommencèrent leurs accords, et un groupe de jeunes filles vint se placer devant la reine, qui leur sourit.

Elles étaient une dizaine d'enfants, tout enfants; elles se tenaient par la main, et gracieuses et pieds nus, elles commencèrent avec mesure, obéissant aux instruments qui les guidaient, à exécuter la danse que la reine avait appelée *Timorodée*, du nom qui lui appartenait.

Les jeunes danseuses, les mains appuyées sur les hanches, d'abord sautèrent en rond. Leurs pieds légers touchaient à peine la terre, et leurs petites voix charmantes de temps en temps partaient ensemble pour chanter avec les instruments une sorte de refrain. Puis leurs mains se détachèrent de leurs corps, et leurs bras s'enlacèrent, et formant une chaîne, elles allaient et venaient en courant et sautant, se repliant sur elles-mêmes et ondulant comme un serpent qui emmêlerait ses anneaux.

Cette danse d'enfant dura un quart d'heure environ; après quoi la reine appela les petites danseuses, les embrassa au front, et leur donna à chacune une belle perle enfilée dans *un cordon* de fil de mûrier.

II

Avec la danse des jeunes filles, la première partie de la fête était terminée. Avant de procéder à l'exécution de l'*heïva* principal, la bonne Obéréa permit à la foule de se répandre autour des nombreuses corbeilles qu'elle avait fait placer de loin en loin au pied des arbres de la longue avenue, et de s'en partager le contenu qui consistait en fruits à pain, en pommes et en boules de mahëe. L'ava, par ses soins, fut aussi distribué à flots.

Elle se leva alors et traversa la plaine pour se rendre à l'extrémité opposée, vers cette enceinte close qui entourait la colline dont nous avons parlé. Son cortège la suivit, la foule vint après. On étendit des nattes à quelques pas de l'arbre qui s'élevait sur la colline, et dont les racines et les rejetons entourés d'étoffes cachaient les acteurs qui se préparaient par derrière au spectacle qu'ils allaient donner. La scène où ils devaient opérer était une esplanade parfaitement unie de 15 mètres de long sur 10 de large. — Trois larges nattes du travail le plus fini et rayées sur les bords en couvraient toute la superficie.

Une bande de dix-huit musiciens vint d'abord occuper la scène. Quatre ou cinq d'entre eux avaient des morceaux d'un gros bambou, de cinq à six pieds de longueur, qu'ils tenaient à peu près dans une position verticale, l'extrémité supérieure ouverte, et l'extrémité inférieure fermée par l'un des nœuds. Ils frappaient la terre avec cette extrémité inférieure, constamment, mais lentement. Ils produisaient ainsi divers tons, suivant la longueur des bambous, mais chacun de ces tons était grave ; afin d'établir des contrastes, un autre homme frappait très vite, avec deux bâtons, un morceau de la même substance, fendu et couché sur le sol, et il en tirait des sons aussi aigus que les premiers étaient graves. Le reste des musiciens, ainsi que ceux qui jouaient du bambou, chantaient un air doux et lent, qui tempérait si bien l'âpreté des sons des instruments, qu'un auditoire habitué aux modulations les plus parfaites et les plus variées des sons mélodieux, aurait admiré la forte impression et l'effet agréable qui résultaient de cette harmonie simple.

Après ce concert, qui dura environ un quart d'heure, vingt femmes entrèrent sur la scène. La tête de la plupart d'entre elles était ornée de guirlandes de roses de la Chine, ou d'autres fleurs cramoisies. Plusieurs avaient sur le corps d'autres guirlandes de feuilles d'arbres, découpées sur les bords avec beaucoup de délicatesse. Elles formèrent un cercle autour des musiciens, et elles commencèrent à chanter des airs tendres et doux, auxquels le chœur répondit pas des chants de même nature. Elles accompagnaient leur voix des mouvements de leurs mains et de leurs bras qui se portaient avec grâce vers leur visage et sur la poitrine. En même temps, elles jetaient un de leurs pieds en avant, et tournaient promptement sur le talon de l'autre. Elles se retournèrent ensuite du côté des spectateurs, firent demi-cercle devant eux, et lorsqu'elles eurent salué toutes ensemble, elles se retirèrent avec les musiciens, derrière les racines de l'arbre, en dansant et chantant :

Heïva! Heïva!
Voici l'Heïva qui commence!
Écoutez le grand Heïva
Du Maro volé et du Voleur puni (1).

---

(1) Pour bien comprendre le drame mimé qui va suivre, et l'intérêt qu'il pouvait offrir aux Taïtiens, il est important de savoir ce qu'était un *maro*. Le *maro*, parmi eux, était l'insigne du commandement et de la puissance. C'était un symbole et une richesse, car les plumes dont on l'ornait avaient chez eux la valeur des perles et des diamants chez nous.
— Un *maro* équivalait à la couronne, au sceptre ou au manteau royal.
— Voici la description que Cook en donne dans son troisième voyage.
« C'est une ceinture longue de plusieurs mètres, et large de quinze pouces. Le chef la porte sur ses reins, comme le reste des naturels

On allait donc enfin donner à la foule le drame qu'elle attendait. C'etait le grand attrait de la fête, et nous allons à notre tour le servir au lecteur. — Qu'il ne s'attende pas cependant à trouver un drame dialogué et parlé semblable à nos drames d'Europe. La pantomime en faisait tous les frais. — Mais les gestes des acteurs, leur attitude, leurs poses, l'expression de leurs physionomies, leur action, en un mot, étaient si naturels et si comiques qu'on n'avait aucune peine à comprendre et à suivre le sens de la pièce dont le sujet venait d'être annoncé du reste, afin d'ouvrir par avance l'intelligence des spectateurs. L'Heïva était partagé en plusieurs scènes ou tableaux que nous allons traduire en langage français.

PREMIER TABLEAU

Un grand chef taïtien paraît sur la scène en costume de voyage... Il a sous son bras un paquet qu'il dépose devant lui, et qu'il se met à déplier lentement.

C'est son *maro* de commandement... Un superbe maro orné de plumes rouges, jaunes et noires qui est contenu dans le paquet... Il l'admire, il le contemple..., puis l'étale aux

porte le *maro* ordinaire et qui n'est pour eux qu'une large pièce d'étoffe sans ornements dont ils s'enveloppent. — Le *maro royal* était orné de plumes jaunes et rouges, et surtout des dernières, que fournit une colombe de l'île ; l'une des extrémités avait une bordure de huit pièces, chacune de la grandeur et de la forme d'un fer à cheval, avec des franges de plumes noires; l'autre extrémité était fourchue, et les pointes se trouvaient de différentes longueurs. Les plumes offraient deux lignes de compartiments carrés, et elles étaient disposées de manière à produire un effet agréable. On les avait d'abord collées et attachées sur des morceaux d'étoffe du pays, et on les avait cousues ensuite au haut d'une flamme de navire que le capitaine Wallis avait laissée flottante avant son départ. »

yeux des assistants, qui l'admirent eux aussi et font éclater par des cris et des applaudissements le plaisir que leur cause sa vue...

Le chef ceint ses reins du maro, et se promène en jouant des hanches sur la scène, et en ayant l'air de dire à la foule : Voyez comme je suis riche et puissant! Voyez comme je suis beau!

Après s'être assez promené, il vient se camper au milieu, il prend un air triste, montre l'espace, simule avec son bras le roulement des vagues de la mer, et indique qu'il est sur le point de partir pour un long voyage, et qu'il faut qu'il se sépare de ce *maro*, sa joie, sa gloire, et sa richesse...

Cette séparation est un sacrifice bien dur, et c'est facile à voir à la mine qu'il fait...

Enfin il a pris son parti... Il frappe dans ses mains, et aussitôt deux de ses serviteurs paraissent...

Ils s'extasient sur le *maro* du maître comme s'ils le voyaient pour la première fois... Quand il juge que leur extase a assez duré, le maître leur explique son départ, et leur fait entendre qu'il va laisser son *maro* à la garde de leur honneur et de leur probité...

Les serviteurs étendent la main sur le *maro* et jurent à la face du ciel qu'ils en auront le plus grand soin...

Mais pour sanctionner ce serment qui ne le rassure pas, le maître montre à ses gens un énorme gourdin, et leur indique en le brandissant devant eux, que s'ils n'ont pas bien soin du dépôt confié, ils feront connaissance avec lui...

Les valets courbent le dos et s'éloignent du maître, en se plaçant à chaque extrémité de la scène avec tous les signes de la plus vive terreur.

Le maître alors s'en va...

Les deux serviteurs restés seuls se consultent pour savoir comment ils vont faire pour bien garder le beau *maro* du maître et ne point encourir son courroux...

Ils vont chercher des feuilles de bananier, et cachent le *maro* sous elles dans un des coins de la scène... Mais cet abri leur semble insuffisant... L'un d'eux monte sur l'arbre pour le cacher entre les branches... Mais d'en bas on le voit, et cette cachette n'est pas sûre..., que faire?... que faire?... Ils se mettent le front dans les mains, et méditent profondément... Et comme ils ne peuvent trouver, jugeant que le sommeil est bon conseiller, et que l'inspiration vient souvent en dormant, ils s'étendent à terre, dos à dos sur la scène, et pour bien garder le *maro*, ils le mettent entre eux... Bientôt leurs yeux se ferment, et un ronflement sonore indique que le sommeil n'a pas été long à venir.

* *

ENTR'ACTE

Tandis qu'ils dorment profondément, et pour marquer l'intervalle entre le premier et le second tableau, le ménestrel qui avait proposé à la reine de raconter *la lutte d'Éiméo contre Bolabola*, et qui avait été empêché de le faire parce que ce sujet pour la circonstance avait paru à Obéréa trop long et trop sérieux, désireux néanmoins de ne pas laisser passer une occasion si solennelle de montrer son talent de conteur, monte sur l'esplanade réservée aux acteurs, et demande à la foule si elle veut bien entendre, de sa bouche, l'histoire de *La Femme au Cadenas.*

Oui! oui! répond la foule...

Oui! dit gracieusement la reine.

Et comme pour se donner le ton, tirant quelques sons de sa flûte, il commence aussitôt :

« Ce n'est pas un récit d'autrefois, comme l'origine des *dieux et de notre île*, comme l'*Oiseau du moraï* et les *deux Mangeurs* d'hommes, que vous avez déjà entendus cette nuit ; c'est une histoire d'hier que je vais raconter.

« Il y a douze lunes à peine, lorsque ces énormes machines flottantes couvertes de voiles immenses qui commandent aux vents arrivèrent des pays inconnus dans notre île, avec les hommes blancs qui lançaient le tonnerre, vous savez la frayeur qui tout d'abord nous envahit...

« Mais cette frayeur dura peu... Les étrangers étaient bons, et ils n'usèrent contre nous de leurs armes terrribles que lorsqu'on eut essayé de les surprendre et de les tromper.

« Notre reine les aimait, et ils aimaient notre reine ; et bientôt ce fut un plaisir pour nous tous d'aller faire visite dans leur grand bateau à ceux qui nous avaient tant effrayés.

« Un jour *Payadua* la belle, *Payadua*, l'une des fleurs de Taïti, dont le teint était blanc comme celui des étrangers, et dont les beaux yeux bleus et les beaux cheveux noirs attiraient et captivaient les regards, voulut aller aussi sur les vaisseaux des blancs.

« Elle fut entourée et fêtée... Les grains de verre, les clous de fer, les plumes rouges, et tout ce que les étrangers avaient apporté de riche et d'élégant de leur lointain pays lui fut à l'envi prodigué.

« Mais l'envieuse et la coquette ne paraissait pas satisfaite des dons qu'on lui faisait... Elle voulait ce qu'on ne lui offrait pas ; elle demandait, elle demandait encore ; et on lui donnait, on lui donnait toujours.

« Voici qu'elle remarqua entre les mains d'un officier des

blancs un bijou merveilleux. C'était un charmant bijou au mécanisme singulier. Il s'ouvrait et se fermait autant de fois qu'on voulait, avec une jolie clef de fer... Elle voyait l'officier en jouer, l'ouvrir, le fermer, le regarder, le suspendre et le faire tourner dans son doigt...

« Et aussitôt l'envie de l'avoir la saisit...

« Elle s'approcha de l'officier... « Qu'est cela ? » lui demanda-t-elle, en touchant de son doigt l'objet de son désir.

« L'officier la regarda en souriant avant de lui répondre, puis, d'un air de mystère... « Vous voyez, lui dit-il, c'est un pendant d'oreilles fort rare et fort précieux. »

« Je voudrais bien l'avoir ! dit la belle vaniteuse...

« Volontiers ! répondit l'officier, et je vais à l'instant vous l'attacher moi-même.

« Elle présenta son oreille, et l'officier, avec un peu d'effort, et en la déchirant un peu... (mais que ne souffre-t-on pas quand vanité le veut ?) attacha le bijou à l'oreille de Payadua, et le ferma soudain d'un double tour de clef.

« Le bijou était lourd, plus lourd que la nacre et les perles, ou les rouges anneaux de corail ; mais comme tout le monde regardait avec curiosité Payadua, elle croyait qu'on l'admirait, et se pavanait avec son bijou sur le pont du vaisseau.

« Pourtant après qu'elle se fut assez promenée et admirée elle-même, elle s'approcha de l'officier et lui présenta de nouveau son oreille pour qu'il se servît de sa clef et ouvrît le bijou.

« Mais l'officier malin prit sa clef, la lui mit sous les yeux, et la jeta dans la mer.

« Ce que voyant, elle pleura, car elle se voyait condamnée à garder maintenant et toujours un objet précieux sans doute, mais gênant, et le chagrin dès lors prenait la place du vif plaisir qu'elle venait de goûter...

« Elle joignit les mains, supplia, et se présenta tour à tour à tous les officiers, qui n'ayant point de clef ne purent la délivrer...

« Enfin, quand il se fut assez amusé de sa peine, le premier officier tira de son habit une seconde clef pareille à celle qu'il avait jetée dans la mer.

« Or, c'était un cadenas, un instrument qui sert aux étrangers pour clore leurs demeures, que Payadua avait pris pour un bijou de prix ; et c'est pourquoi j'ai intitulé cette histoire : L'Histoire de la Femme au Cadenas. »

—

La foule rit beaucoup du bon tour que l'officier blanc avait joué à leur compatriote... Mais parmi les suivantes de la reine, il y en avait une qui n'avait pas envie de rire, et qui cachait dans ses deux mains son beau front rougissant. C'était l'héroïne de l'histoire du ménestrel, et sa vanité punie une première fois par la malice de l'officier, le fut bien davantage cette nuit par la gaieté de ses concitoyens.

Alors on reprit l'héïva.

SECOND TABLEAU

Les deux gardiens du *Maro*, avec le maro entre eux deux, dorment toujours profondément.

Un voleur arrive..... Il s'approche des dormeurs, les examine l'un après l'autre... sourit dédaigneusement, et a l'air de dire : « rien à faire, rien à prendre, ce ne sont que des serviteurs ! »

Pourtant il se ravise et vient les examiner de plus près. En soulevant le manteau du premier, il aperçoit le *Maro*.

Mains levées..... Étonnement..... admiration..... stupéfaction..... extase!

Il se baisse, prend le maro par un bout, et le tire à lui, doucement, doucement.

Mais un des dormeurs s'agite... étend un bras, et balbutie quelques mots.

Le voleur se cache derrière un arbre et attend qu'il ait bien repris son sommeil.

Il s'avance de nouveau, et continue à tirer le maro, dont on voit déjà la moitié.

Le second dormeur se soulève à demi, ouvre un œil, tend les bras et retombe endormi.

Le voleur s'est recaché derrière son arbre..... Mais tout à coup une autre inquiétude le prend. Il entend des bruits de pas dans la direction par où le maître s'en est allé..... Il faut fuir..... Oui..... mais il ne fuira pas sans l'objet convoité..... Il saute sur les dormeurs, les écarte brusquement..... Saisit le maro et se sauve par le fond, en laissant suspendu à une des racines de l'arbre un bonnet de joncs enlacés qui faisait sa coiffure.

TROISIÈME TABLEAU

Les deux serviteurs, brusquement réveillés, ne se rendent pas compte de leur malheur tout d'abord... Ils se frottent les yeux et regardent la place où était le maro.

Ils se regardent avec surprise et ont l'air de se demander l'un à l'autre... « Où l'as-tu mis ? »

Ils ne soupçonnent pas encore le vol, ils croient à une farce mutuelle...

Enfin, forcés de se reconnaître volés, ils s'arrachent les cheveux de désespoir, ils se montrent le poing en s'accusant tous deux de leur malheur ; ils vont en venir aux mains, lorsque le maître arrive...

Il voit la mine piteuse de ses serviteurs, ne voit pas son maro, et comprend...

Une fureur violente le saisit... Il lève le fameux gourdin dont il les avait menacés et les poursuit tout autour de la scène...

Contorsions, grimaces des malheureux, mains jointes, humbles postures, prières et supplications...

Mais le maître inflexible poursuit et frappe toujours!

En fuyant devant le terrible gourdin et le terrible maître, l'un des serviteurs aperçoit le bonnet du voleur...

C'est un indice... Il pousse un cri de joie et le présente au maître et à ses compagnons qui, reconnaissant le bonnet, reconnaissent le voleur et se mettent incontinent à sa poursuite...

QUATRIÈME TABLEAU

Le voleur est pris... ramené sur la scène enchaîné... Il reçoit une forte bastonnade... puis les quatre personnages dansent ensemble une sarabande grotesque qui termine l'héïva au milieu des rires et des applaudissements de tous les assistants.

—

Et c'est ainsi, souvent, au temps d'Obéréa, que le peuple taïtien s'égayait par ses soins dans l'île fortunée.

VIII

TAÏTI DE COOK A NOS JOURS

CHAPITRE I

En 1797, les anglicans arrivent dans l'île. — Ils aident Pomaré Ier à s'emparer de l'autorité souveraine. — Leur manière de convertir. — Pomaré II. — Révolte des chefs. — Constitution consentie. — Les modes de l'Europe commencent à s'introduire. — Pomaré III. — Une reine enfant. — Intolérance des missionnaires anglicans. — Dupetit-Thouars à Taïti. — Protectorat de la France.

Depuis le dernier voyage de Cook, Taïti et les îles voisines avaient été maintes fois visitées par les navires d'Europe ; mais aucune tentative sérieuse n'avait été entreprise pour les arracher à leurs anciennes coutumes et les faire entrer dans la voie de la civilisation et du progrès. D'après les dires des voyageurs, il semblerait que le contact des Européens ait été d'abord plus préjudiciable qu'utile à ces îles, et le triste renom de dévergondage et de licence qui leur fut fait doit être attribué autant et davantage aux passions mauvaises de leurs visiteurs étrangers qu'à la facilité de leurs mœurs et à leur dépravation.

Ce fut en 1794 qu'une compagnie de missionnaires protestants, envoyés par la société des missions de Londres, vinrent s'y installer avec leurs familles. Ils étaient montés sur le *Daf*, vaisseau que commandait le capitaine Wilson. Ils furent accueillis avec joie par le roi Pomaré Ier, qui leur donna toute facilité pour s'établir à Taïti, et qui ayant conçu la pensée de ranger sous son autorité les chefs indépendants qui partageaient avec lui la souveraineté de l'île crut que le séjour et l'appui de ces étrangers ne nuiraient pas à ses desseins. Il ne se trompait pas.

Les missionnaires méthodistes, car les premiers missionnaires de Taïti appartenaient à cette secte de la religion réformée, suivirent en cette occasion leur marche habituelle. — Ils commencèrent par se montrer humbles, modestes, doux et conciliants à l'égard du roi, flattant ses goûts et excitant ses convoitises pour arriver à le dominer. Le grand chef bientôt s'abandonna presqu'entièrement à leur direction. Grâce à leur influence et aux moyens d'action qui leur venaient d'Europe, Pomaré acquit une prépondérance marquée sur les autres grands chefs et finit par se nommer de sa propre autorité roi des îles de la Société et de leurs dépendances. — Mais il fut loin pendant sa vie de jouir d'un pouvoir incontesté. Les chefs n'acceptaient pas facilement le rôle de sujet qu'il leur voulait imposer, et plusieurs fois, pour assurer son autorité, il fut obligé d'avoir recours aux armées anglaises. Il mourut en 1803, après avoir abjuré le paganisme, et obtenu au moins en apparence, pareille abjuration de toute la population des îles qui lui étaient soumises, et l'avoir contrainte d'embrasser la religion protestante.

C'est trop souvent ainsi, en effet, que le missionnaire anglican opère. Il agit sur le chef pour contraindre le sujet, contrairement au missionnaire catholique, qui n'use que des armes du dévouement, de la persuasion et de la foi. — « Vous n'aurez pas à suivre le méthodiste dans ses courses apostoliques à travers les forêts ténébreuses, les montagnes escarpées, les plaines arides. Il n'aura à supporter ni le poids du jour, ni la fraîcheur des nuits, ni la fatigue, ni la faim, ni la soif, ni le mauvais vouloir, ni même la persécution des peuplades qu'il pourra visiter. Non, il reste tranquillement chez lui, et il lui suffit, pour que les plus merveilleuses conversions s'opèrent de dicter aux gouverneurs les lois qu'ils veulent publier. D'après ces lois, tout le monde, sans distinction d'âge, de rang, ni de sexe, doit fréquenter assidûment l'école et le temple, être à la merci des missionnaires pour toutes les corvées qu'il plaira à ces messieurs de vouloir bien leur imposer » (1).

Les missionnaires anglicans, et l'Angleterre avec eux, avaient donc pris pied sur le sol taïtien et s'y trouvaient déjà solidement établis quand, en 1803, Pomaré II succéda au grand chef Pomaré Ier. Sous ce chef nouveau, ou plutôt ce roi, car il en avait le titre et l'autorité, l'influence des méthodistes ne fit que s'accroître et arriva à un tel point qu'elle excita de nouveau la jalousie des chefs. Ils s'insurgèrent contre lui, comme ils l'avaient fait contre son prédécesseur. La révolte fut assez puissante pour l'obliger à quitter l'île de Taïti en fugitif, et à chercher un asile dans l'île de Huahine où il se fit baptiser. Mais il arriva parmi les chefs révoltés ce qui arrive d'ordinaire ; après avoir chassé le roi dont ils croyaient avoir à se plaindre, ils reconnurent que sans

---

(1) Missions d'Océanie. — *Monde* du 5 décembre 1880.

lui ils ne pourraient s'entendre, et plutôt que de se soumettre à l'un d'entre eux, ils préférèrent le rappeler, mais à condition qu'il tempérerait son pouvoir trop absolu par une constitution consentie et acceptée par eux.

Le retour de Pomaré II dans sa capitale eut lieu en 1817. A peine rentré, il s'occupa, de concert avec les missionnaires anglicans, de rédiger un code de lois pour ses sujets et de leur octroyer certaines des libertés demandées. D'après ce code, des tribunaux réguliers devaient juger les contestations, les délits et les crimes, une espèce de gouvernement représentatif était établi à Taïti ; les destinées du peuple n'y devaient plus dépendre uniquement du caprice du roi ; des députés au parlement devaient être élus par tous les habitants pour servir de frein à la volonté royale et soutenir contre elle les intérêts de la nation.

A ces traits il est facile de reconnaître la main de l'Angleterre et le calque de sa constitution. Il faut être juste néanmoin et constater que Taïti se trouva bien pendant quelque temps de ce régime nouveau. On vit s'y établir une imprimerie qui multiplia les livres de religion et ceux de sciences élémentaires, parce que toute la population assistait religieusement à des cours publics, qui produisirent d'heureux résultats. Les mariages y avaient lieu comme en Europe ; la polygamie y était défendue, le roi et les chefs eux-mêmes se contentaient d'une seule épouse. Des églises construites sur tous les points de l'île, étaient, deux fois par semaine, remplies de gens avides d'instruction. Les mœurs et les usages tendaient à changer tolalement avec la religion. Depuis lors l'intérieur des habitations est meublé à l'européenne ; les tables, les chaises, les sofas sont fabriqués dans l'île. Les Taïtiens sont vêtus de drap que leur vendent les Anglais ;

la cuisine même est faite à la manière anglaise. Il est vrai que toutes ces modes d'Europe emportées là-bas, étaient à cette époque et sont même encore aujourd'hui dans la période ridicule et grotesque. Ces naturels qui jadis se contentaient d'un manteau et d'un jupon, recherchent maintenant les vêtements européens pris on ne sait où. Tandis que ceux-ci portent des habits d'uniforme avec des pantalons de nankin trop courts pour eux, et sont chaussés de pantoufles de couleur, ceux-là portent des bottes à revers, des chemises rouges, des culottes, des vestes de matelots et des tricornes ; il y en a de complètement habillés à l'européenne, mais tout cela est trop large ou trop étroit. Quant aux femmes, coiffées de chapeaux de paille d'une forme énorme et ridicule, elles portent des robes sans taille et de couleur criarde leur tombant du cou au talon et des foulards leur entourent la gorge ; quelques-unes, se couvrent encore la tête de couronnes de fleurs, pittoresque souvenir de leur ancienne parure, mais le cas est bien rare (1).

Dans tous les cas, et malgré le ridicule des modes nouvelles, Taïti devait encore savoir gré aux ministres anglicans des efforts de civilisation tentés par eux. Pomaré II s'abandonna entièrement à leur direction. Il s'était fait près de ses sujets le zélateur de la doctrine méthodiste, et sous leur inspiration il avait entrepris même de traduire l'Évangile en langage taïtien. En travaillant dans l'intérêt de leur secte, les missionnaires étaient dans leur rôle ; en travaillant dans l'intérêt de leur patrie, ils étaient dans leur rôle encore. Mais ils eurent le tort d'abuser de leur influence pour violenter la conscience de ces peuples neufs, de se montrer intolérants à

(1) Article du *XIXe Siècle*.

l'égard des missionnaires catholiques français, qui n'apportaient avec eux pour conquérir les îles de la Polynésie que leur courage, leurs vertus et leur foi, et d'outrager dans leur personne le drapeau de la France. Sans cette intolérance orgueilleuse et brutale, peut-être les choses eussent-elles tourné autrement dans ces contrées lointaines, et Taïti aujourd'hui serait-elle anglaise au lieu de nous appartenir. Du reste l'esprit mercantile et vénal s'était emparée d'eux : « Ils nous donnent beaucoup d'exhortations, mais peu des autres choses qu'ils possèdent ! » disaient les naturels, qui déjà se lassaient de leur rapacité et de leur orgueil.

Pomaré II, le Clovis taïtien, comme l'appelle Arbousset, était mort en 1821 ; son fils, âgé d'un an, lui succéda, sous le nom de Pomaré III ; et mourut presque aussitôt, laissant sa succession à un enfant au berceau, la reine Pomaré IV, dont le nom devait devenir célèbre et chez nous et dans les îles soumises à sa domination.

Mais quand elle reçut la couronne elle n'était qu'une toute petite enfant, et pendant ses premières années, les grands chefs taïtiens d'un côté, les princes de sa famille, les missionnaires anglicans de l'autre se disputèrent l'autorité en son nom. Les chefs voulurent profiter de sa minorité pour reconquérir leur indépendance ravie par le premier Pomaré. Les ministres anglicans auxquels le roi défunt avait laissé la principale part dans la régence de ses États et la conduite de ses enfants, et qui s'étaient fait donner par lui le droit de siéger aux conseils du gouvernement, voulurent en profiter aussi pour essayer de faire passer les îles de la Société sous la domination de la couronne d'Angleterre.

Un certain Ellis exerçait alors son zèle presque tout-puissant sur l'archipel de la société. Il s'était insinué dans les faveurs de la reine enfant, et l'Angleterre crut pouvoir, grâce à lui, planter son pavillon d'une manière durable sur ces îles et y placer une garnison. Mais cette offre fut déclinée par les grands chefs de l'île que les agissements des anglicans commençaient à irriter et qui dès lors songeaient à se soustraire à leur joug.

Sur ces entrefaites, le gouvernement de la France, dans le but d'assurer la sécurité de nos baleiniers pendant l'hivernage, avait pris possession du groupe des îles Marquises, et fait construire deux forts à Nouka-Hiva, la principale d'entre elles. Déjà plusieurs de nos missionnaires étaient venus s'établir à Taïti; cinq des principaux chefs, las des querelles intestines suscitées par la jeunesse de la reine, et désireux d'échapper aux influences anglaises, avaient demandé la protection de la France. Pour répondre à leur désir, et à l'agrément de Pomaré IV, en 1838, un consul avait été envoyé, chargé de protéger nos nationaux et de contre-balancer les autres influences européennes qui menaçaient de peser sur le libre exercice des institutions locales.

L'établissement de notre consul et l'arrivée des missionnaires catholiques avaient surexcité au plus haut point, non l'émulation et la ferveur, mais la jalousie et la colère des ministres anglicans. L'amiral Dupetit-Thouars, qui commandait l'expédition dont nous venons de parler, fut informé par hasard que nos nationaux et les missionnaires catholiques en particulier avaient été maltraités à Taïti par des naturels, obéissant aux suggestions anglicanes. La nécessité de soutenir nos compatriotes, et le désir de conquérir dans la Polynésie une station plus avantageuse que celle des Marquises, l'obligèrent à se porter sur Taïti, qu'il frappa d'une contribution de dix mille francs, somme minime pour nous, mais énorme pour cette île où l'argent alors était rare. La reine Pomaré, effrayée, offrit de reconnaître le protectorat de la France et de rompre avec ceux qui avaient essayé de l'engager dans des voies funestes pour elle et pour son peuple. L'amiral y consentit, et une convention fut signée entre lui et la jeune reine, laquelle convention devait être ratifiée par le gouvernement du roi.

A partir de ce moment l'histoire de Taïti entre dans une phase nouvelle dont l'étude fera l'objet du chapitre suivant.

CHAPITRE II

La reine Pomaré. — Projet de convention entre elle et le gouvernement français. — Ratification de ce projet par le roi Louis-Philippe — La reine se laisse circonvenir. — Affaire Pritchard. — Dupetit-Thouars s'empare de Taïti et est désavoué par le ministère Guizot.

La reine Pomaré avait alors vingt ans. Elle était dans tout l'éclat de la jeunesse et de la beauté. Tout son peuple l'aimait. — Les chefs l'aimaient aussi, et étaient fiers d'elle; et quand ils se révoltaient dans ses premières années, ce n'était pas contre leur jeune reine, mais contre ceux qui voulaient abuser de sa faiblesse pour les assujettir. Les poètes ont chanté cette reine charmante. — Ils la nommaient *Aïmata* — la reine aux beaux yeux. — Elle avait les yeux noirs, les dents blanches et unies, la peau douce, les membres d'une proportion admirable, et lorsqu'elle se montrait à ses sujets dans les occasions solennelles, avec sa belle chevelure, qui retombait en longues boucles sur ses épaules, et couronnée de fleurs naturelles, elle rappelait, la Meaha célèbre, illustrée par Byron.

Les missionnaires anglais n'avaient pu empêcher l'intervention de l'amiral français, ils n'avaient pas pu non plus calmer les craintes de la reine et l'empêcher de consentir à la convention proposée. — Mais suivant leur constante pratique, mêlant les intérêts de la nationalité aux intérêts religieux, ils ne négligèrent rien pour en neutraliser les effets, et tandis que les négociations se poursuivaient à Paris pour la ratification du traité, ils cherchaient à faire naître un conflit entre la reine et notre amiral.

Or voici quel était le projet de convention proposée à l'acceptation du gouvernement français;

« Nous, les soussignés,
« La reine et les grands chefs de Taïti,
« Parceque nous ne pouvons continuer à gouverner par nous-mêmes, dans le présent état des choses, de manière à conserver la bonne harmonie avec les gouvernements étrangers, sans nous exposer à perdre nos îles, notre liberté et notre autorité,.... nous écrivons les présentes pour solliciter le roi des Français de nous prendre sous sa protection aux conditions suivantes.
« 1° La souveraineté de la reine et son autorité, et l'autorité des chefs sur leurs peuples sont garanties ;
« 2° Tous les règlements et lois seront faits au nom de la reine Pomaré et signés d'elle;
« 3° La possesion des terres de la reine et du peuple leur sera garantie, les terres leur resteront. Toutes les disputes relativement au droit de propriété ou des propriétaires des terres seront de la juridiction spéciale des tribunaux du pays;
« 4° Chacun sera libre dans l'exercice de son culte ou de sa religion;
« 5° Les églises existant actuellement continueront d'être, et les missionnaires anglais continueront leurs fonctions sans être molestés;

il en sera de même pour tout autre culte; personne ne pourra être molesté ni contrarié pour sa croyance.

« A ces conditions, la reine Pomaré et ses grands chefs demandent la protection du roi des Français, laissant entre ses mains ou au soin du gouvernement français, ou de la personne nommée par lui et avec l'approbation de la reine Pomaré, la direction de toutes les affaires avec les gouvernements étrangers, les règlements du port, etc., et de prendre telles mesures qu'il jugera utiles pour la conservation de la bonne harmonte et de la paix. »

Ainsi, par ce traité le commandant français avait un grand soin de ménager tous les intérêts, même de ceux dont il avait a se plaindre et contre les agissements desquels l'expédition avait été faite. — La liberté de conscience était proclamée dans l'île, et défense était faite de molester nommément les missionnaires anglais. — Que cette tolérance était loin de leur manière d'agir à eux. — Ils s'étaient comportés tout autrement dans l'île pour imposer leur croyance aux habitants du pays ; et plus récemmeut contre les missionnaires catholiques.

Voilà comment se faisaient leurs conversions, et c'est à l'amiral Dupetit-Thouars que nous emprunterons cette page.

« Pour faire des chrétiens, dit-il, ces missionnaires n'ont point attendu la vocation des naturels, ni employé les voix de persuasion ; les néophytes vont au temple par ordre de leurs chefs, et c'est à coups de fouet qu'on les y conduit. Si quelques indigènes trouvent le moyen de se soustraire à cette obligation, ils en sont punis par des peines ou par des amendes au profit des missionnaires. On comprend très bien que la foi de ces peuples n'étant point éclairée ne peut être vive. Ils n'ont pas une idée du dogme, et ils prennent par la crainte des châtiments l'habitude de la dissimulation.

« Indépendamment des exercices de piété auxquels tous les habitants sont forcés d'assister, on les oblige en outre à suivre les écoles. L'âge et le sexe n'en dispensent pas, et leur temps, si précieux pour subvenir aux moyens d'existence et d'entretien de leurs familles, leur est enlevé de cette manière. Ils sont aussi et pour la moindre faute, condamnés par les anglicans à des corvées publiques. Les hommes sont, dans cette circonstance, obligés de couper des pierres sur les récifs ; les femmes sont forcées de faire un certain nombre de mesures de *rattes* ou de *tapa*, et tout cela au profit des ministres qui ne dédaignent pas de joindre l'utile à l'agréable » (1).

A Taïti, la proposition dont nous avons donné la teneur avait été acceptée par les consuls d'Angleterre et des Etats-Unis, et la population l'avait accueillie avec enthousiasme. Le 25 mars 1843, la ratification en était consentie à Paris dans les termes suivants :

« Louis-Philippe, roi des Français, à la reine Pomaré, salut.

« Illustre et excellente princesse, notre contre-amiral, Dupetit-Thouars, commandeur de la Légion d'honneur et commandant en chef de nos forces navales dans l'Océan pacifique, nous a rendu compte de la demande que, de concert avec les grands chefs principaux de vos îles, vous avez faite de placer votre personne et vos terres, ainsi que la personne et les terres de tous les Taïtiens, sous le protectorat de notre couronne, offrant de nous remettre la direction extérieure de vos états, les règlements de port et autres mesures propres à assurer la paix dans cet archipel.

« Notre cœur s'est ouvert à votre vœu : et, puisque, d'accord avec les chefs de vos îles, vous ne pensez trouver repos et sécurité qu'à l'ombre de notre protection, nous voulons vous donner une preuve éclatante de notre royale bienveillance, en acceptant votre offre.

« Nous conférons tout pouvoir au gouverneur de nos établissements

---

(1) *Voyage autour du monde sur la frégate* la Vénus, Bruxelles, 1844, page 92.

dans l'Océanie, le capitaine de vaisseau Bruat, pour s'entendre avec vous et avec les grands chefs. Il a toute notre confiance. Ecoutez-le. Conservez vos terres, et votre autorité antérieure sur vos sujets, et sous la sauvegarde de notre sceptre ami, assurez leur bonheur par la sagesse et la bonne foi. De notre côté, nous chercherons, comme toujours, les occasions de vous donner, ainsi qu'à tous les habitants de vos îles, des gages de la sincère affection que nous vous portons.

« Que la paix et la prospérité soient avec vous ! »

Ce fut seulement le quatre novembre 1843 que M. le capitaine de vaisseau Bruat se présenta à Taïti, porteur de ce document du roi des Français, et revêtu du double titre de gouverneur des établissements français de l'Océanie et de commissaire du roi près de la reine Pomaré, avec mission de mettre à exécution le traité du protectorat.

Mais pendant que ce traité se signait à Paris, les choses avaient changé de face à Taïti. La reine, circonvenue par les ennemis de notre influence, se refusa à hisser le pavillon du protectorat, et il fallut que l'amiral Dupetit-Thouars, qui n'avait pas quitté ces parages, fît débarquer ses troupes pour l'obliger à exécuter le traité qu'elle avait elle-même sollicité et que le gouverneur nommé par le roi rapportait.

Dupetit-Thouars, mécontent et irrité de ce manque de foi de la reine, ses troupes étant à terre, et se voyant maître absolu de la situation, changea le protectorat en occupation et s'empara de l'île, le 5 novembre 1845.

Ce fut aussitôt dans la presse anglaise et dans le parlement anglais un concert d'imprécations. Les ministres s'en mêlèrent. Louis-Philippe vit la paix compromise entre l'Angleterre et la France pour une petite île de la Polynésie, et il désavoua le commandant de l'escadre. La prise de possession de l'île ne fut pas ratifiée.

Deux hommes célèbres depuis, M. Billault et M. Dufaure,

portèrent cette affaire à la tribune de la chambre des députés, et c'est alors qu'on entendit pour la première fois le nom de Pritchard.

Ce Prithard était un pharmacien-missionnaire, consul anglais, très influent sur l'esprit de la reine Pomaré, et qui avait été la cause principale du différend survenu entre elle et l'amiral Dupetit-Thouars. L'amiral l'avait expulsé en prenant possession de l'île ; et maintenant que cette prise de possession était désavouée, Pritchard se trouvait innocent, et en conséquence, sir Robert Peel, au nom de son gouvernement, demandait pour lui une indemnité. Le roi, qui accordait tout, était au mieux avec les Anglais; et profita de sa popularité pour faire un voyage à Londres et rendre visite à la reine. Il fut accueilli à merveille. La reine lui conféra elle-même solennellement l'ordre de la Jarretière. Mais, quand il revint en France, il trouva qu'on était partout irrité de ce nouveau sacrifice qu'il venait de faire à l'ambition britannique, qu'une souscription était ouverte pour offrir une épée d'honneur à l'amiral désavoué, que cette indemnité payée à Pritchard paraissait le comble de la honte, qu'on rapprochait cette conduite du traité conclu sur le Maroc après une double victoire sur terre et sur mer, sans exiger d'Abd-ér-Raman aucun sacrifice d'argent ni de territoire ; qu'on voyait encore dans cette mansuétude la trace de la diplomatie anglaise, et que cet abandon de tous nos intérêts, et même de notre honneur, ne paraissait pas suffisamment compensé par la Jarretière que le roi venait de se laisser attacher. Le paragraphe de l'adresse qui approuvait l'indemnité Pritchard ne passa qu'à une majorité de 8 voix (1).

(1) *Histoire populaire de la France* p. 414.

Ce vote faillit coûter la vie au ministère Guizot. Mais les conservateurs et le roi lui-même insistèrent pour que ce grand ministre qui, dans ce cas particulier, avait réellement manqué d'énergie gardât néanmoins le pouvoir.

Cependant à Taïti une véritable campagne avait dû être entreprise par nos marins, pour assurer le protectorat de la France, et ce n'est qu'après trois années de lutte que l'île fut enfin soumise, à la suite de la brillante affaire de Tantahuva, qui mit fin à toute résistance, 17 septembre 1846. L'amiral Jurien de la Gravière a écrit dans la *Revue des Mondes* le récit de cette campagne, qu'il appelle la période de la conquête. — Il y a pu dire d'elle : — « Notre histoire est remplie de faits d'armes plus importants, elle n'en connaît point de plus glorieux. »

Le 22 décembre, les principaux chefs de l'insurrection demandèrent à se soumettre. Cet exemple fut suivi, le 24, par les derniers rebelles qui, après avoir signé la paix, vinrent eux-mêmes livrer leurs armes.

Depuis lors, notre domination sur les deux îles n'a plus subi aucune atteinte, et le protectorat, accepté de tous les indigènes, a fonctionné d'une manière de plus en plus fructueuse pour l'amélioration du sort des habitants et pour le progrès de la civilisation. La législation indigène, modifiée d'après notre inspiration, s'est rapprochée de plus en plus de la nôtre, et peu à peu la plupart de nos lois et de nos institutions essentielles ont été adaptées au pays protégé.

C'est ainsi que l'ordonnance du 28 avril 1843, sur l'administration des îles Marquises, a été étendue à nos autres établissements de l'Océanie. Un décret du 14 janvier 1860, en séparant l'administration de Taïti de celle de la Nouvelle-Calédonie, placées toutes les deux jusqu'alors sous le commandement supérieur du chef de la division navale dans ces parages, a rendu applicable dans ces deux établissements, et sous certaines modifications l'ordonnance organique de la Guyane française du 27 août 1828.

D'un autre côté, une ordonnance de la reine Pomaré, du 14 décembre 1865, a attribué aux tribunaux français la connaissance des crimes, délits ou contraventions, commis par les taïtiens, aussi bien que le règlement de leurs contestations ayant pour objet des intérêts civils, autres que ceux relatifs à la propriété des terres.

Cet acte a été complété, tant pour les Européens que pour les indigènes, par le décret du 18 août 1868, portant organisation de l'administration de la justice dans les établissements français de l'Océanie, et les États du Protectorat des îles de la Société. Depuis cette époque, la loi française est appliquée en matière civile et commerciale, sauf pour les contestations entre les Taïtiens, relatives à la propriété des terres, lesquelles sont soumises à la juridiction des juges indigènes. En matière correctionnelle et criminelle, notre législation est seule et pleinement en vigueur.

Dans toutes les affaires où un indigène est en cause, les juges s'adjoignent un assesseur taïtien, désigné par le tribunal.

Au point de vue de l'administration intérieure, une loi de l'assemblée locale, du 6 avril 1866, a établi dans chaque district, un conseil composé de cinq membres, réunissant une partie des attributions municipales.

Enfin, l'assemblée des États du Protectorat, qui se compose des chefs, des juges à la haute cour taïtienne, des délégués de la population, et à laquelle était confiée l'élaboration des lois, sauf sanction de la peine, et des commissaires du gouvernement (loi du 6 avril 1866, et règlement du 10 mars 1851), a depuis longtemps cessé de se réunir, et est devenue une institution en quelque sorte caduque.

CHAPITRE III

Pomaré V succède à la reine Pomaré. — Négociations pour l'amener à céder ses États à la France. — Maladie du roi, ses craintes pour sa succession. — Il signe avec les chefs l'abandon de ses États. — Indemnités pécuniaires. — La Chambre, le Sénat et le président de la République acceptent l'annexion de Taïti à la France.

La reine Pomaré IV étant décédée en septembre 1877, son remplacement par son fils Ariiané, sous le nom de Pomaré V, n'a apporté aucune modification à l'état de choses que nous avons présenté au chapitre précédent. Ce jeune prince, bien qu'entouré d'influences hostiles, se montrait plein de déférences envers le représentant du gouvernement de la France, et très disposé à favoriser l'assimilation graduelle de son pays.

Telle était la situation à Taïti, lorsque, d'une part, certaines circonstances graves, intéressant la famille royale et l'ordre de succession au trône, et, de l'autre, les efforts faits par plusieurs grandes puissances, pour s'assurer des possessions dans ces parages, parurent au gouvernement français rendre indispensable de prendre des mesures propres à affermir notre situation dans ces archipels.

Ces incidents empruntaient d'ailleurs un caractère particulier d'actualité au projet de percement de l'ithsme de

Panama, dont la mise à exécution doit accroître singulièrement l'importance des îles océaniennes placées sur le parcours des lignes allant, par cette voie, de l'Amérique vers l'Australie.

Le commandant de nos établissements de l'Océanie fut, en conséquence, invité, le 9 septembre 1879, à pressentir le roi, sur la question de la remise complète, entre nos mains, de l'autorité qu'il exerçait avec nos conseils. Les pourparlers s'engagèrent, et les voies étaient préparées, quand l'annonce de l'arrivée à Taïti du nouveau commissaire de la République, nommé dans l'intervalle, remit pour un temps les choses en question, et ajourna une solution dont les jalons étaient déjà posés.

La réserve que cet incident commandait à Pomaré V et aux chefs devait être de courte durée. Ils comprirent bientôt que notre nouveau représentant, qui était le commandant Chessé, agissant comme son prédécesseur, au nom du gouvernement français, et poursuivant le même but, méritait une confiance égale. Bientôt une marque éclatante de déférence était donnée par le roi au commandant. Ce prince, ayant à se rendre dans un archipel voisin, n'hésitait pas à signer, le 29 mai 1880, une déclaration par laquelle il confiait à notre représentant, pendant son absence, le gouvernement général et l'administration de Taïti et dépendances.

C'était un grand pas vers l'annexion finale.

A quelque temps de là, le roi, se sentant atteint par la maladie, entra en communications plus fréquentes avec le commissaire de la République. Certaines éventualités concernant le sort de sa famille, au cas où il viendrait à disparaître, qui lui avaient déjà causé de graves préoccupations, prirent dans son esprit un caractère plus grand d'intensité. Il comprit qu'il ne pouvait trouver d'appui sérieux de son pouvoir, et de garantie pour l'avenir des siens qu'auprès du gouvernement qui avait exercé sur lui sa protection avec autant de désintéressement que de sollicitude. Il sentit que la force des choses entraînait son pays vers notre civilisation et qu'il fallait céder à une loi de progrès dont lui-même comprenait la grandeur sans qu'il lui fût possible d'en diriger les effets. De leur côté, les chefs antérieurement acquis à notre influence se déclaraient disposés à suivre leur souverain dans cette voie; le moment d'agir était venu.

Nous avons dit au premier chapitre ce qui se passa alors. Le 29 juin 1880, tous les chefs de Taïti et de Moorea étaient réunis avec le roi à l'hôtel du gouvernement.

Après un exposé rapide de la situation le commissaire de la République fit donner, par un interprète, lecture de la déclaration portant abdication du roi et reconnaissance de la souveraineté de la France, dont les termes avaient déjà été concertés avec le roi et les principaux du pays. Pomaré approuva solennellement la teneur de cet acte, les chefs y apposèrent successivement leur signature et le roi lui-même le signa, et après lui le représentant de la France.

Telles sont les circonstances qui précèdent cette déclaration, dont on connaît les termes pour les avoir lus au commencement de cet ouvrage.

Elle était signée de Papeëte, le 29 juin 1880.

Le roi,
Pomaré V.

Les chefs :

Maheanu, Aitoa, Hitoti-Manua, Tere-a-Patia. Maruraï-a-Tahiro, Teriinoharaï, Roometua, Maïhau-Tavana, Teraï-a-Faaroau, Tarürü Vehéatua, Terütapanui, Maraiauriouria,

Arüper, Tuanu-a-Rehia, Tani-a-Peohutoe, Matamao-Teihoari, Opahara, Matahiapo, Raïhanti, Tühiva.

Les interprètes,
J. Cadousteau, ... A. M. Poroï.

L'inspecteur des affaires indigènes,
A. Cailler.

A cette déclaration le commissaire de la République ajouta celle que l'on connait aussi, et par laquelle il acceptait les droits et pouvoirs du roi Pomaré, sauf ratification du gouvernement dont il était le représentant.

Comme conséquence de cet acte, il avait dû préalablement consentir les engagements contenus dans la déclaration suivante :

« Nous, commandant, commissaire de la République aux établissements français de l'Océanie ;

« Agissant en vertu des pouvoirs qui nous ont été donnés ;

« Et vu la remise faite au gouverneur de la République française par le roi Pomaré V de tous ses droits et pouvoirs sur les îles de la Société et dépendances ;

« Prenons l'engagement, au nom de la France, de faire payer à partir du 1ᵉʳ juillet 1880 :

« A Sa Majesté Pomaré, *une pension annuelle et viagère de soixante mille francs*, ci. 60,000 fr.

« A Sa Majesté Marau Tearoa Salmon *une pension annuelle et viagère de six mille francs*, ci. 6,000

« Aux princes Tamatoa et Terütapunui, frères du roi, *une rente annuelle et viagère de six mille francs*, ci. 12,000

« A Terüvactua, fille de Tamatoa, et à Terunavanaroha, fille adoptive de Terütapunui, *une pension annuelle et viagère de douze cents francs*, ci. 2,400

« A Isabelle Schaw, dite princesse de Joinville, veuve du prince Tuavira (Joinville) et belle-sœur du roi, *une pension annuelle de six mille francs*, ci. 6,000

A reporter. . . 86,400 fr.

Report...	86,400 fr.

« A la mort des princes Tamatoa et Terütapunui, la moitié de la pension annuelle et viagère dont jouissaient ces princes sera réversible sur la femme et les enfants des susdits.

« La pension accordée à la princesse de Joinville sera réversible sur la tête du jeune Hinoï Arü, fils de la princesse; Le jeune Hinoï sera de plus élevé aux frais du gouvernement français.

« Le gouvernement français paiera aussi une *rente annuelle et viagère de six cents francs* à Terere-a-Tua, membre de la famille royale, ci.	600
« Il sera payé en outre, à titre de récompense pour services rendus :	
« A Arupaea, ancien chef, *une rente annuelle et viagère de dix-huit cents francs*, ci.	1,800
« A Aitu Puaita et à Tearuru-a-Tehuiaï, *chacun une rente annuelle et viagère de douze cents francs*, ci	2,400
Total.	91,200 fr.

« Toutes les pensions ci-dessus indiquées, payées en remplacement de celles actuellement touchées par les intéressés, sont incessibles, insaisissables et inaliénables.

« Nous nous engageons de plus à faire acquitter par le gouvernement de la République française les dettes laissées à sa mort par feu la reine Pomaré IV, mère du roi, conformément à l'état qui en a été dressé,

« Et aussi à faire terminer, le plus tôt possible, la construction du palais royal commencé.

Papeëté, le 29 juin 1880

Signé. I. Chessé

En conséquence de ces déclarations et de ces engagements, et après acceptation desdits par la Chambre des députés et le Sénat, le premier janvier de l'année 1881, le *Journal officiel*, en guise d'étrennes, offrait à ses lecteurs et à la France, en tête de ses colonnes, la promulgation de loi suivante :

PARTIE OFFICIELLE

Paris, 31 décembre 1880.

LOI portant ratification de la cession faite à la France, par Sa Majesté Pomaré V, de la souveraineté pleine et entière des archipels de la Société, dépendant de la couronne de Taïti.

Le Sénat et la Chambre des députés ont adopté,
Le Président de la République promulgue la loi dont la teneur suit :

Art. 1er. — Le Président de la République est autorisé à ratifier et à faire exécuter les déclarations signées, le 29 juin 1880, par le roi Pomaré V et le commissaire de la République aux îles de la Société, portant cession à la France de la souveraineté pleine et entière de tous les territoires dépendant de la couronne de Taïti.

Art. 2. — L'île de Taïti et les archipels qui en dépendent sont déclarées colonie française.

Art. 3. — La nationalité française est acquise de plein droit à tous les anciens sujets du roi de Taïti.

Art. 4. — Les étrangers, nés dans les anciens Etats du protectorat, ainsi que les étrangers qui y seront domiciliés depuis une année au moins, pourront demander leur naturalisation. Ils seront dispensés des délais et des formalités prescrites par la loi des 29 juin-5 juillet 1866, ainsi que des droits de sceaux.

Les demandes seront adressées aux autorités coloniales dans le délai d'une année, à partir du jour où la loi sera exécutoire dans la colonie et, après enquête faite sur la moralité des postulants, au ministre de la marine et des colonies qui les transmettra, avec son avis, au garde des sceaux.

La naturalisation sera accordée par le Président de la République.

La présente loi, délibérée et adoptée par le Sénat et par la Chambre des députés, sera exécutée comme loi de l'Etat.

Fait à Paris, le 30 décembre 1880.

JULES GRÉVY.

Par le Président de la République :

Le ministre des affaires étrangères,
B. SAINT-HILAIRE.

Le garde des sceaux, ministre de la justice,
JULES CAZOT.

Le ministre de la marine et des colonies,
G. CLOUÉ.

Toutes les formalités étaient remplies. Taïti et les îles de la Société étaient définitivement à nous ; et la France pouvait dire avec son gouvernement, dans son exposé de motifs que nous avons presque littéralement suivi :

« Nous avons la confiance que cette mesure importante contribuera puissamment à rehausser le nom français dans l'océan Pacifique, et à nous assurer une situation digne de notre pays, le jour où le percement de l'isthme de Panama ouvrira, dans ces mers, une route nouvelle aux relations commerciales de l'Europe et de l'Australie. »

IX

IMPORTANCE ET AVENIR DE TAÏTI

Pendant ces dernières années, l'attention de la France s'est reportée vers la question coloniale trop longtemps délaissée. Après avoir sacrifié sans scrupules les belles colonies que nous avions autrefois, on a senti combien elles manquaient à la mère-patrie, et on a fait de sérieux efforts pour améliorer et perfectionner celles qui nous restent. Ce mouvement doit être encouragé, et il est grand temps de démontrer par les faits la fausseté de cet adage qui a eu si long cours : *Le Français n'est pas colonisateur.*

Il l'a été, et de la meilleur manière ; et il ne tient qu'à nos gouvernants de faire qu'il le soit encore comme il l'était autrefois.

Qui a colonisé le Canada, cette terre encore si française ? Qui a colonisé la Louisiane et tant d'autres contrées, si ce ne sont des Français ?

Deux courants d'idées autrefois entraînaient vers les pays lointains une masse d'émigrants laborieux et sociables, écrivait il y a quelques années un auteur érudit qui a étudié à fond cette question des colonies:(1)

« Les unes étaient les idées féodales et familiales qui pous-
« saient un grand nombre de cadets de famille à aller se créer
« un patrimoine dans les vastes contrées ouvertes au courage,
« à l'intelligence et au travail; les autres étaient les idées re-
« ligieuses, qui, dominant les consciences, pouvaient détermi-
« ner un grand nombre de familles à se transporter dans les
« pays nouveaux, afin d'y fonder, *loin d'un monde corrompu*
« (suivant la locution du temps), des cités modèles, soit pour
« y réaliser un idéal doctrinal, soit pour y propager le chris-
« tianisme, en convertissant les indigènes; nous possédons
« aussi de nombreux exemples de cette colonisation.

« Malheureusement la cour de France commença, dès le
« règne de Louis XIII, à exercer une funeste influence sur la
« noblesse française; attirés par le luxe, les divertissements
« et les intrigues de palais, les gentilshommes les plus intel-
« ligents se concentrèrent de plus en plus autour du trône. La
« noblesse, c'est-à-dire la tête du monde féodal, s'énerva
« insensiblement par cette concentration, l'esprit chevale-
« resque disparut, ainsi que le goût des créations lointaines
« et des hardiesses généreuses; de sorte que les promoteurs
« d'émigrations devinrent rares et que les colonies rencon-
« trèrent peu d'appui et peu de ressources.

« D'autre part, le courant religieux, qui revêtit en Angle-
« terre un caractère de fanatisme rigide et d'exaltation puis-
« sante, aurait pu, sous d'autres formes, donner à la France
« des instruments utiles de colonisation : l'élément protestant
« eût volontiers alimenté une émigration libre, tandis que les

(1) M. Rameau. — *Une Colonie française en Amérique*, p. 270.

« ordres religieux eussent pu, en d'autres contrées, fournir à
« la colonisation, des cadres et une organisation vigoureuse.
« Si on eût voulu se servir de ces forces toutes préparées, si
« on eût seulement accordé une pleine liberté d'action, il
« n'est pas douteux, d'après les entreprises rudimentaires
« tentées par les récollets et par les jésuites, et surtout par
« l'exemple des Sulpiciens de Montréal, que les ordres monas-
« tiques ne se fussent jetés, et même avec une grande ardeur,
« dans la carrière colonisatrice.

« Mais si on craignait de voir les huguenots se constituer
« un centre, même hors de la France, on appréhendait tout
« autant de donner trop d'indépendance et de force aux ordres
» religieux; on leur reprochait, dès cette époque, un grand
« esprit d'envahissement, et on redoutait, à tort ou à raison, de
« leur donner trop de puissance. C'est ainsi que par une poli-
« tique ombrageuse on écarta, on répudia même des éléments
« de colonisation d'une grande valeur; on préféra ne rien faire
« et conserver sans émigrants, sans population, sans force,
« des établissements débiles et stérilisés. Tel est malheu-
« reusement l'effet des passions trop vives de notre tempé-
« rament français, et aujourd'hui, comme autrefois, nous
« préférons souvent ne rien faire au déplaisir de voir faire
« les choses les plus utiles par ceux dont la contradiction
« nous offusque.

..... « A partir du XVIII⁰ siecle, les classes élevées per-
« dirent promptement le goût des créations et des entreprises
« lointaines, tandis que les forces religieuses furent annulées
« par la méfiance gouvernementale et les préjugés du
« temps. »

L'annexion de l'île de Taïti et des autres îles de l'archipel de la Société, transformant un simple protectorat en une souveraineté directe et assurant ainsi notre domination sur ces territoires, constitue un agrandissement de notre puissance coloniale. A ce seul point de vue elle offre un avantage immense. Mais à côté de cette face de la question, il en est une autre sur laquelle nous devons appeler l'attention. Nous devons en effet quelques renseignements sur l'importance de cette nouvelle colonie dont nous saluons avec plaisir l'entrée dans le sein de la patrie française.

Les transformations, ou plutôt la révolution produite depuis un demi-siècle dans les rapports des différents peuples par le développement de leurs relations commerciales et de leurs moyens de communication, ont donné aux archipels de l'océan Pacifique une importance qu'ils n'avaient pas autrefois. Tandis qu'on considérait, il y a quelques années à peine, ces îles comme des pays perdus au milieu des mers, comme des terres sans avenir, sans développement possible, tous les peuples aujourd'hui se préoccupent des événements qui s'y passent et des avantages que peut procurer leur occupation. Aussi les archipels de cette région sont-ils tous ou presque tous placés sous le protectorat ou sous la domination des différentes puissances du globe.

Pour sa part, la France y possède les îles de la Société dont nous nous occupons, les îles Tuamota, les îles Gambier, les Tabuaï, l'île Rapa, et enfin les Marquises.

L'ensemble de ces îles et îlots est désigné sous le nom d'établissements français dans l'Océanie. Leur valeur agricole et commerciale, leur population sont insuffisamment déterminées. Les renseignements fournis par l'administration manquent de clarté et de précision et ne constituent que des données approximatives. Nous en tirerons cependant quelques indications relatives à Taïti et aux îles sœurs dont elle est la reine.

L'île de Taïti, la plus puissante des îles de la Société et des archipels environnants, a cent quatre-vingt-onze kilomètres de tour, une superficie de cent quatre mille deux cent quinze hectares, et une population d'environ dix mille habitants. Elle possède une rade excellente, qui peut facilement devenir le meilleur port de ces mers lointaines et dangereuses. Ajoutons que sa position à mi-chemin entre l'Australie et l'Amérique l'appelle à un rôle considérable et lui assure un mouvement maritime certain.

La seconde de ces îles comme importance est Mauréa, qui a quarante-huit kilomètres de tour, treize mille deux cent dix-sept hectares de superficie et environ quinze cents âmes de population. Autour d'elle viennent se grouper un certain nombre d'îles, ou d'ilots d'une moindre étendue. Nous trouvons donc pour l'ensemble des îles de la Société plus de cent vingt mille hectares et douze mille habitants environ (1).

Les produits de ce pays sont ceux que comporte le climat, c'est-à-dire ceux des tropiques : café, canne à sucre, cacao, coton, etc..... Quoique les cultures soient restreintes à quelques centaines d'hectares, quoiqu'aucune industrie ne s'y soit encore développée, déjà le mouvement commercial et maritime prend une réelle extension. Il est, pour le port de Papeëte, chef-lieu de l'île de Taïti, de trois millions de francs à la sortie, et d'à peu près autant à la rentrée.

Quelques sommaires que soient ces indications, elles suffisent, pour établir l'importance que peuvent acquérir ces îles.

(1) Nous avons dit un peu plus haut que les renseignements fournis par l'administration sur Taïti manquent de clarté..... Les chiffres que nous donnons ici, et que nous empruntons au *Journal officiel*, n° du 24 décembre 1880 — en sont une preuve. — Un peu plus loin nous en donnerons d'autres. — Espérons que les changements survenus apporteront plus de précision dans les renseignements.

Ajoutons que la plus grande partie des terres actuellement en friche sont d'une extrême fertilité, et que le climat y est d'une salubrité exceptionnelle.

M. Jules Godin, député, auteur du rapport fait au nom de la commission chargée d'examiner le projet de loi portant ratification de la cession faite à la France par Sa Majesté Pomaré V de la souveraineté pleine et entière des archipels de la Société dépendant de la couronne de Taïti, auquel nous empruntons les indications qui précèdent, et sur lesquelles nous aurons à revenir bientôt pour les compléter ou les rectifier, ajoute incontinent :

« Au moment de la première occupation, on ne prévoyait certes pas les avantages que pourrait présenter cette nouvelle conquête. En présence des courants commerciaux qui se sont établis dans ces mers, il est indispensable à toute puissance maritime d'y établir des lieux de ravitaillement pour ses flottes, des points d'appui et des lieux de refuge pour sa marine marchande. Les Américains ne viennent-ils pas d'établir un dépôt de charbon aux îles Samoa? Nous aussi nous devons chercher à tirer parti des possessions que nous ont léguées les gouvernements antérieurs.

« Cette considération suffirait à elle seule pour motiver l'adoption du projet de loi ; mais quelle que soit sa valeur, elle n'est à nos yeux qu'une considération secondaire. Nous ne pouvons réduire Taïti à n'être qu'un dépôt de charbon. Dans cette nouvelle colonie il y a plus et mieux à faire. C'est la politique coloniale elle-même de la France que nous trouvons en jeu dans la question qui nous est soumise. Cette île, en effet, a une importance superficielle assez grande pour devenir un centre de développement français, une vraie colonie française. Le devoir de la commission, celui de la chambre ne sont-ils pas d'approuver une pareille extension ? Si notre pays, éclairé par l'expérience, hostile à la politique d'aventures et de sentiment, se refuse à des entreprises hasardeuses dont le seul résultat pour lui est de dissiper son sang et ses forces, il comprend à merveille la nécessité qui s'impose à une grande nation de poursuivre un développement colonial sérieux. »

Nous ne pouvons qu'approuver de tous points ces paroles raisonnables et patriotiques. — Les nations européennes, en effet, resserrées dans les étroites limites de leur territoire continental, cherchent toutes au dehors non seulement des débouchés pour leur industrie et leur commerce, mais aussi des centres où leur population puisse se développer. Leur grandeur, leur puissance sont attachées à la solution de cette question. Si la France était condamnée à rester à jamais confinée sur son sol européen, elle deviendrait bientôt une puissance de second ordre. Nous ne saurions accepter qu'il en soit ainsi. Pour écarter ce péril, nous devons chercher au dehors les contrées où notre population puisse s'acclimater, où pourront s'épanouir notre civilisation, nos idées, nos mœurs, notre langue et nos lois, afin d'y trouver pour l'avenir une garantie et une force nouvelles.

N'avons-nous pas à côté de nous un peuple dont la conduite en cette matière peut être à juste titre considérée comme un modèle d'énergie et d'habileté, et dont l'exemple est pour nous une leçon ? L'Angleterre, en effet, a su profiter de toutes les circonstances pour poursuivre son développement colonial. Elle a su mettre la main sur des territoires immenses, conquérir des peuples entiers, et étendre sa domination dans toutes les parties du monde. L'Amérique du Nord lui a appartenu et en a conservé une empreinte ineffaçable, sauf peut-être cette région du Canada, où un rameau de la race française conserve encore son ancienne vitalité, son affection pour la patrie-mère, qui l'a autrefois délaissée; elle vient d'en donner des preuves touchantes dans le récent voyage que le général de Charette vient d'y faire. L'Angleterre occupe l'Inde, une partie de l'Afrique. L'immense continent de l'Australie est devenu une terre anglaise. Une telle extension suppose de la part de la métropole des efforts suivis et de grands sacrifices. L'histoire de l'Angleterre est là pour en témoigner. Mais elle montre quels résultats peut produire chez un peuple le sentiment public soutenu par une énergie et une persévérance indomptables.

Nous ne saurions rivaliser avec l'Angleterre au point de vue colonial, mais cependant, nous aussi, nous devons, imitant les autres peuples, chercher les points du globe où notre population puisse se développer. C'est là une nécessité qui s'impose. Certes, le Français n'émigre pas avec la même facilité que les populations d'Angleterre ou d'Allemagne; néanmoins il y a en France un certain courant d'émigration, augmenté peut-être en ce moment, par les ravages du fléau qui envahit nos départements vinicoles.

Ce courant, constatons-le avec regret, a fui les colonies françaises, et nous le devons à plusieurs causes, mais surtout à la mauvaise administration sous laquelle elles ont vécu. Aujourd'hui il n'en est plus tout à fait de même. L'organisation politique et administrative de nos colonies a été transformée. La liberté y trouve les même garanties qu'elle trouve dans la métropole, et l'opinion y jouit des mêmes moyens d'action et de contrôle. Aussi le courant qui en écartait les populations françaises s'est-il déjà modifié. Il appartient au gouvernement d'accélérer ce mouvement en prenant les mesures nécessaire pour attirer sur des terres françaises ceux que des circonstances diverses, perte de fortune, esprit d'entreprise, portent à s'expatrier et à chercher au loin une situation qu'ils ne peuvent trouver sur le sol natal.

Les possessions nouvelles que nous venons d'acquérir nous paraissent propres à permettre ces tentatives. Le climat y est sain, la terre d'une fertilité exceptionnelle. Le gouvernement peut disposer d'un nombre important d'hectares que le moindre travail peut mettre en culture.

Tous ces avantages, il faut en tirer parti ; il faut que le gouvernement y crée un centre français, habité par une population française, qui, dans ces parages, soutienne le nom et l'influence de la mère patrie.

Déjà, d'ailleurs, nous trouverons sur le territoire de la colonie une population douce, facile, habituée à la France, à sa protection, et désireuse de devenir française par le cœur et par l'esprit. Cette population, contrairement à ce qui se produit dans d'autres îles de l'Océanie, tend plutôt à s'accroître. Sachons l'attirer complètement à nous, élever son niveau moral, développer sa civilisation, afin de l'amener bientôt à être aussi française que les Français de la métroople.

Telles sont, sommairement indiquées, les considérations d'ordre général qui militent en faveur de l'annexion des îles de la Société. Nous avons à revenir brièvement sur quelques-unes de ces considérations simplement énoncées.

*
* *

L'île de Taïti est partagée en deux presqu'îles réunies ensemble par l'isthme de Taravao, qui a environ une lieue de longueur sur deux kilomètres de largeur. — La grande presqu'île est de forme circulaire ; le diamètre en est de huit lieues 3/4 ; la petite presqu'île, située au sud-ouest, est un ovale de six lieues de long sur trois à quatre lieues de large ; elle se nomme la presqu'île de Taïarapu en égard à la presqu'île principale, qui relativement à elle peut être considérée comme un petit continent. Nous avons déjà dit que l'île entière avait une étendue de 191 kilomètres de tour.

Des montagnes volcaniques occupent le centre de l'île, quelques-unes atteignent une élévation prodigieuse. Le Diadème a 1,239^m d'élévation, le Marahu a 1,485^m, l'Oraï 2,064^m, le Pito-Hiti 2,103^m, et l'Orohena, le plus élevé de tous, 2,264.
— Le lac Waï-Hiri, lac d'eau douce, d'une grande largeur et d'une grande profondeur, occupe le flanc de cette grande montagne que nous avons nommée en dernier lieu.

Le sol est dur et pierreux dans les montagnes supérieures. Le basalte y paraît dominer ; dans les plateaux intermédiaires il est formé de masses d'argile et de marnes de différentes couleurs, couchées sur des lits d'un grès tendre et grisâtre. Dans les vallées et au bord de la mer est une épaisse couche végétale propre à toutes les productions tropicales. Une bande couverte de limon noirâtre équivalant au limon du Nil, reposant sur coraux, s'étend le long de la mer, très étroite parfois et parfois large de trois kilomètres.

On peut compter sur 25 mille hectares au moins de terres bonnes à l'agriculture. Depuis 1815, un fléau menace ces terres, mais il est possible de l'arrêter et de s'en rendre maître. C'est l'envahissement du goyavier.

Le goyavier ou gauyavier est un arbre de trois mètres environ, à tronc droit, a écorce unie, verdâtre, tachée de rouge et de jaune, à rameaux quadrangulaires et portant des feuilles ovales, allongées, aigues, lisses, veloutées en dessous. Ses fleurs blanches sont semblables à celles du cognassier. A ces fleurs succèdent des fruits en forme de poires de la grosseur d'un œuf. Leur chair est blanche, succulente, parfumée et très agréable. On les appelle goyaves.

A cette description il paraît difficile de voir dans cet arbre un ennemi; mais sa croissance rapide et sa propagation par les animaux qui se nourrissent de ses fruits, en font un envahisseur de la pire espèce, un destructeur de toutes les autres plantes qu'il ne peut laisser vivre près de lui.

Taïti peut fournir au commerce des bois de construction qui abondent dans la presqu'île de Taïarapu. Cette même presqu'île peut devenir un commerce d'oranges important.

L'isthme de Taravao est entièrement bordé d'orangers éternellement chargés et de fleurs et de fruits; le district de Papearë est également riche en oranges. Les deux districts de Papora et d'Atiamaono, très considérables et très peuplés, appelés l'un et l'autre à de grands développements, ont de vastes étendues de terres cultivables, où déjà le coton prospère. Le district de Poa produit du café et des cocotiers. Une végétation luxuriante couvre l'île tout entière. Le tamarin, le miro ou bois de rose, le bois de fer, le sandal, etc... poussent originairement dans le pays. L'arbre à pain, le taro et le cocotier fournissent, sans qu'il y ait de peine à avoir, à la nourriture des habitants. L'huile de cocos y est l'objet d'un trafic important avec les îles de la Polynésie. Les cultures importées par les colons, et qui jusqu'à ce jour ont donné de précieux résultats qui promettent énormément pour l'avenir, sont celles du café, du tabac, de la canne à sucre et du coton.

Ce qu'il y a d'extraordinaire dans cette terre délicieuse où les retraites ombragées, où les arbres et les bosquets abondent c'est qu'on y voit très peu d'oiseaux; mais par compensation il y a aussi très peu d'animaux dangereux. Point de tigres, point de lions ; les mille-pattes et les scorpions y sont les plus terribles ennemis de l'homme.

Taïti a plusieurs ports ou hâvres très propres à recevoir les vaisseaux. Nous avons vu les navigateurs dont nous avons cité des extraits aborder et séjourner des différents côtés de de l'île et toujours s'y trouver à ravir. De tous ces ports, Matavaï, ou Port-Royal, qui commande la capitale Papeëte, est de beaucoup le plus important. Il est situé au nord de l'île, et commandé par la pointe de Vénus, d'où fut étudié autrefois le passage de cette planète sur le soleil. Les autres ports fréquentés sont celui de Papeuriri, au sud de la grande presqu'île, et le port ou rade Phaéton, vaste, immense, pouvant abriter une flotte nombreuse, mais dont l'abord est assez difficile aux vaisseaux.

Le territoire de l'île est partagé en districts. La population est groupée par villages. Chaque habitant est tenu de posséder une case établie dans de bonnes conditions de propreté et de salubrité. Lorsque la population du district est peu nombreuse, elle est réunie à celle du district voisin pour former le village ou commune.

Le village est administré par un conseil dont les attributions sont très étendues, et auquel tous les intérêts de la communauté sont confiés.

Ce conseil est formé du chef (*Tavana, président*), d'un juge et de deux conseillers nommés par les habitants.

Chaque village doit avoir son école.

La police est confiée, à Papeëte, à la gendarmerie française, et dans les villages, à un homme spécial, appelé *Matoï* (chef de police).

Il est bien difficile de trouver deux auteurs qui s'accordent sur le chiffre de la population de Taïti et des autres îles de la Société. Cook, jugeant de cette population d'après les foules qui partout accouraient au-devant de ses vaisseaux, la porte à deux cent quarante mille. Il faudrait que la mortalité ait singulièrement sévi sur ces îles fortunées, depuis son passage, pour les avoir réduites au point où elles en sont. — Forster, un des compagnons de Cook, réduit de moitié le chiffre du capitaine. Ce chiffre était encore singulièrement exagéré, non à dessein, sans doute, mais l'enthousiasme grossissait son optique et ses bases d'appréciation. En 1797, le missionnaire Wilson portait à seize mille individus de tout âge et de tout sexe la population des deux presqu'îles.

A ces chiffres, nous donnerons comme correctif celui du recensement du 1ᵉʳ janvier 1863, le dernier que nous connaissions, et qui nous paraît avoir été opéré dans des conditions meilleures que celui de 1848. — Les conseils, à cette date, commençaient à fonctionner dans les districts, et l'application rigoureuse de la loi électorale du 22 mars 1852, modifiée le 16 février 1857, loi qui décide qu'un Taïtien ne peut devenir électeur dans un district, s'il n'y a résidé pendant cinq années, avait permis de connaître très exactement le nombre des habitants de chacun des districts de Taïti et de Moorëa. — Ce recensement a donné une population totale de dix mille trois cent quarante-sept habitants, de race polynésienne; ce chiffre peut être considéré comme le plus près de la vérité.

Les naturels du pays ont conservé une partie du pittoresque de leur costume d'autrefois. En général, les Taïtiennes vont tête nue, leurs longs cheveux ornés de la fleur blanche du *tiaré*, et séparés en deux tresses, tombant sur les épaules. L'ornement habituel de la tête pour les deux sexes est le *heï*, couronne de fleurs et de verdure. Pour affronter le grand soleil, les femmes mettent des chapeaux de paille, fabriqués dans l'Amérique du Sud, car elles ne prennent plus la peine de les fabriquer, comme jadis, elles-mêmes. Le chapeau panama est porté par les hommes. — En général, tous les habitants vont pieds nus, ce n'est que dans les circonstances solennelles qu'ils se chaussent de bas et bottines, dont ils se débarrassent aussitôt qu'ils sont rentrés chez eux. Le costume habituel des indigènes se compose d'une pièce d'étoffe en cotonnade de couleur, ayant la forme d'un long rectangle. — Les Taïtiens riches, à l'occasion des cérémonies publiques, s'habillent complètement à l'européenne.

C'est aux *Souvenirs du Pacifique*, publiés dans le *Tour du Monde* (année 1876), par M. A. Pailhès, enseigne de vaisseau à bord du *Vaudreuil*, que nous avons emprunté les notions que nous venons de résumer. Nous ferons certainement plaisir au lecteur, en lui empruntant encore la remarquable description de la ville de Papeëte, la capitale de l'île et le siège de notre gouvernement.

Papeëte est située au nord-ouest de l'île. Son port, large et sûr, est accessible pour des bâtiments de toutes dimensions. On y pénètre par trois passes. Celle de Papeëte même, qu'on appelle aussi grande passe, est la plus fréquentée ; son entrée, située un peu à l'avant de la ville, a soixante-dix mètres de largeur ; sa longueur, très peu considérable, est de quatre-vingts mètres environ. Les fonds y sont de treize mètres, excepté sur un petit banc, qu'il est facile d'éviter, au moyen de balises bien visibles, placées à terre. La passe de Tanoa, à l'est, est commode à l'entrée, mais le chenal, long et tortueux, est parcouru difficilement par de grands navires. Enfin, à l'ouest, se trouve une troisième passe, celle de Tapuna, que les petits caboteurs seuls fréquentent.

La ville est bâtie contre la plage de la baie et les collines rapprochées qui forment le premier plan des hauteurs de l'île. Le sémaphore du port est placé sur une des collines. La ville commence dans l'est à la pointe sablonneuse de Parente, où se trouve notre petit arsenal maritime. Les maisons se succèdent le long de la plage, jusque dans le voisinage de la batterie de l'embuscade qui est destinée à défendre la grande passe.

Sur la plus grande partie de ce parcours se trouvent des quais. Le fond est considérable très près de terre : aussi les grands navires peuvent-ils s'amarrer directement sur ces quais, position très commode, qui supprime à bord des bâtiments de guerre le service désagréablement régulier des embarcations. Une jolie fontaine, qui sert d'aiguade, amène sur le quai, au moyen de tuyaux en fer, l'eau excellente d'un des nombreux petits ruisseaux qui traversent Papeëte. On débarque, en général, tout près de la fontaine, au centre de la ville. Non loin de là s'élève un élégant édifice dans lequel sont réunis les magasins des vivres de la marine et de la manutention.

Les façades des maisons de la plage sont ombragées par les beaux arbres qui garnissent les deux côtés de la route. Les magasins des grands commerçants sont naturellement installés sur ce point. Les rues qui conduisent dans l'intérieur de la ville viennent aboutir au quai. Prenons l'une d'elles, celle qui débouche devant la fontaine, si vous voulez. Le décor change. On pénètre immédiatement dans une espèce de vaste jardin ; les larges rues de Papeëte, se coupant à angles droits, en représentent les allées. Ces avenues sont des endroits charmants pour s'y promener le soir, lorsque la chaleur du jour commence à tomber.

Les constructions européennes de Papeëte sont généralement en bois. Dans le but de diminuer l'humidité, le plancher est élevé de quelques pieds au-dessus du sol, au moyen de piliers en maçonnerie. Ces maisons sont très faciles à déplacer tout d'une pièce. « Je me rappelle dit Pailhès, avoir vu une rue de Papeëte complètement obstruée par une maison que son propriétaire changeait de place. »

Les cases indigènes sont peu nombreuses dans l'intérieur de la ville. Elles sont en général spacieuses, bien aérées, et propres. Les murailles, formées par des bambous serrés, sont peu élevées; le sol, préalablement battu, est recouvert de nattes (1).

Voici un fait qui montre que les habitants de Taïti et de l'archipel ont conservé pour les descendants de leurs rois l'obéissance et l'amour qu'ils avaient autrefois.

A l'époque où *le Vaudreuil* croisait dans l'archipel de la Société, la reine Pomaré perdit sa petite fille. La nouvelle de ce décès, communiquée dans tous les districts de Taïti et de Mooréa, amena à Papeëte la majeure partie des habitants de ces deux îles. Tous les indigènes avaient des vêtements de deuil; la plupart des femmes avaient coupé leurs cheveux, comme le veut la coutume, mutilation horrible, souvenir du temps de l'indépendance absolue de l'archipel. La famille royale appartenait au culte protestant; la cérémonie religieuse eut lieu au temple. Une interminable procession de Taïtiens des deux sexes y conduisit le corps. Les vêtements noirs des indigènes et leur attitude rendaient cette procession lugubre. La triste cérémonie fut rehaussée comme il convenait par toute la pompe militaire possible. *Le Vaudreuil*

(1) Souvenirs du *Pacifique*. — Passim. — *Tour du Monde*, 1876.

tirait un coup de canon d'heure en heure. Le corps de la petite princesse fut déposé dans une case que la reine avait fait construire dans l'enceinte de son habitation, en attendant qu'il fût placé dans le tombeau officiel de Pomaré, à Papaoa.

Nous terminerons ici cet ouvrage, et pour résumer en un mot les impressions que l'idée de Taïti éveille en nous, nous citerons cette unique phrase de l'un de ses derniers visiteurs :

« *Je voudrais analyser les sensations que m'a fait éprouver mon séjour dans cette île fortunée, la vue de ses tableaux d'une beauté pittoresque presque unique au monde ; et je ne puis trouver des expressions qui pourraient donner à mes lecteurs une juste idée de la coquetterie, de la splendeur, de la perfection, de l'harmonie générale des scènes qui s'offrent de tous côtés aux regards délicieusement ravis.* »

FIN

TABLE

Préface. . . . . Pages V

I

L'ANNEXION

Salut à nos frères d'outre-mer. — Réunion des notables chez le représentant de la mère patrie. — Fête de l'annexion. — Proclamation du commandant Chessé. — Proclamation du roi Pomaré V. — Vive Taïti ! — Vive la France ! 9

II

DÉCOUVERTE DE TAÏTI PAR QUIROS

Quiros s'embarque comme premier pilote avec Mendana. — Après la mort du commandant, il ramène au Callao une partie de la flotte. — Voyage en Europe pour obtenir du roi d'Espagne la permission d'organiser une expédition nouvelle. — Il part à la recherche du continent austral. — Il découvre Taïti qu'il nomme : *La Sagittaire*. 17

III

VOYAGE DU CAPITAINE WALLIS A TAÏTI

CHAPITRE I

Départ du capitaine Wallis. — Passage du détroit de Magellan. — *Le Dauphin* se sépare du *Swallow*, et continue seul son voyage. — Epreuves et maladies à bord. — Terre à l'ouest. — Découverte de plusieurs îles. — Arrivée à Taïti. — Éloquence perdue. — La chèvre, foudre de guerre. — Le chapeau volé. . . 33

CHAPITRE II

Aspect du pays. — Tentatives des naturels contre les chaloupes envoyées au rivage. — Indien blessé. — La branche de bananier, signe de paix. — Nouvelle attaque des Indiens. — Deux hommes tués. — *Le Dauphin* court danger de naufrage. — Trêve avec les naturels, échanges et présents. 41

CHAPITRE III

Graves hostilités. — La nécessité de se défendre force le capitaine à user de ses armes. — Nuée de pirogues autour du vaisseau. — Déclaration de guerre. — L'aigrette de plumes. — Le canon parle. — Prise de possession de l'île au nom du roi d'Angleterre. — Le pavillon et les Indiens. — A l'aiguade. — Nouvelle attaque repoussée. — Flottille de canots détruite. 49

CHAPITRE IV

La paix conclue. — Malades transportés à terre. — Le chirurgien et le canard. — Excursion du contre-maître à l'intérieur de l'île. — Relation de cette excursion. 60

CHAPITRE V

Première sortie du capitaine. — La reine à bord. — Les Indiens, l'or, l'argent et le fer. — Une visite chez la reine. — La perruque du chirurgien. — La reine régale. — Une mère désolée. — Échange de présents. — Le télescope. — Le capitaine annonce à la reine son départ. — Douleur de la reine.— *Le Dauphin* s'éloigne de Taïti 67

IV

BOUGAINVILLE A TAÏTI

CHAPITRE I

Départ de *la Boudeuse*. — Cruel sacrifice pour un Français. — Remise des îles Malouines à l'Espagne. —Arrivée de *la Boudeuse* et de *l'Étoile* à Taïti. — Le pic de la Boudeuse. — Tayo! Tayo! . . 81

CHAPITRE II

Inquiétude des naturels à l'arrivée des deux vaisseaux. — Le père du chef. — Une réception chez Ereti. — Deux idoles. — Pistolet dérobé et rendu. — Etablissement à terre. — Conseil des insulaires. — Le jardin d'Éden 88

CHAPITRE III

Visite du grand chef Toutahah. — Insulaire tué par un matelot. — Dangers de *la Boudeuse*. — Meurtre de trois autres insulaires. — Effroi des habitants. — *Vous êtes nos amis et vous nous tuez!* — Naufrage imminent. — On lève l'ancre. — Les adieux d'Ereti. — Aotourou s'embarque avec les étrangers 96

V

ÉPISODES REMARQUABLES DES TROIS VOYAGES DU CAPITAINE COOK A TAÏTI

PREMIER VOYAGE

I.	— Jeunesse de Cook. — Il se fait une position par son travail. Départ pour Taïti.	107
II.	— Arrivée à Taïti. — Cook bâtit un fort. — La reine Obéréa. .	110
III.	— Visite à Toutahah. — Habits volés.	113
IV.	— Des nageurs émérites.	117
V.	— Où M. Banks pontifie	120
VI.	— Pirogues saisies	123
VII.	— Oamo, Otoo, et Terridiri.	126
VIII.	— Explorations autour de l'île	128
IX.	— Les Déserteurs.	141
X.	— *L'Endeavour* quitte Taïti	145

SECOND VOYAGE

I.	— *La Resolution* et *l'Aventure*.	147
II.	— Arrivée des vaisseaux dans la presqu'île sud-est. — Dangers qu'ils courent.	149
III.	— Les draps de l'officier. — Des nageurs comme on en voit peu.	154
IV.	— Une course dans la campagne taïtienne.	157
V.	— Comment se faisait l'étoffe à Taïti. — Repas champêtre. . .	161
VI.	— Un patriarche taïtien. — Un parasite. — Philémon et Baucis.	164
VII.	— Le roi de Taïti-Étée. — Idée d'un Dieu. — Le soleil qui parle.	171
VIII.	— Arrivée à Mataveï. — La Vieille Obéréa	174
IX.	— La flotte taïtienne	178
X.	— Une page d'histoire taïtienne	184

TROISIÈME VOYAGE

I.	— But de l'expédition. — Embarquement d'Omaï	189
II.	— L'effet des plumes rouges.	192
III.	— Christus vincit.	194

		Pages
IV.	— Révolte d'Éiméo.........................	196
V.	— L'île d'Éiméo............................	202
VI.	— L'île de Huaheiné........................	207
VII.	— L'île d'Uliétéa...........................	211
VIII.	— L'île de Borabora. — Mort de Cook aux îles Sandwich...	217

—

VI

TAÏTI IL Y A CENT ANS

MŒURS. — USAGES, — RELIGION. — ARTS. — GOUVERNEMENTS, ETC.

CHAPITRE Ier

Les deux races taïtiennes. — Habillements. — Coiffures. Maisons. — Description de l'une d'elles. — Tatouage. — Opération du tatouage sur une enfant................. 221

CHAPITRE II

Nourriture des Taïtiens d'autrefois. — Four à griller le fruit à pain. — Boisson. — Le *mahie*. — Manière de prendre les repas.. 230

CHAPITRE III

Religion des Taïtiens. — Opinion de Wallis contraire à celle de Bougainville et de Cook. — Le roi du soleil. — Sacrifices humains. — Cultes des morts. — Le moraï d'Omoro et d'Obéréa.. 238

CHAPITRE IV

L'art de la navigation. — L'ivahah de guerre, l'ivahah de pêche, l'ivahah de voyage. — Le Pahie. — Manière de construire les pirogues. — Prévisions météorologiques. — Division du temps. 248

HAPITRE V

Étoffe. — Trois espèces. — Manière de les manufacturer. — Couleurs pour teindre l'étoffe. — Fabrication des nattes. — Engins de pêche. — Cordes. — Lignes. — Hameçons. — Outils des Taïtiens   255

CHAPITRE VI

Gouvernement. — Castes et dignités. — Guerre. — Armes. — Blessures. — Médecine de chirurgie. — Musiques et spectacles.   265

VII

UNE SOIRÉE TAÏTIENNE.......   275

VII

TAÏTI DE COOK A NOS JOURS

CHAPITRE Ier

En 1797, les anglicans arrivent dans l'île. — Ils aident Pomaré Ier à s'emparer de l'autorité souveraine. — Leur manière de convertir. — Pomaré II. — Révolte des chefs. — Constitution consentie. — Les modes d'Europe commencent à s'introduire. — Pomaré III. — Une reine enfant. — Intolérance des missionnaires anglicans. — Dupetit-Thouars à Taïti. — Protectorat de la France   305

CHAPITRE II

La reine Pomaré. — Projet de convention entre elle et le gouvernement français. — Ratification de ce projet par le roi Louis-

Philippe. — La reine se laisse circonvenir. — Affaire Pritchard. — Dupetit-Thouars s'empare de Taïti. — Il est désavoué par le ministère Guizot 312

CHAPITRE III

Pomaré V succède à la reine Pomaré. — Négociations pour l'amener à céder ses États à la France. — Maladie du roi, ses craintes pour sa succession. — Il signe avec les chefs l'abandon de ses États. — Indemnités pécuniaires. — La Chambre, le Sénat et le président de la République acceptent l'annexion de Taïti à la France 320

IX

IMPORTANCE ET AVENIR DE TAÏTI 327

1691. — Tours, imp. Rouillé Ladevèze rue Chaude, 6.

www.ingramcontent.com/pod-product-compliance
Lightning Source LLC
Chambersburg PA
CBHW070904170426
43202CB00012B/2184